MANZ RATGEBER

Kinder & Scheidung

Kinder & Scheidung

von

Dr. Ewald Maurer

2. aktualisierte und erweiterte Auflage

2012

MANZ

Zitiervorschlag: *Maurer,* Kinder & Scheidung[2] (2012)

ISBN 978-3-214-08078-5

Telefon: (01) 531 61-0
E-Mail: verlag@MANZ.at
www.MANZ.at
Datenkonvertierung und Satzherstellung: Anita Frühwirth
Fotonachweis: Olga Solovei – istockphoto.com
Druck: CPI Moravia Books s.r.o., Pohořelice

VORWORT

Dieses Buch geht neue Wege; es verbindet eine *übersichtsartige* Darstellung des Kindschaftsrechts mit einer *praxisbezogenen, umfassenden und detaillierten* Erläuterung der Begriffe **Obsorge, Besuchsrecht** und **Unterhalt**, die im Streit um das Kind von überragender Bedeutung sind und fast die Hälfte des Buches füllen.

Es empfiehlt sich daher im Anlassfall die Kapitel V, IX, XI, XIII und I/C vorweg zu lesen.

Unsere von raschen Veränderungen und Wertewandel geprägte Zeit reduziert häufig die Lebenspartnerschaft in eine Lebens*abschnitts*partnerschaft. Dies führt zu Scheidungen, wobei das Kindesleid durch Streitigkeiten um die Kinder verstärkt wird. Dazu kommen noch die Irritation der Kinder durch Patchworkfamilien mit Wochenendvätern und -müttern, Teilzeiteltern und Halbgeschwistern. Das Buch stellt eine Ergänzung zu meinem Buch „Ehe & Scheidung auf österreichisch" – ebenfalls im Manz Verlag erschienen – dar.

Der Rechtsstaat will Probleme mit Hilfe des Rechts lösen. Dazu ist es notwendig das Recht bekannt zu machen, damit es in das Bewusstsein der Bevölkerung eindringen kann; das soll **Problemlösungen erleichtern**.

Es wird versucht auch dem Nichtjuristen eine leicht verständliche Information mit vielen praktischen Beispielen und Mustern zum Thema Kinder und Scheidung zu bieten. Zur Lesebequemlichkeit finden sich vereinzelt textbezogene Wiederholungen. Damit das Buch auch für Juristen brauchbar ist, wurde – wo es erforderlich scheint – auf Paragrafen, Gesetze, Rechtsprechung und weiterführende Literatur hingewiesen.

Das Buch soll als rechtliche Orientierungshilfe

- zur friedlichen Streitbereinigung beitragen bzw.
- eine gezielte weiterführende Information durch Fachkundige erleichtern.

Die gegenständliche Neuauflage wurde zur Gänze aktualisiert und erweitert und auf den Stand **1. Mai 2012** gebracht, wobei die **neue Rechtsprechung** eingearbeitet wurde.

Was ist neu?

- **Europäische Unterhaltsverordnung** (Kapitel I/D)
- **Familienrechts-Änderungsgesetz 2009** – FamRÄG 2009 (BGBl. I 2009/75).
- Die **Patchworkfamilie** gesetzmäßig erfasst, indem eine Beistandspflicht für Stiefeltern und eine Schutzpflicht gegenüber nicht leiblichen Kindern des anderen festgelegt wurde.
- Die **Ausstattung (**Anspruch des Kindes auf Starthilfe bei Heirat) (Kapitel XVII/B).
- Das **2. Gewaltschutzgesetz** (BGBl. I 2009/40) schafft **einstweilige Verfügungen** bei Unzumutbarkeit des Zusammenlebens oder Zusammentreffens (Kapitel V/C).
- **Kinderbeistand-Gesetz** (BGBl. I 2009/137).
- **Steuerentlastungsformeln** für Unterhaltsschuldner durch die Anrechnung der Familienbeihilfe zur Unterhaltsreduzierung.
- **Strategien** bei Gericht und Gerichtssachverständigen.
- **Musteranträge.**
- **Praxistipps** samt umfangreicher Checkliste (Kapitel V).
- **Konfliktbewältigung** durch Mediation PLUS (Kapitel XVIII).

Weiden am See, im April 2012 *Ewald Maurer*

Der Autor

Mag. Dr. Ewald Maurer, Gerichtsvorsteher i.R., Mitbegründer und ehemaliger Obmann-Stellvertreter der Fachgruppe Außerstreit- und Familienrecht der Richtervereinigung, war über ein Vierteljahrhundert als Richter sowie gleichzeitig über ein Dutzend Jahre in der Richterausbildung als Lehrbeauftragter tätig. In seinem Tätigkeitsbereich war er viele Jahre auch mit Familienangelegenheiten, insbesondere mit Scheidungen, befasst.

Sein Hauptanliegen ist es, die Theorie mit der Praxis anschaulich zu verbinden. Deshalb hat er sein großes Wissen und seine umfangreiche Erfahrung und Praxis in dieses Buch eingebracht. Für ihn ist stets nicht nur die fachlich-juristische Seite, sondern vor allem auch die seelisch-menschliche Seite bei seinen Beratungen und Entscheidungen von wesentlicher Bedeutung. Derzeit ist er als Mediator, Rechtskonsulent und Schriftsteller tätig.

Neben zahlreichen Aufsätzen in verschiedenen juristischen Fachzeitschriften sind von Dr. Maurer folgende Bücher erschienen:

„Ehe & Scheidung auf österreichisch“ (bisher acht Auflagen, die beiden ersten zusammen mit Dr. Bernd Fritsch), „Ehe und Recht“, „Eltern, Kinder und Recht“, „Erben & Vererben“ (bisher neun Auflagen) „Außerstreitgesetz neu“, „Außerstreitkommentar“ (Mitautoren Dr. Schrott und Dr. Schütz), Heimaufenthaltsgesetz, „Das uneheliche Kind“, „Gerichtsgeschichten“, „Sachwalterrecht in der Praxis“, „Das österreichische Sachwalterrecht in der Praxis“ (zusammen mit Dr. Wilhelm Tschugguel).

Weiters ist Dr. Maurer Mitautor der 7. bis 9. Auflage sowie des Ergänzungsbandes des im Manz Verlag erschienenen zweibändigen Werkes Schimkowsky, „Vertragsmuster und Beispiele von Eingaben“, sowie des „Manz Vorsorgebuches“, des „Österreichischen Heimratgebers“ und des „Pflegerechts in Heimen“.

INHALTSVERZEICHNIS

EINLEITUNG

Die besondere Bedeutung der Gesetze über familienrechtliche Fragen zwischen Eltern und Kindern geht – für jeden von uns – weit über die Wirkung anderer Gesetze hinaus. Einerseits gibt es nur wenige Gesetze, die so tief und unmittelbar in unsere Privatsphäre eingreifen (man denke etwa an die zwangsweise Wegnahme eines Kindes). Andererseits kommt jeder – zumindest als noch nicht Volljähriger – häufig aber auch in der Eltern-, Großeltern- oder Pflegeelternrolle damit unmittelbar in Berührung. Auch alle Personen, die Aufsichtsrechte ausüben, z.B. Lehrpersonen, sind davon betroffen.

Die Scheidungsrate ist in Österreich unvermindert hoch, fast 50%, das ergibt viele „*Scheidungswaisen*". Die relativ beständigen Ehen früherer Jahrzehnte wurden durch neue Lebensformen ergänzt; sei es durch Patchworkfamilien; Verbindungen ohne Trauschein, mit oder ohne Kinder; Alleinerziehende; Lebensabschnittsgefährten; Leben mit mehreren Haushalten oder in verschiedenen Städten; gleichgeschlechtliche Partnerschaften und Familien mit Migrationshintergrund. Besonders letztere sind – wegen der unterschiedlichen Kultur – in der Partnerschaft gefährdet, weil hier zwei unterschiedliche Denkweisen zusammentreffen, für die es kein bestehendes Lösungskonzept gibt.

Weitere Gefährdungspotenziale für die Ehe sind die Industrialisierung, (weil die Familie ihre Funktion als Arbeits- und Wirtschaftsgemeinschaft verlor), der Sozialstaat (brachte finanzielle Absicherung) und die Veränderungen im Lebenslauf der Frauen (mit dem Streben nach Selbständigkeit).

All diese Umstände begünstigen eine Vielzahl an innerfamiliären Konflikten in höchstpersönlichen Bereichen, zum Teil mit häuslicher Gewalt, Zwangsheirat und sogar Ehrenmord.

Für die Eltern stellen sich bei Scheitern einer Partnerschaft unter anderem folgende Fragen:

- Was darf oder muss ich in Bezug auf mein Kind?
- Was darf der nicht obsorgeberechtigte andere Elternteil?
- Wozu brauche ich dessen Zustimmung?
- Was darf mein neuer Lebenspartner bezüglich meines Kindes?

Da Kinder als Keimzelle der Gesellschaft für die Zukunft von größter Bedeutung und möglichst konfliktfreie Familienbeziehungen wünschenswert sind, hat der Staat großes Interesse an der Regelung familienrechtlicher Angelegenheiten.

Während früher die Elternrechte im Vordergrund standen, versucht der Gesetzgeber nun zunehmend „das Wohl und den Schutz des Kindes" und dessen Recht auf Selbstbestimmung zu berücksichtigen. Daraus ergibt sich naturgemäß ein Spannungsverhältnis zu anderen Prinzipien. Da auch das Familienrecht den gesellschaftlichen Strömungen folgt, ändert es sich parallel zu diesen.

Beispiele:

Aus dem körperlichen Erziehungsrecht des Erziehungsberechtigten wurde im Jahre 1977 ein bloßes Durchsetzungsrecht und ab 1989 ein Erziehungsrecht ohne jegliche körperliche oder seelische Gewaltanwendung. Seit dem Jahr 2001 dürfen Kinder ab dem 14. Lebensjahr selbst über ihr Besuchsrecht entscheiden.

Da das Kindschaftsrecht mit Schwerpunkt „Obsorge", nicht nur Kinder aus geschiedenen, sondern auch aus intakten oder getrennten Ehen und Lebensgemeinschaften betrifft, wird auch dieses dargestellt, um Unterschiede zu den Scheidungskindern aufzuzeigen.

HINWEIS

Gerade, wenn man sich in einer Scheidungssituation befindet, ist es besonders wichtig, sich auch im Grundsätzlichen über alle Fragen des Kindschafts- und Obsorgerechts zu informieren. Dies kann dazu beitragen, Konfliktsituationen besser handhaben oder sogar vermeiden zu können.

Die Auswirkungen des Eltern-Kind-Verhältnisses mit seinen diversen Rechten und Pflichten finden sich nicht nur im Familienrecht, sondern auch auf vielen Gebieten des privaten und öffentlichen Rechts, z.B. im Namensrecht, Erbrecht (Pflichtteilsminderung bei Verweigerung des Kontaktes), Eherecht (Verwandtschaft als Ehehindernis), Strafrecht (Verbot des Geschlechtsverkehrs zwischen bestimmten Verwandten) etc. Daher wurden auch andere vom Familienrecht berührte Bereiche kurz dargestellt.

Fragen wie die folgenden tauchen auf:

- Was muss man bei der Beaufsichtigung von Kindern beachten?
- Sind Eltern bzw. Aufsichtspersonen für Delikte der Kinder haftbar?
- Darf das Kind allein oder mit Freunden auf Urlaub fahren? Womöglich auch noch per Autostopp?
- Darf es sich eine eigene Wohnung nehmen? Wer zahlt das?
- Wie hoch soll das Taschengeld sein?
- Darf das Kind gegen den Willen der Eltern einen Beruf ergreifen, studieren, sich ein Fahrzeug kaufen?
- Was dürfen die Eltern tun, wenn ihr Kind nicht folgt? Dürfen sie es schlagen? Ist Hausarrest zulässig?
- Welche Erziehungsmaßnahmen sind überhaupt erlaubt?
- Welche Rechtsvorschriften gibt es also für all diese Fragen? Wo kann man Hilfe finden?

Welche Richtlinien gibt es?

Die Neugestaltung des Kindschaftsrechts durch das KindRÄG 2001 und das Familienrechts-Änderungsgesetz 2009 hat vorwiegend folgende Ziele:

- Stärkung der Rechtsstellung heranwachsender Menschen;
- Betonung der elterlichen Verantwortung;
- Gemeinsame Obsorgemöglichkeit der Eltern;
- Besuchsrecht als Recht des Kindes wirksamer zu gestalten;

- Flexiblere Verwaltung des Vermögens der Kinder;
- Beseitigung bestimmter Begriffe wie z.B. Vormund oder Vormundschaft;
- Gesetzmäßige Regelungen der Patchworkfamilie.

KINDER, ELTERN & RECHT

I. DAS KINDSCHAFTSRECHT

A. Grundbegriffe – Vater, Mutter, Kind, Obsorge

Das Kindschaftsrecht regelt die familienrechtlichen Beziehungen zwischen Eltern und Kindern, befasst sich mit sonstigen Obsorgeberechtigten und bildet gemeinsam mit dem Eherecht das Familienrecht.

Ein **Elternpaar** im Sinne des Gesetzes besteht aus Mutter und Vater.

Mutter ist jene Frau, die das Kind geboren hat – dies gilt auch, wenn die ausgetragene Eizelle nicht von der Gebärenden stammt, sondern ihr eingesetzt wurde.

Der Mutterbegriff ist höchstens bei Findelkindern (ausgesetzte und aufgefundene Kleinkinder, deren Herkunft unklar ist) und bei angeblich unterschobenen oder verwechselten Kindern strittig.

Als **Vater** gilt grundsätzlich der Mann,

- der mit der Mutter des Kindes im Zeitpunkt der Geburt des Kindes verheiratet ist oder als Ehemann der Mutter nicht früher als dreihundert Tage vor der Geburt des Kindes verstorben ist oder
- der die Vaterschaft anerkannt hat oder
- dessen Vaterschaft vom Gericht festgestellt ist.

Würden nach den aufgezählten Umständen mehrere Männer in Betracht kommen, so ist derjenige von ihnen der Vater, der mit der Mutter zuletzt die Ehe geschlossen hat (§ 138 Abs. 2 ABGB).

Sonderfälle stellen die medizinisch unterstützte Fortpflanzung und die Adoption (siehe Kapitel II/A) dar.

Unter medizinisch unterstützter Fortpflanzung versteht man die künstliche Befruchtung einer Frau, die in einer Ehe oder Lebensgemeinschaft lebt. Hat ihr Partner dieser künstlichen Befruchtung zugestimmt, gilt er als der Vater des Kindes, auch wenn der Samen von einem Dritten stammt.

Nach dem Fortpflanzungsmedizingesetz (BGBl. 1992/275) darf der Arzt nur dann eine künstliche Befruchtung an einer Frau vornehmen, wenn diese verheiratet ist oder in einer eheähnlichen Lebensgemeinschaft lebt. Der Samen darf vom Ehemann, dem Lebensgefährten oder einem Dritten stammen.

Ein Dritter, dessen Samen für eine medizinisch unterstützte Fortpflanzung verwendet wird, darf nicht als Vater des mit seinem Samen gezeugten Kindes festgestellt werden.

Nur für den rechtlich als Vater Geltenden treten die Rechtsbeziehungen gegenüber dem Kind wie Unterhaltspflicht, Unterhaltsrecht, Erbrecht etc. ein, nicht aber für den „nur" biologischen Vater.

Beispiel:

Beim Ehepaar Schwach ist der Mann zeugungsunfähig. Daher wird mit Zustimmung beider Ehegatten der Samen eines Dritten bei Frau Schwach eingepflanzt. Herr Schwach gilt für das Gesetz als der Vater des Kindes mit allen Rechten und Pflichten.

Als **Kinder** werden im vorliegenden Buch – nach dem allgemeinen Sprachgebrauch – nur die unmittelbaren Nachkommen bezeichnet, sofern nichts anderes vermerkt ist. Hingegen versteht das Allgemeine bürgerliche Gesetzbuch (ABGB) manchmal unter Kindern alle Verwandten, die von jemand abstammen, somit auch Enkel und Urenkel (z.B. § 42 ABGB). Andere Gesetze verstehen unter Kindern Personen bis zum 14. Lebensjahr (Jugendschutzgesetz) oder nehmen überhaupt keine Altersbegrenzung vor (z.B. im Sozialversicherungsrecht).

Minderjährige (= nicht Volljährige, nicht Eigenberechtigte) sind – nach dem KindRÄG 2001 – Personen, die das 18. Lebensjahr noch nicht vollendet haben. Vorher war die Volljährigkeit mit 19 Jahren festgesetzt. Eine Verlängerung oder Verkürzung der Minderjährigkeit ist nicht mehr möglich.

Unmündiger ist, wer das 14. Lebensjahr, **Jugendlicher** wer das 18. Lebensjahr noch nicht vollendet hat. Ein Lebensjahr wird mit dem Geburtstag vollendet.

Der **gesetzliche Vertreter** ist derjenige, der vom Gesetz vorgesehen ist, für Minderjährige zu handeln.

Der Begriff Obsorge
Unter Obsorge versteht man das Recht und die Pflicht, Minderjährige zu pflegen, zu erziehen, ihr Vermögen zu verwalten und sie gesetzlich zu vertreten. Obsorgeberechtigte sind bei ehelichen Kindern üblicherweise die Eltern, bei unehelichen Kindern ist es in der Regel die Mutter, sofern keine Vereinbarung über eine gemeinsame Obsorge der Eltern geschlossen wurde Näheres zum Begriff Obsorge siehe Kapitel IX und IV/B.

Die Rechtseinrichtung der „*Vormundschaft*" wurde durch das KindRÄG 2001 *abgeschafft* und durch die Rechtseinrichtung **„Obsorge für eine andere Person"** ersetzt. Diese neu geschaffene Art der Obsorge, die vom Gericht genauer überwacht wird, kommt nur in Betracht, wenn die Obsorge nicht von Eltern, Großeltern oder Pflegeeltern ausgeübt werden kann.

Ebenso wurde die Sachwalterschaft für minderjährige (nicht aber für Volljährige!) durch diese Art von Obsorge ersetzt.

Der **Kurator** ist der gerichtlich bestellte Vertreter eines Minderjährigen, wenn ihn sein gesetzlicher Vertreter wegen widerstreitender Interessen nicht vertreten darf.

Beispiel:
Der (Kollisions-)Kurator vertritt den Minderjährigen, wenn dieser vom Vater etwa ein Grundstück geschenkt bekommt, beim Schenkungsvertrag, weil der Vater und die Mutter in diesem Fall das Kind nicht vertreten dürfen.

Weitere Kuratorenbestellungen sind möglich: für Ungeborene ab der Empfängnis, um deren Rechtsansprüche zu wahren sowie für Abwesende oder unbekannte Teilnehmer an einem Geschäft.

Sachwalter ist der gerichtlich bestellte Vertreter eines volljährigen psychisch Kranken oder geistig Behinderten, der seine Angelegenheiten nicht gehörig besorgen kann.

> ***Beispiel:***
> *Wenn ein volljähriger Geisteskranker erbt, wird vom Gericht ein Sachwalter bestellt, der in den Erbangelegenheiten dessen Interessen wahrnimmt.*

Behinderter Minderjähriger

Wenn einem unter 18-jährigen die Einsichts-, Urteils- oder Geschäftsfähigkeit wegen merkbar verzögerter Entwicklung, psychischer Krankheit oder geistigen Behinderung fehlt, hat das Gericht dies mit Beschluss auszusprechen, um bedeutende Nachteile für den Minderjährigen abzuwenden (siehe Kapitel III/E).

Jugendwohlfahrtsträger ist das jeweilige Bezirksjugendamt (Kapitel XV).

B. Pflegschaft

Eine Pflegschaft ist die Fürsorge für Minderjährige und andere Personen die ihre Angelegenheiten nicht selbst ausreichend gut besorgen können.

Pflegschaftsverfahren heißt – im Gegensatz zum formellen Zivilprozess – ein formloseres Rechtsfürsorgeverfahren zum Schutz dieser Personen.

Das Pflegschaftsverfahren besteht aus vielerlei Maßnahmen, die zum Großteil in diesem Buch dargestellt sind. Eine Besonderheit des Pflegschaftsverfahrens ist dabei, dass meist nicht über beendete Sachverhalte zu entscheiden ist, sondern über weiterlaufende, was die Emotionen verstärkt. Der Schutz nicht voll handlungsfähiger Personen hat bei Konflikten gegenläufiger Interessen vorzugehen (EF 83.029).

Das **Kindeswohl** ist der **wichtigste Grundsatz** und **oberstes Rechtsprinzip**, nicht nur für Gerichtsentscheidungen im Pflegschaftsverfahren, sondern auch wenn es bei unklaren oder fehlenden Gesetzesbestimmungen um die Auslegung von Rechten und Pflichten der Erziehungsberechtigten und der Kinder geht (siehe Kapitel IV/A).

Das Kindeswohl ist ein unbestimmter Gesetzesbegriff; daher ist es nicht möglich ihn ausreichend zu definieren. Abgesehen davon, ist das Kindeswohl in jedem einzelnen Fall speziell zu prüfen, wobei auch zu unterscheiden ist, ob es sich um die Fallgruppe Pflege und Erziehung oder ob es sich um Angelegenheiten des Unterhalts, der Abstammungs- oder der Vermögensverwaltung handelt. Das Kindeswohl umfasst das körperliche, geistige und seelische Wohlergehen des Kindes (EF 84.218). Es kommt auf die gesamte Lebenssituation an.

Statt einer Definition, zählt das Gesetz zur Beurteilung des Kindeswohls beispielsweise auf, was zu berücksichtigen ist: Persönlichkeit, Bedürfnisse, Anlagen, Fähigkeiten, Neigungen und Entwicklungsmöglichkeiten des Kindes sowie die Lebensverhältnisse der Eltern (§ 178a ABGB).

Beispiel:

Bei einem Obsorgestreit zwischen Mutter und Großmutter nach dem Selbstmord des Vaters wegen Ehebruchs der Mutter, habe ich das zwölf Jahre alte Kind – gegen das sonst stärkere Mutterrecht – der Großmutter väterlicherseits zugesprochen. weil das Kind zu dieser eine besonders innige Beziehung hatte und die Ausbildung des Kindes so besser gesichert war als bei der unsteten Mutter, die vom Kind außerdem heftig abgelehnt wurde (bei der Befragung, was sie machen würde, wenn die Mutter die Obsorge bekäme, sagte sie, sie würde sich aus dem Fenster stürzen). Bei Berücksichtigung aller einzelnen Umstände sprach die Gesamtschau für diese Entscheidung.

Bei solchen Entscheidungen kann es immer nur darum gehen, unter mehreren infrage kommenden Lösungen „die relativ bessere Lösung“, bzw. die „am wenigsten schädliche Alternative“ zu finden, nachdem die beste Lösung, das Aufwachsen in einer intakten Familie, nicht mehr möglich ist.

Dieses Beispiel zeigt, dass es sich bei der gesetzlichen Aufzählung, was beim Kindeswohl zu berücksichtigen ist, um Worthülsen handelt, die im Einzelfall wenig bringen. Der Richter muss sie im konkreten Fall mit Leben erfüllen und gleichsam als Gesetzgeber handeln.

Der Gesetzgeber würde auch schwer eine politische Mehrheit für eine detaillierte Definition des Kindeswohls finden, weil in unserer vielschichtigen Gesellschaft nur wenige Aussagen allgemeine Zustimmung finden, ändern sich doch die Wertmaßstäbe beunruhigend schnell; dies wird durch die Globalisierung noch verstärkt. Im oben angeführten Beispiel würde die Mehrheit wohl reflexartig sagen: „Ein Kind gehört zur Mutter“ ohne auf den konkreten Fall näher einzugehen.

Was macht die **Gerichtspraxis**, wenn ein Gesetz zu unbestimmt ist?

- Man orientiert sich an der Rechtsprechung als Wertungsrahmen und
- an humanmedizinischen Erkenntnissen der Kinderpsychologie, Kinderpsychiatrie, der Pädagogik und der Verhaltensforschung, soweit sie mit den bestehenden Rechtsgrundsätzen vereinbar sind, durch Einholung eines Sachverständigengutachtens.

HINWEIS

Gerichtsentscheidungen und humanmedizinische Erkenntnisse mögen auf 90 % zutreffen, es ist aber immer kritisch zu hinterfragen, ob sie auch für den konkreten Fall gelten!

Elternrechte sollen grundsätzlich ein Familienleben frei von Eingriffen Dritter oder des Staates gewährleisten, sofern nicht das Kindeswohl dagegen steht, ein Missbrauch der Rechte vorliegt oder das Gesetz dies vorsieht (einen Sonderfall stellt die Verwaltung des Vermögens des Kindes dar).

Beispiele:

- *Auch Eltern, die ihr Kind nicht gut erziehen, haben Vorrang gegenüber dem adoptionswilligen Nachbarehepaar, auch wenn dieses das Kind bedeutend besser erziehen könnte.*
- *Obwohl Eltern ihr besonders begabtes Kind nicht studieren lassen, mengt sich der Staat diesbezüglich nicht ein.*
- *Bei akuter Kindesmisshandlung durch Eltern muss das Kind vom Jugendamt sofort aus dem elterlichen Haushalt entfernt und anderswo untergebracht werden.*

Der **Wille des Kindes** ist je nach dessen Alter, spätestens ab dem 10. Lebensjahr, immer bedeutsamer. In bestimmten Verfahren, z.B. Obsorge- und Besuchsrechtsverfahren, hat das Gericht Minderjährige, je nach Alter und Verständnisfähigkeit persönlich zu hören (§ 105 AußStrG).

Grundsätzlich geht aber das Kindeswohl dem Willen des Kindes vor. Es gibt aber Ausnahmen. So findet etwa gegen den Willen eines 14-Jährigen ein Besuchsrecht nicht statt oder es darf ein 14- bis 18-Jähriger vor Gericht oder Notar ein Testament errichten, weil es sich dabei um ein höchstpersönliches Recht handelt (Näheres in Kapitel IV/A).

Die **Wohlverhaltensklausel** verpflichtet alles zu unterlassen, was das Verhältnis eines Minderjährigen zu einem Erziehungsberechtigten beeinträchtigt, z.B. das Kind aufhetzen. Näheres siehe Kapitel XI/H.

Zwingendes Recht bedeutet, dass die meisten gesetzlichen Bestimmungen, die das Verhältnis zwischen Erziehungsberechtigten und Kindern regeln, nicht durch Parteienvereinbarung übergangen oder abgeändert werden dürfen, sofern im Gesetz nichts anderes angeordnet ist (Kapitel XIII/K).

> ***Beispiel:***
>
> *Es ist unwirksam, wenn die Mutter „auf den Unterhalt für ihr Kind“ gegenüber dem Vater verzichtet, weil sie mit ihm nichts zu tun haben will. Sie kann jedoch mit dem Vater vereinbaren, dass sie ihm alle Unterhaltsbeträge, die er für das Kind leistet, zurückzahlt, wenn er bestimmte Rechte nicht ausübt (= Schad- und Klagloshaltung).*

Amtswegige Rechtsfürsorge bedeutet, dass das Gericht Minderjährigen (ebenso psychisch Kranken, geistig Behinderten oder Abwesenden) zu helfen hat, selbst dann, wenn es nicht beantragt wurde.

> ***Beispiel:***
>
> *Das Gericht erfährt vom Wohnungsnachbar, dass ein Kind misshandelt wird. Es hat in diesem Fall unaufgefordert, auch gegen den Willen der Eltern, einzugreifen und diesen Missstand zu beenden.*

Die **Umstandsklausel** sorgt dafür, dass gerichtliche Entscheidungen oder Parteienvereinbarungen in Pflegschaftssachen grundsätzlich nur für die Verhältnisse zum Zeitpunkt der Entscheidung oder Vereinbarung gelten. Bei Änderung der Verhältnisse besteht die Möglichkeit, die Entscheidung zu ändern (Kapitel XIII/P).

Beispiel:
Ein Vater, der € 2.000,– im Monat verdient, vereinbart mit der Mutter monatlich € 300,– Unterhalt für das gemeinsame Kind zu bezahlen. Wenn er später € 3.000,– im Monat verdient, kann trotz der früheren Vereinbarung höherer Unterhalt von ihm gefordert werden, weil das Kindeswohl zu berücksichtigen ist.

Es ist grundsätzlich unzulässig, ein bestimmtes Gericht zur Entscheidung über Streitigkeiten aus dem Eltern-Kind-Verhältnis zu vereinbaren.

C. Gerichtsverfahren in Kindschaftsangelegenheiten

Allgemeine zivilrechtliche Grundlagen

Die familienbezogenen **Rechte und Pflichten zwischen Eltern und Kindern** werden vorwiegend im Kindschaftsrecht des Allgemeinen bürgerlichen Gesetzbuches (ABGB) und seinen Nebengesetzen (z.B. Ehegesetz, Jugendwohlfahrtsgesetz oder Unterhaltsvorschussgesetz) geregelt. Welches Gericht zuständig ist, legt die Jurisdiktionsnorm (JN) fest. Bei Auslandsbezug können EU-Regeln oder zwischenstaatliche Vereinbarungen bedeutsam sein. Wenn ein Rechtsfall zu mehr als einem Staat Bezug hat, entscheidet das internationale Privatrecht, welches Recht anzuwenden ist (siehe Kapitel I/D).

Das Verfahren, in dem über die gegenseitigen Rechte und Pflichten zwischen Eltern und Kindern üblicherweise entschieden wird, heißt **Pflegschaftsverfahren** und umfasst alle Verfahrensmaßnahmen für die unter dem besonderen Schutz des Gesetzes stehenden Kinder und Minderjährigen. Fast alle diese Ansprüche und Maßnahmen werden im **Außerstreitgesetz (AußStrG)** geregelt. Die zwangsweise Durchsetzung von Gerichtsentscheidungen erfolgt entweder nach dem Außerstreitgesetz oder nach der **Exekutionsordnung (EO).**

Gerichtsentscheidungen über die oft strittige Auslegung der gesetzlichen Bestimmungen findet man in Entscheidungssammlungen (z.B. Sammlung der ehe- und familienrechtlichen Entscheidungen), in Gesetzeskommentaren, Monographien (dabei handelt es sich um die Texte, die eine bestimmte Rechtsfrage erläutern) oder in der Rechtsdatenbank.

Zuständigkeit und Verfahren

Sofern nicht Internationale Abkommen (siehe Kapitel I/D) etwas anderes bestimmen, gilt:

Örtlich zuständig für Pflegschaftsverfahren ist das Bezirksgericht in dessen Sprengel der Minderjährige seinen gewöhnlichen Wohnsitz hat (§ 109 JN). Fehlt ein solcher in Österreich, gelten in folgender Reihenfolge:

- sein schlichter (= weniger als gewöhnliche) Aufenthalt;
- der aktuelle Aufenthalt seines gesetzlichen Vertreters;
- der aktuelle Aufenthalt eines Elternteils;
- zuletzt das Bezirksgericht Innere Stadt Wien.

Die Gerichtszuständigkeit bleibt solange, bis eine Änderung des Aufenthalts des Minderjährigen eine Übertragung der Zuständigkeit an ein anderes Gericht erfordert.

> ***Beispiel:***
> *Das Kind zieht mit den Eltern von Wien nach Bregenz. In diesem Fall wird der Gerichtsakt von Wien nach Bregenz übertragen.*

In Pflegschaftssachen sind außer Richtern auch Diplomrechtspfleger tätig, die vor allem Unterhalts- und Vermögensverwaltungssachen (bis zu bestimmten Wertgrenzen) betreuen, sowie nicht strittige Obsorge und Besuchsrechtsangelegenheiten.

Es sind für die Behandlung der gegenseitigen Rechte und Pflichten zwischen Eltern und Kindern zwei verschiedene Verfahrensarten vorgesehen:

Außerstreitverfahren: Dieses ist ein **friedensrichterähnliches Rechtsfürsorgeverfahren** und gilt für die weit überwiegende Mehrheit der Kindschaftsangelegenheiten. Außerstreitverfahren bedeutet nicht, dass nicht gestritten wird, sondern dass dieses Verfahren weniger formenstreng als der Zivilprozess ist; es gilt Folgendes:

- Die Verfahrenseinleitung kann auch ohne Antrag von Amts wegen erfolgen.
- Das Gericht ist verpflichtet, von sich aus den wahren Sachverhalt zu erforschen. Dabei hat es die Verfahrensgestaltung so zu wählen, dass – ohne Bindung an verfahrenseinleitende Anträge – eine erschöpfende Erörterung und gründliche Beurteilung bei möglichst kurzer Verfahrensdauer gewährleistet ist. Es hat hilfsorientiert auf eine gütliche Einigung zwischen den Parteien hinzuwirken.
- Parteien brauchen für das Verfahren in 1. und 2. Instanz (= Bezirks- und Landesgericht) grundsätzlich keinen Anwalt.
- Die unterliegende Partei muss nicht, wie beim Zivilprozess, dem Gegner die Prozesskosten ersetzen (Ausnahmen sind aber möglich).
- Man kann Anträge schriftlich (ohne Anwalt) oder mündlich (an den Amtstagen beim zuständigen Bezirksgericht) einbringen.
- Die mündliche Verhandlung ist grundsätzlich nicht öffentlich; die Vertraulichkeit ist zu gewährleisten, außerdem kann die Pflicht zur Geheimhaltung auferlegt werden.
- Das Gericht holt von sich aus Berichte vom Jugendamt, der Jugendgerichtshilfe oder Sachverständigengutachten ein. Gutachten werden dem verrechnet, der sie beantragt hat oder in dessen Interesse sie eingeholt wurden.
- Es besteht kein Unmittelbarkeitsgrundsatz; das bedeutet, das Gericht kann auch Beweise verwerten, die es nicht selbst aufgenommen hat.

- Bestimmte gesetzliche Anhörungsrechte sind vorgesehen; neben dem Jugendwohlfahrtsträger etwa Parteien, die in ihren rechtlich geschützten Interessen unmittelbar betroffen sind, wie Eltern Pflegeeltern oder bestimmte Verwandte.
- Abgesehen vom Anhörungsrecht der Kinder (unter zehn Jahren meist beim Jugendamt, darüber bei Gericht) sind Minderjährige ab dem 14. Lebensjahr in bestimmten Verfahren (Obsorge, Besuchsrecht etc.) selbständig verfahrensfähig und können selbst Anträge und Rechtsmittel in bestimmten Verfahren einbringen.
- Es besteht die Unbeschränktheit der Beweismittel.
- Das Gericht entscheidet mit Beschluss oder einstweiliger Regelung.
- Je nach Art des Beschlusses ist eine Exekution möglich (bei Obsorge ist eine Kindesabnahme möglich, beim Besuchsrecht nicht).

Zivilprozessverfahren: Dieses Verfahren ist im Kindschaftsrecht etwa für die Einhaltung eines Vertrages zwischen Eltern und Kind (z.B. ein Schenkungsvertrag) anzuwenden. Das Verfahren ist hier strenger, denn es gilt:

- es kann von einer Partei nur durch Klage begonnen werden;
- Klagsbehauptungen müssen von der jeweiligen Partei auch bewiesen werden;
- das Gericht kann von sich aus keine eigenen Untersuchungen anstellen und ist an die Anträge bzw. Beweisthemen der Parteien gebunden.
- Grundsätzlich trägt der Verlierer auch die Prozesskosten des Gegners.

Amtstag

Bei den Bezirksgerichten ist an bestimmten Tagen der Woche ein Amtstag eingerichtet, an dem der Richter kostenlos Rechtsauskünfte erteilt und Anträge oder Klagen zu Protokoll nimmt. Dieses Recht steht natürlich auch Minderjährigen zu.

Seit dem Budgetbegleitgesetz 2009 können Rechtsmittel nicht mehr zu Protokoll gegeben werden. Siehe aber Verfahrenshilfe.

Akteneinsicht

Jede Partei hat grundsätzlich das Recht, in den eigenen Gerichtsakt Einsicht zu nehmen und sich daraus Abschriften bzw. Kopien anzufertigen.

Verfahrenshilfe

Ist der eigene Unterhalt oder der der Familie durch die Kosten eines Gerichtsverfahrens gefährdet, kann man Verfahrenshilfe beim zuständigen Bezirksgericht schriftlich oder mündlich (zu Protokoll) beantragen. Dazu ist es notwendig, ein Vermögensbekenntnis mit den entsprechenden Belegen vorzulegen. Durch die Verfahrenshilfe wird man vorläufig von den Kosten, die bei Gericht anfallen, befreit. Falls erforderlich (z.B. wenn ausländisches Recht anzuwenden ist), kann auch kostenlos ein Rechtsanwalt beigestellt werden.

HINWEIS

Voraussetzung für die Verfahrenshilfe ist, dass das Verfahrensbegehren nicht mutwillig oder aussichtslos ist; das bedeutet, ein vernünftiger Mensch würde das Verfahren auch beginnen, wenn er es selbst bezahlen müsste. Das Formular erhalten Sie bei Gericht. Sie können es auch online auf der Seite des BMJ (www.bmj.gv.at) unter dem Punkt Service und dann Formulare abrufen.

Die Verfahrenshilfe schützt jedoch nicht davor, im Falle des Prozessverlusts dem Gegner die Kosten ersetzen zu müssen. Sollte sich die Einkommenssituation des Verfahrenshilfeberechtigten bessern, so kann er innerhalb von drei Jahren nach Abschluss des Verfahrens verpflichtet werden, die Gerichts- und Anwaltskosten nachzuzahlen. Dies gilt nur eingeschränkt für Minderjährige.

Vertretung durch Anwalt

Obwohl in Familienrechtssachen grundsätzlich kein Anwaltszwang besteht, ist es in schwierigen Fällen günstig, einen Rechtsanwalt zu bestellen. Diesem sollten alle wesentlichen, auch intimen, Informationen mitgeteilt werden, da er unter Verschwiegenheitspflicht steht und nur so die Angelegenheit bestmöglich vertreten kann. Wichtig ist es, sich vor Auftragserteilung genau über die Kosten zu informieren.

Rechtsmittel

Was tut man, wenn man mit einer Gerichtsentscheidung (Urteil oder Beschluss) nicht zufrieden ist, weil man sie für fehlerhaft hält?

Dabei ist zu unterscheiden, ob es sich um ein Außerstreitverfahren oder um einen Zivilprozess handelt. Im Außerstreitverfahren ergehen die Gerichtsentscheidungen durch Beschluss, im Zivilprozess hauptsächlich durch Urteil.

Außerstreitverfahren: Im Außerstreitverfahren kann jede Partei, wenn sie mit einem Gerichtsbeschluss des Bezirksgerichts nicht zufrieden ist, innerhalb von vierzehn Tagen nach Zustellung der Entscheidung **Rekurs** an das Landesgericht beim Erstgericht einzubringen.

Verfahrensleitende Beschlüsse, das sind solche, die über bestimmte Verfahrensdispositionen ergehen, z.B. die Bestellung eines Sachverständigen, sind erst zusammen mit der nächsten abgesondert anfechtbaren Entscheidung anfechtbar; das ist meist der Beschluss, der das Verfahren beendet.

Neue Tatsachen und Beweismittel können nur eingeschränkt vorgebracht werden. Es spielt dabei eine Rolle, ob sie aufgrund einer entschuldbaren Fehlleistung im bisherigen Verfahren nicht vorgebracht wurden und ob sie in einem neuen Verfahren geltend gemacht werden könnten. Im Hinblick auf das Kindeswohl werden in Obsorge- und Besuchsrechtsverfahren Neurungen üblicherweise zugelassen.

Wird ein Rekurs erhoben, erhält jede andere Verfahrenspartei eine Gleichschrift und kann sich binnen 14 Tagen in einer **Rekursbeantwortung** zum Rekurs äußern.

Gegen die Entscheidung des Rekursgerichts kann in bestimmten Fällen binnen 14 Tagen ab Zustellung ein **Revisionsrekurs** an den OGH eingebracht werden. Dieser muss – anders als der Rekurs – von einem Rechtsanwalt oder Notar unterschrieben sein. Der OGH behandelt die strittige Angelegenheit nur, wenn es sich um eine Rechtsfrage von erheblicher Bedeutung handelt, etwa weil die Rechtsprechung des OGH fehlt, uneinheitlich ist oder das Rekursgericht von der Rechtsprechung des OGH abgewichen ist. Ist dies nicht der Fall, kommt es bei Streitigkeiten um Geld oder sonstiges Vermögen unter anderem darauf an, ob der Wert € 30.000,– übersteigt.

Analog zur Rekursbeantwortung gibt es eine **Revisionsbeantwortung,** für die die Unterschrift eines Anwalts oder Notars erforderlich ist.

Jedenfalls unzulässig ist ein Revisionsrekurs, wenn es um Kosten, Gebühren oder Verfahrenshilfe geht.

Muster eines Rekursantrages

An das Bezirksgericht

....

Pflegschaftssache: Minderjähriger Heinrich Not, geb. 2. 1. 2006

Rekurswerber: Minderjähriger Heinrich Not, vertreten durch seine obsorgeberechtigte Mutter, Maria Not, Haushalt, Anschrift

Antragsgegner: Thomas Schlau, HTL-Ingenieur, Anschrift

wegen Unterhalt

Rekurs

gegen den Beschluss des Bezirksgerichts ... vom 6. 5. 2011 2 P 5/11.

Das Bezirksgericht ... hat meinen Antrag vom 12. 2. 2011, den unehelichen Vater von Heinrich Not, Thomas Schlau, zu einer monatlichen Unterhaltszahlung von € 200,– zu verpflichten, abgelehnt, weil dies die finanzielle Leistungsfähigkeit des Unterhaltspflichtigen übersteige.

Diese Rechtsansicht ist verfehlt, denn aufgrund seiner Ausbildung als HTL-Ingenieur müsste der Vater beweisen, dass er nicht in der Lage ist, soviel zu verdienen, um den geforderten Unterhaltsbetrag für sein Kind zu bezahlen.

Beweis: Im Akt befindliche Ausbildungsbestätigung als HTL-Ingenieur.

Ich stelle daher den Antrag,

das Landesgericht für Zivilrechtssachen ... als Rekursgericht wolle den angefochtenen Beschluss des Bezirksgerichts ... dahingehend abändern, dass meinem Antrag vollinhaltlich stattgegeben wird.

Unterschrift ...

HINWEIS

Die Möglichkeit, einen Rekurs bei Gericht zu Protokoll zu geben, wurde mit dem Budgetbegleitgesetz abgeschafft.

Abänderungsantrag

Können die Wirkungen eines rechtskräftigen Beschlusses nicht durch ein anderes gerichtliches Verfahren beseitigt werden, so kann binnen vier Wochen ein Abänderungsantrag gestellt werden, wenn man z.B. im Verfahren nicht (ausreichend) vertreten war, das Gericht unzulässig besetzt war, strafbare Handlungen bei der Entscheidung eine Rolle spielten oder neue Tatsachen eine Relevanz für die Entscheidung haben (§ 72 ff. AußStrG).

Zivilprozess: Hier herrscht im Rechtsmittelverfahren **Anwaltszwang,** das heißt, sowohl die Berufung als auch die Revision muss unbedingt die Unterschrift eines Anwalts oder Notars aufweisen.

Gegen das Urteil der ersten Instanz (Bezirksgericht oder Landesgericht) ist innerhalb von vier Wochen **Berufung** zulässig, wenn man erhebliche Fehler nachweisen kann (im Gesetz angeführte Nichtigkeitsgründe, Aktenwidrigkeit, Verfahrensmängel, unrichtige Sachverhaltsfeststellungen oder unrichtige rechtliche Beurteilung). Ob gegen das Urteil der zweiten Instanz ein **Revisionsrekurs** an den Obersten Gerichtshof zulässig ist, hängt von der Art des Prozesses ab bzw. ob es sich um eine strittige Rechtsfrage von erheblicher Bedeutung handelt, wobei auch der Streitwert eine Rolle spielt.

Im Berufungs- und Revisionsverfahren gilt **Neuerungsverbot**, das heißt, die Parteien können keine neuen Tatsachen mehr vorbringen.

Eine Gerichtsentscheidung ist erst dann rechtskräftig (wird endgültig), wenn die Rechtsmittelfrist abgelaufen ist, auf Rechtsmittel verzichtet wurde oder die höchste Instanz entschieden hat.

Neben diesen angeführten Rechtsmitteln gibt es im Zivilprozess:

- den **Widerspruch**, der innerhalb von vierzehn Tagen gegen ein Versäumungsurteil zu erheben ist, falls das Urteil auf Antrag des Klägers gefällt wurde und der Beklagte in der ersten Verhandlung nicht erschienen ist;
- den **Einspruch**, der binnen vierzehn Tagen gegen einen Zahlungsbefehl im Mahnverfahren zu erheben ist; (bei Streitigkeiten um Geld bis zu einer bestimmten Höhe kann ohne vorhergehende Gerichtsverhandlung ein gerichtlicher Zahlungsbefehl verlangt werden).

Fristen

Bei Berechnung einer Frist, die nach Tagen bestimmt ist, wird der Tag der Zustellung nicht mitgezählt. Der Fristbeginn ist der folgende Tag. Wenn Fristen nach Wochen, Monaten oder Jahren bestimmt ist, enden sie mit dem Ablauf des letzten Tages der letzten Woche oder des letzten Monats, der dem Tag entspricht an dem die Frist begonnen hat.

Beispiel für Zweiwochenfrist:
Zustellung erfolgt am Donnerstag den 1. März, der letzte Tag der Frist ist Donnerstag der 15. März.

Abhilfe für Sonderfälle

Wie lange ein Gerichtsverfahren dauern darf, hängt von den jeweiligen Umständen ab und kann nicht allgemein beantwortet werden. Entscheidend ist, wie viel Zeit vergeht, bis das Gericht den jeweils nächsten angemessenen Verhandlungsschritt setzt, wenn der Akt auf den Richtertisch kommt und mit welchen Fristen es arbeitet. Dazu gehört auch die Überwachung angemessener Fristen der Sachverständigen bei Erstellung von Gutachten (ein Hauptübel der Verzögerungen).

Bei ungerechtfertigt langer Dauer des Verfahrens kann man jedoch folgende Maßnahmen ergreifen

- **Fristsetzungsantrag:** Obwohl Gerichtsverfahren in Österreich eher rascher als in anderen Ländern abgewickelt werden, gibt es Fälle, in denen die Verfahren nicht nur deshalb so lange dauern, weil sie so kompliziert und umfangreich sind. Wenn das Gericht sich Zeit lässt, Verhandlungen anzusetzen, unbegründet lange Fristen setzt oder mit der Ausfertigung von Entscheidungen säumig ist, besteht die Möglichkeit, einen Antrag an das übergeordnete Gericht zu stellen, dem säumigen Gericht eine Frist zur Vornahme der Verfahrenshandlung zu setzen. Dabei ist die Belastung des Gerichts sowie der Umstand zu berücksichtigen, dass durch den Fristsetzungsantrag der Lauf des Verfahrens unterbrochen wird (§ 91 GOG). Der Fristsetzungsantrag setzt kein persönliches Verschulden des Richters voraus.
- Befassung der **Ombudsstelle** des Oberlandesgerichts, das dem zuständigen Gericht übergeordnet ist. Diese durch Richter besetzte neue Einrichtung kann durch persönliche oder telefonische Vorsprachen oder durch schriftliche Eingaben mit Gerichtsverfahren befasst werden. Diesen Mitarbeitern gelingt es oft durch unmittelbare Vermittlungstätigkeit und Einsicht in gerichtliche Verfahrensabläufe die Aufmerksamkeit der Entscheidungsorgane auf sensible Stellen des Verfahrens zu lenken und den Justizkonsumenten die rechtliche Situation zu erklären.
- **Aufsichtsbeschwerde:** Ist ein Verschulden des Richters an der Säumnis (also z.B. nicht Krankheit) anzunehmen, gibt es die

Möglichkeit der Aufsichtsbeschwerde an den Gerichtsvorsteher bzw. den Präsidenten des Gerichtshofs, mit dem Ersuchen um Abhilfe (§ 78 GOG).

- **Ablehnung eines befangenen Richters:** Ein Richter kann abgelehnt werden, wenn an seiner Unbefangenheit zu zweifeln ist (z.B. durch Äußerungen „Ihnen glaube ich nichts, was sie auch sagen“ oder sein Verhalten). Das ist nicht nur dann der Fall, wenn ihm die Fähigkeit zu einer sachlichen Beurteilung fehlt, sondern auch wenn ein Naheverhältnis zu einem Verfahrensbeteiligten oder Zeugen vorliegt (§ 19 JN).
  Wenn ein Richter ein persönliches Interesse am Verfahrensausgang hat (z.B. als Mitberechtigter oder Mitverpflichteter oder weil er mit Verfahrensbeteiligten verwandt oder verschwägert ist), ist er vom Verfahren durch das Gesetz **ausgeschlossen**. Gleiches gilt für Sachverständige.
  Ein Ablehnungsgrund ist sofort geltend zu machen. Es entscheidet darüber beim Bezirksgericht der Gerichtsvorsteher, gegen dessen Ablehnung das übergeordnete Landesgericht.

Zwangsweise Durchsetzung von Ansprüchen (Exekution)

Ein Rechtsstreit zwischen den Parteien wird meist durch gerichtliche Entscheidung (**Urteil, Beschluss**) oder gerichtlichen **Vergleich** beendet. Hält sich nun ein Teil nicht daran, so hat der andere die Möglichkeit, seine in der Entscheidung oder im gerichtlichen Vergleich festgelegten Rechte **zwangsweise durchzusetzen**. Das heißt, gegen die andere Partei Exekution zu führen.

Der **Exekutionsantrag** ist beim Exekutionsgericht einzubringen. Das ist grundsätzlich das Gericht, in dessen Sprengel der zur Leistung Verpflichtete seinen Wohnsitz hat, bzw. wo sich die Sachen befinden oder die erste Exekutionshandlung vorzunehmen ist.

Der Vollzug der Exekution besteht weitgehend darin, dass mit Hilfe des Gerichts durchgesetzt wird, was die verurteilte Gegenpartei selbst hätte tun sollen.

Wenn der Verpflichtete z.B. **Unterhaltszahlungen** nicht geleistet hat, werden – sofern er Arbeitnehmer ist – Teile des Lohns oder Gehalts gleich von seinem Arbeitgeber eingezogen (Gehaltsexekution). Als Erleichterung für Gläubiger ist nur mehr der **Gesamtbetrag** der hereinzubringenden Forderungen anzuführen.

Selbst wenn der Antragsteller nicht weiß, wo der Verpflichtete beschäftigt ist, genügt es, dessen Namen und Geburtsdaten anzugeben. Das Gericht kann durch eine Anfrage an den Hauptverband der österreichischen Sozialversicherungsträger festzustellen, ob der Verpflichtete in einem Dienstverhältnis steht.

Wenn der Unterhaltsverpflichtete auch nur einmal mit der Unterhaltszahlung in **Rückstand** gerät, kann sein Gehalt für alle Zukunft gepfändet werden. Der Dienstgeber muss dann monatlich die Unterhaltsüberweisungen vornehmen.

HINWEIS

Oft wird durch eine derartige Lohnexekution der Arbeitsplatz des Unterhaltspflichtigen gefährdet. Manche Dienstgeber wollen nämlich nicht mit den lästigen Abzügen und Überweisungen aus der Exekution belastet werden. Der Unterhaltspflichtige sollte daher darauf achten, dass er nicht mit den Zahlungen in Rückstand gerät. Andererseits sollte der Unterhaltsberechtigte nicht mutwillig beim kleinsten Rückstand sofort Exekution führen.

Außerdem kann das **Eigentum des Unterhaltspflichtigen** (Haus, Auto etc.) **gepfändet** und versteigert werden. Aus dem Erlös sind dann die Zahlungen zu leisten.

Bei anderen Verpflichtungen, wie Herausgabe von Gegenständen oder Änderung des Türschlosses, veranlasst der Gerichtsvollzieher die entsprechenden Handlungen.

Obsorgeentscheidungen können nur nach dem Außerstreitgesetz mittels Kinderabnahme mit verschiedenen flankierenden Maßnahmen durchgesetzt werden. Eine „Kindesabnahme" ist in Bezug auf **Besuchsrechtsentscheidungen** nicht zulässig Das Außerstreitgesetz sieht als „angemessene Zwangsmittel" insbesondere vor: Geld- und

Beugehaftstrafen, zwangsweise Vorführung, Abnahme von Gegenständen oder die Bestellung von Kuratoren, die an Stelle der säumigen Partei tätig werden.

Muster eines Exekutionsantrages

Schreiben an das Bezirksgericht, wo die Streitsache anhängig ist oder die strittige Sache liegt, mit Namen, Beruf und Anschrift der Streitteile.

Schilderung, dass der Gegner das in der rechtskräftigen Gerichtsentscheidung aufgetragene Verhalten nicht erfüllt hat.

Beweis: Vorlage der Gerichtsentscheidung, Parteieneinvernahme.

Daher beantrage ich folgenden

Beschluss

Aufgrund des rechtskräftigen Beschlusses des Bezirksgerichts … vom … Geschäftszahl … wird der betreibenden Partei

Eva Schlau, Angestellte, Anschrift …

gegen die verpflichtete Partei Horst Schlau, Kaufmann, gleiche Anschrift,

die zwangsweise Räumung der Wohnung im Hause Anschrift … bewilligt.

Die Räumung ist unverzüglich vorzunehmen.

HINWEIS

Berechnung für Unterhaltsexekutionen siehe Kapitel XIII/R.

Kosten

Die Kosten eines Gerichtsverfahrens enthalten **Gerichtsgebühren**, wozu noch die Kosten für **Rechtsanwälte, Sachverständige**, Dolmetsch und Zeugen kommen können.

Für die Berechnung der Höhe der Gerichts- und Anwaltskosten kommt es auf den **Streitwert** an. Dieser wird durch einen Tarif von Zeit zu Zeit festgesetzt und weist für Gericht und Anwalt verschiedene Werte auf.

- Derzeit beträgt der Streitwert bei z.B. Obsorge- und Besuchsstreitigkeiten sowie für Ehescheidungen und Eheangelegenheiten für Anwaltskosten € 4.360,–. Das bedeutet aber nicht, dass dieser Betrag zu bezahlen ist, sondern es handelt sich dabei lediglich um die **Bemessungsgrundlage**, das ist ein festgesetzter Betrag nach dem die Kosten berechnet werden, so als handle es sich um einen Prozess um € 4.360,–. Diese Bemessungsgrundlage erhöht sich, wenn um weitere Angelegenheiten und Sachen gestritten wird, weil diese weiteren Streitwerte dazugerechnet werden.
  Aufgrund dieser Bemessungsgrundlage belaufen sich die Anwaltskosten für eine Scheidungsklage oder einen Obsorge- oder Besuchsrechtsantrag auf € 154,90. Noch einmal so viel kostet die erste Stunde einer Gerichtsverhandlung und jede weitere begonnene Stunde am selben Tag kostet die Hälfte dieses Betrages, also € 77,90.
  - Zu den angeführten Beträgen kommt noch ein 60 %er Zuschlag, der sogenannte **Einheitssatz** (bei einem Streitwert von über € 10.170,– reduziert auf 50 %) für Nebenleistungen des Anwalts (z.B. Korrespondenz, Telefonate etc.). Hat der Anwalt seine Kanzlei nicht am Gerichtsort, erhöht sich der Zuschlag auf 120 %. Wenn nichts anderes ausgemacht ist, ist der **Anwalt berechtigt Einzelleistungen zu verrechnen**, was teurer kommen kann.
  - Der gesamten Summe ist noch der ein 20 %er Zuschlag an **Umsatzsteuer** hinzuzurechnen, sowie allfällige **Barauslagen** (z.B. Fahrtkosten).
  - In Sonderfällen gibt es einen **Zuschlag für besondere Mühe** und Zeitaufwand, unabhängig vom Tarif, wenn die Leistung des Anwalts den Durchschnitt erheblich übersteigt (§ 21 Abs. 1 RATG).

– Falls Ihr Anwalt zustimmt, können Sie mit ihm eine bestimmte Summe als **Pauschalhonorar** für seine gesamte Tätigkeit vereinbaren. Damit kennen Sie die Höhe der Kosten von Anfang an. In der Praxis wird das nur bei einigermaßen abschätzbaren Kosten in Frage kommen.

Die **Gerichtsgebühren** sind **Pauschalgebühren** wie z.B. für Besuchsrecht € 122,–; für eine einvernehmliche Scheidung € 253,–, für Scheidungsantrag und nochmals € 253,– für Scheidungsvergleich. Wenn eine Liegenschaft oder Eigentumswohnung dabei ist, kostet der Vergleich € 379,–.

Aus dieser Darstellung sieht man, dass die Anwaltskosten – im Vergleich zu den Gerichtsgebühren – das Kostenrisiko darstellen. Dabei hängt es von der Vereinbarung mit dem Anwalt ab, ob man ein **Zeit-** oder ein **Pauschalhonorar** vereinbart. Wenn der Anwalt viel Zeit für diverse Einzelleistungen aufwenden muss, wird man mit dem Pauschalhonorar, sofern es nicht überhöht vereinbart wurde, besser dran sein.

Besonders gefährlich kann es werden, wenn jemand ein Scheidungsverfahren mit Obsorge-, Unterhalts-, Besuchsrechts-, Besitzstörungs-, und Vermögensaufteilungsstreitigkeiten führt, garniert mit einstweiligen Verfügungen. All die Streitwerte werden wegen des Zusammenhangs für die Bemessungsgrundlage zusammengezählt. Diese astronomische Bemessungsgrundlage führte in einem mir bekannten Fall zu einer Privatinsolvenz.

Die Kosten werden im streitigen Verfahren und in bestimmten Bereichen des Außerstreitverfahrens von der Partei ersetzt, die das Verfahren verliert. Es werden aber nur jene Kosten ersetzt, die der zweckmäßigen Rechtsverfolgung dienen. Erzielt jemand einen Teilerfolg, gebührt ihm nur ein anteiliger Kostenersatz. Das Ausmaß des **Kostenersatzes** setzt das Gericht fest.

WICHTIGER TIPP:

Vereinbaren Sie bei der Vollmachtserteilung mit ihren Rechtsanwalt eine faire Bemessungsgrundlage oder ein Pauschalhonorar. Sie ersparen sich die Ungewissheit, welche Anwaltsleistung für welches Verfahren erbracht wurde, wenn vieles untrennbar zusammenhängt.

Beispiel:

Anwaltskosten für ein Besuchsrechtsverfahren
Gerichtskostennote
Pflegschaftssache ...

1.3. 2012	*Besuchsrechtsantrag*		*TP 3a*	*€ 154,90*
		ES	*60%*	*€ 92,94*
27.3.	*Verhandlung 3/2*		*TP3a*	*€ 232,35*
		ES	*60%*	*€ 139,41*
	Honorar			*€ 619,60*
	Barauslagen			*€ 4*
			20%	*€ 124,72*
	Pauschalgebühr des Gerichts			*€ 122*
	Gesamtsumme			*€ 858,32*

Eine Mediation (siehe Kapitel XVIII) kann das Verfahren ersparen oder verkürzen.

D. Kindschaftsrecht bei Auslandsbeziehung

In welchen Fällen ist ein österreichisches Gericht für die Entscheidung zuständig? (§ 110 JN)

Wenn eine Kindschaftsrechtsangelegenheit mehr als einen Staat betrifft, ist die internationale Zuständigkeit für österreichische Gerichte gegeben, wenn Minderjährige:

- österreichische Staatsbürger sind, gleichgültig wo sie wohnen;
- ihren gewöhnlichen Aufenthalt, oder soweit es sich um dringende Maßnahmen handelt, zumindest ihren Aufenthalt im Inland haben;
- in Vermögensangelegenheiten, soweit sie ein Vermögen im Inland haben.

Hat ein österreichischer Minderjähriger seinen gewöhnlichen Aufenthalt oder Vermögen im Ausland, oder handelt es sich um einen ausländischen Minderjährigen, so kann das österreichische Gericht von einem Verfahren absehen, wenn die Interessen des Minderjährigen durch ausländische Behörden gewahrt werden. Im Falle eines österreichischen Minderjährigen ist vor der Entscheidung die Bezirksverwaltungsbehörde zu hören, in deren Sprengel das Gericht seinen Sitz hat.

Innerhalb der EU – außer Dänemark – hat die Europäische Familienrechts-Verordnung 2003 (EuFamVO 2003 – als **Brüssel IIa-VO** bezeichnet) **Vorrang** vor österreichischem Recht. Sie regelt die internationale Zuständigkeit, Anerkennung und Vollstreckung von Entscheidungen in Ehesachen und in Verfahren betreffend die elterliche Verantwortung (**Obsorge und Besuchsrechtsverfahren** für Kinder bis zum 18. Lebensjahr). Danach ist für Obsorge- und Besuchsrechtsverfahren jener Mitgliedstaat zuständig, in dem sich der **gewöhnliche Aufenthalt des Kindes** zum Zeitpunkt der Antragstellung befindet.

Für **Unterhaltsstreitigkeiten** gilt vorrangig die Europäische Unterhaltsverordnung vom 18. 12. 2008 (**EuUVO**) für alle EU-Staaten, außer Dänemark. Diese regelt die Zuständigkeit, das anwendbare Recht, die Anerkennung und Vollstreckung von Entscheidungen und die Zusammenarbeit der Staaten in Unterhaltssachen; in Österreich gültig seit 18. 6. 2011, erleichtert sie Unterhaltsansprüche im EU-Raum geltend zu machen.

Danach ist das Gericht des Ortes zuständig, an dem der Beklagte oder die berechtigte Person den **gewöhnlichen Aufenthalt** hat oder unter weiteren Voraussetzungen das Gericht das für das Verfahren über die elterliche Verantwortung zuständig ist (Art. 3 EuUVO).

Welches Recht hat das österreichische Gericht anzuwenden?

Ob Österreichisches oder ausländisches Recht anzuwenden ist, richtet sich in erster Linie **nach Vorgaben der EU** oder **zwischenstaatlichen Vereinbarungen** oder Völkerrecht. Darin wird meist vorgeschrieben, dass das Recht des Staates des **gewöhnlichen Aufenthalts**

des Kindes anzuwenden ist. Außerhalb der zwischenstaatlichen Vereinbarungen wird bei Ausländern grundsätzlich deren Recht angewendet, soweit es sich um die Anordnung, Beendigung oder die Wirkungen einer Pflegschaft handelt.

Darunter fallen z.B. die Pflicht des Obsorgeberechtigten zur Erziehung des Minderjährigen, die Gehorsamspflicht des Minderjährigen gegenüber dem Obsorgeberechtigten, der Umfang der Vertretungsmacht des Obsorgeberechtigten sowie die Erfordernisse der behördlichen Genehmigung für bestimmte Vertretungshandlungen. Diese Regelung kann dazu führen, dass das österreichische Gericht z.B. chinesisches Recht anzuwenden hat.

Die mit der Pflegschaft verbundenen sonstigen Fragen sind, wenn der Ausländer in Österreich gewöhnlichen Aufenthalt hat, nach österreichischem Recht zu beurteilen.

Das **Österreichische Internationale Privatrecht** (IPR), das entscheidet, nach welcher staatlichen Rechtsordnung ein Fall entschieden werden soll, wird nur angewendet, wenn nicht EU, Staatsverträge oder Völkerrecht anderes bestimmen.

Es bestehen auch **Sonderregelungen** für bestimmte Situationen:

- Wenn jemand **mehrere Staatsbürgerschaften** hat und eine davon die österreichische ist, so ist diese maßgebend.
- Bei **Staatenlosen oder Flüchtlingen** ist das Recht des Staates anzuwenden, in dem sie den gewöhnlichen Aufenthalt haben.
- Bei **politischen Flüchtlingen** (Konventionsflüchtlingen) ist das Recht des Staates ihres Wohnsitzes, mangels eines solchen ihres gewöhnlichen Aufenthalts, maßgebend.
- Ist eine **dringende Maßnahme** in einem Pflegschaftsverfahren erforderlich, wobei das fremde Recht, das sonst anzuwenden wäre, innerhalb angemessener Frist nicht ermittelt werden kann, so ist ausnahmsweise österreichisches Recht anzuwenden.

Ausländische Rechtsvorschriften werden vom österreichischen Gericht dann nicht angewendet, wenn sie gegen die Grundsätze des österreichischen Rechts verstoßen (ordre public).

> ***Beispiel:***
> *Nach islamischen Rechtsvorschriften kommen Kinder bei Scheidung der Eltern, je nach Alter, automatisch zu einem Elternteil. Dies wird von der österreichischen Rechtsordnung abgelehnt und das Kind, je nach dessen Wohl, grundsätzlich der Mutter oder dem Vater bzw. beiden zugesprochen.*

Familienrechtlich bedeutsame zwischenstaatliche Vereinbarungen

Österreich hat einige zwischenstaatliche Vereinbarungen abgeschlossen, die von besonderer Bedeutung sind und wechselseitig gelten.

Haager Minderjährigenschutzübereinkommen: Dieses gilt für alle Minderjährigen, die in Österreich gewöhnlichen Aufenthalt haben. Die Behörden am gewöhnlichen Aufenthaltsort des Minderjährigen sind für Maßnahmen zum Schutz der Person und des Vermögens zuständig und haben daher ihr Recht anzuwenden (BGBl. 1975/446).

> ***Beispiel:***
> *Bei Eingriffen in das Obsorgeverhältnis eines 15-jährigen Österreichers in Deutschland ist vom deutschen Gericht deutsches Recht anzuwenden.*
> *Das **Haager Kinderschutzübereinkommen** von 1996 wird das Haager Minderjährigenschutzübereinkommen gegenüber Drittstaaten ersetzen und Maßnahmen zum Schutz der Kinder regeln, wobei für die Gerichtszuständigkeit ebenfalls an den gewöhnlichen Aufenthalt des Kindes angeknüpft wird; es überschneidet sich mit Brüssel IIa.*

Haager Kindesentführungsübereinkommen von 1980: Dieses gilt für Minderjährige bis sechzehn Jahre, die widerrechtlich verbracht oder zurückgehalten werden. Voraussetzung ist, dass ein nach dem Recht des (bisherigen) gewöhnlichen Aufenthalts des Kindes bestehendes Sorgerecht verletzt wurde. Der Staat, in dem das Kind entführt wurde, entscheidet nicht über das Sorgerecht, sondern über die Rückgabe des Kindes an den Ort seines gewöhnlichen Aufenthalts (BGBl. 1988/512).

Beispiel:
Die Mutter entführt das dem Vater zugesprochene, in Wien lebende österreichische Kind in die USA. Der Vater stellt den Antrag auf Rückgabe des Kindes. Das Gericht in den USA entscheidet nicht über den Antrag der Mutter auf Zuspruch der Obsorge, sondern verfügt die Rückgabe des Kindes an den Vater.

Europäisches Sorgerechtsübereinkommen: Es gilt für alle Minderjährigen bis sechzehn Jahre und hat die Anerkennung und Vollstreckung von Obsorgeentscheidungen und Besuchsrechtsregelungen, die in den Vertragsstaaten ergangen sind, zum Inhalt. Es gilt auch für Kindesentführungen in Staaten, die das Haager Kindesentführungsübereinkommen nicht unterzeichnet haben (BGBl. 1985/321).

Beispiel:
Eine Obsorge- oder Besuchsrechtsentscheidung eines deutschen Gerichts über unter sechzehn Jahre alte Minderjährige deutscher Staatsbürgerschaft gilt auch in Österreich.

Haager Unterhaltsstatutsübereinkommen: Es gilt für unverheiratete Personen bis zum 21. Lebensjahr, sofern sie in einem der Vertragsstaaten (zu denen auch Österreich gehört) gewöhnlichen Aufenthalt haben. Die Staatsangehörigkeit ist bedeutungslos. Dabei bestimmt das Recht des Staates, in dem das Kind gewöhnlichen Aufenthalt hat, ob, wie viel und von wem Unterhalt verlangt werden darf. Das bedeutet, dass der Unterhalt aller Kinder, die in Österreich gewöhnlichen Aufenthalt haben, unabhängig von ihrer Staatsbürgerschaft, nach österreichischem Unterhaltsrecht zu beurteilen ist (BGBl. 1961/293).

Beispiel:
Der Unterhalt für ein türkisches Kind, das in Österreich gewöhnlichen Aufenthalt hat, ist daher nach österreichischem Recht zu bestimmen.

New Yorker Unterhaltsübereinkommen: Dieses erleichtert es, Unterhaltsansprüche im Ausland geltend zu machen, indem Behörden als Übermittlungs- und Empfangsstelle mitwirken (BGBl. 1969/316).

Beispiel:
Ein in Österreich wohnhaftes, österreichisches minderjähriges Kind, vertreten durch seine Mutter, stellt gegen den in den USA wohnhaften Vater beim österreichischen Bezirksgericht einen Unterhaltsantrag. Dieser wird durch das österreichische Justizministerium an das amerikanische Gericht zur Entscheidung weitergeleitet.

Im Zeitalter der Globalisierung und der internationalen Verflechtungen kommt es immer häufiger zu grenzüberschreitenden Rechtsverhältnissen. Die verschiedenartigen Rechtssysteme der Länder sind dabei oft nur schwer in Einklang zu bringen. Besondere Probleme entstehen, wenn nach diesen Rechtsvorschriften von österreichischen Gerichten ausländisches Recht (z.B. chinesisches) anzuwenden ist.

Die Anerkennung ausländischer Entscheidungen

Ausländische gerichtliche Entscheidungen über Obsorge und Besuchsrecht sind in Österreich nur wirksam, wenn sie von einem österreichischen Gericht **für vollstreckbar erklärt** werden (= Vollstreckbarerklärung).

Zuständig für solche Entscheidungen ist das Bezirksgericht, in dessen Sprengel der Minderjährige wohnt.

Die in einem EU-Staat erlassenen Entscheidungen werden automatisch in allen anderen anerkannt, sofern keine Anerkennungshindernisse wie Verstöße gegen ordre public, Verletzung des rechtlichen Gehörs oder Unvereinbarkeit mit früheren Entscheidungen bestehen. Seit 1. 5. 2005 gilt dies auch für nicht EU-Staaten.

Der Vorrang der Brüssel IIa-VO vor dem österreichischem Recht hat die Konsequenz, dass österreichisches Recht nur dort anzuwenden ist, wo spezielle Regelungen der Brüssel IIa-VO fehlen, z.B. bleibt es bei der im allgemeinen Teil des Außerstreitgesetzes festgelegten Vierzehn-Tage-Frist für den Revisionsrekurs an den Obersten Gerichtshof.

Keiner Vollstreckbarerklärung bedarf die Rückgabe eines Kindes, weil es hier nach dem Übereinkommen vom 25. 10. 1980 über die zivilrechtlichen Aspekte internationaler Kindesentführung, BGBl. 1998/512 um die Wiederherstellung eines Sorgerechts geht.

Gegen die Entscheidung des Bezirksgerichts kann aufgrund der zwingenden Vorgaben der Brüssel IIa VO

- binnen einem Monat bzw.
- binnen zwei Monaten Rekurs an den Gerichtshof erhoben werden,

bei Wohnsitz im Ausland und erstmaliger Verfahrensbeteiligung.

Relevante gesetzliche Bestimmungen: ABGB §§ 21, 137b–138b; AußStrG §§ 81–92, 101–111, 132–142, EO u.a., §§ 17, 18, 382 Abs. 1 Z8a, 382a, 382b ; §§ 4, 9, 24, 25, 27 IPRG; §§ 27a, 28, 66, 109, 110, 113b JN; § 78, 91 GOG; ZPO §§ 461–528°; Rechtsanwaltstarifgesetz (RATG); Allgemeine Honorar-Kriterien (AHK); EuFamVO 2003 (= Brüssel IIa); EuUVO 2009/4.

II. VATERSCHAFT & MUTTERSCHAFT

A. Eheliche Abstammung

Die Rechtsstellung des ehelichen und des unehelichen Kindes wurde im Laufe der Jahre weitgehend angeglichen, zuletzt 2001 durch das Kindschaftsrecht-Änderungsgesetz und das Familien- und Erbrechts-Änderungsgesetz 2004. Trotzdem bestehen nach wie vor noch Unterschiede zwischen ehelichen und unehelichen Kindern, z.B. bei der Obsorge sowie im Namens- und Staatsbürgerschaftsrecht.

HINWEIS

Eheliche Abstammung entsteht durch eheliche Geburt, Legitimation oder Adoption.

Eheliche Geburt

Ehelich *ist* ein Kind, das während der Ehe der Mutter mit seinem Vater oder, wenn die Ehe durch den Tod des Ehemanns aufgelöst wurde, innerhalb von dreihundert Tagen danach geboren wird (§ 138c ABGB).

Wird ein Kind innerhalb von dreihundert Tagen nach der Scheidung, Aufhebung oder Nichtigerklärung der Ehe geboren, so *wird* es ehelich, wenn der frühere Ehemann der Mutter die Vaterschaft anerkennt oder durch das Gericht als Vater festgestellt wird (§ 138d Abs. 1 ABGB).

Wird ein Kind nach Ablauf von dreihundert Tagen nach Auflösung oder Nichtigerklärung der Ehe geboren, so hat das Gericht auf Antrag des Kindes oder des früheren Ehemannes der Mutter die Abstammung von diesem und die Ehelichkeit des Kindes festzustellen, wenn bewiesen ist, dass das Kind während der Ehe vom Ehemann der Mutter oder durch eine medizinisch unterstützte Fortpflanzung mit dem Samen des Ehemannes oder mit dessen Zustimmung vor Gericht oder Notars, mit dem Samen eines Dritten gezeugt wurde (§ 138d Abs. 2 ABGB).

Legitimation

Legitimation ist die Umwandlung eines unehelichen Kindes, dessen Vater feststeht, zum ehelichen Kind. Es gibt zwei Arten der Legitimation:

- Eine Legitimation durch nachfolgende Ehe liegt vor, wenn Eltern heiraten, die bereits ein uneheliches Kind haben. Dadurch wird das Kind – ohne weitere Beteiligung der Behörden – automatisch dem ehelichen Kind in allen Belangen völlig gleichgestellt und gilt künftig als eheliches Kind. Der Name eines über vierzehn Jahre alten Kindes ändert sich aber nur, wenn es zustimmt.
  Diese Legitimation tritt außer Kraft, wenn die Vaterschaft des späteren Ehegatten nicht gegeben ist.
- Die Möglichkeit einer Legitimation durch Gnadenakt des Bundespräsidenten ist gegeben, wenn die Ehe der Eltern nicht möglich oder tunlich ist.

> ***Beispiel:***
> *Lebensgefährten mit gemeinsamem Kind können nicht heiraten, weil einer verheiratet ist und dessen Ehepartner die Scheidung nicht ertragen würde, weil er an einer psychischen Krankheit leidet.*

Bei dieser Form der Legitimation bedarf es des Antrags beider Elternteile und der Einwilligung des Kindes bzw. des Pflegschaftsgerichts, wenn das Kind minderjährig ist. Das Kind wird nur im Verhältnis zum Vater, nicht gegenüber dessen Verwandten ehelich. Im Übrigen richtet sich die Wirkung dieser Ehelichkeitserklärung nach dem Inhalt des Gnadenaktes.

Die Legitimation durch Gnadenakt kann nicht außer Kraft treten.

Adoption

Die Adoption oder Annahme an Kindes statt ist eine künstliche Nachbildung des Eltern-Kind-Verhältnisses durch einen schriftlichen Vertrag zwischen den Annehmenden und dem Wahlkind mit Bewilligung des Gerichts. Die Voraussetzungen und die Wirkung der Adoption sind im Gesetz zwingend geregelt, abweichende Regelungen daher unzulässig.

Voraussetzungen der Adoption sind:

- Eine Adoption kann durch eine Einzelperson oder durch Ehegatten erfolgen, die voll geschäftsfähig sein müssen.
- Der Wahlvater muss mindestens 30 Jahre alt, die Wahlmutter mindestens 28 Jahre alt sein.
  Nach oben gibt es kein Alterslimit. Es muss jedoch zu erwarten sein, dass Adoptiveltern aufgrund ihres Alters und Gesundheitszustands ihren Elternpflichten ordnungsgemäß nachkommen können.
- Beide müssen mindestens achtzehn Jahre älter sein als das Wahlkind (Ausnahmen sind möglich).
- Ein Altersunterschied von sechzehn Jahren genügt dann, wenn das Wahlkind das leibliche Kind des Gatten des Annehmenden oder mit dem Annehmenden verwandt ist.

- Zustimmungsrechte (Eltern und Ehegatte des minderjährigen Wahlkindes sowie Ehegatte des Annehmenden) und Anhörungsrechte (das nicht eigenberechtigte Wahlkind ab dem 5. Lebensjahr, Eltern des volljährigen Wahlkindes, die Pflegeeltern, der Jugendwohlfahrtsträger und der Leiter des Heimes, in dem sich das Wahlkind befindet) sind zu erfüllen. Die Zustimmung des über 14 Jahre alten Kindes kann gerichtlich nicht ersetzt werden, wohl aber die übrigen Zustimmungs- und Anhörungsrechte.

Die gerichtliche Bewilligung darf für die Adoption nur erteilt werden, wenn zwischen den Vertragsteilen ein echtes Eltern-Kind-Verhältnis besteht oder hergestellt werden soll. Leitlinie ist dabei beim minderjährigen Wahlkind das Wohl des Kindes und beim eigenberechtigten Wahlkind ein gerechtfertigtes Anliegen: Es soll z.B. den Betrieb oder den Hof übernehmen bzw. es ist als Stütze für das Alter gedacht.

Kein berechtigtes Anliegen stellen ausschließliche Umgehungsabsichten, z.B. Übertragung von Mietrechten, Steuerersparnis, unentgeltlicher Namenserwerb oder Verschleierung sexueller Beziehungen dar. Eine Adoption ist nicht zu bewilligen, wenn der Unterhaltsanspruch leiblicher Kinder dadurch gefährdet wird, etwa weil er unter dem Regelbedarf liegt (EF 75.204).

Die **Wirkung** der Adoption ist, dass zwischen den Annehmenden und deren Nachkommen einerseits und dem Wahlkind und dessen zum Zeitpunkt des Wirksamwerdens der Adoption minderjährigen Nachkommen andererseits die gleichen Rechte und Pflichten, wie sie durch eheliche Abstammung begründet werden, entstehen (z.B. Unterhalt, Obsorge, Erbrecht etc.).

Die Wirkung bezieht sich daher auf Seiten des Wahlkindes nicht auf dessen Vorfahren (z.B. Eltern), seine bei der Adoption volljährigen Nachkommen (Kinder), ferner Seitenverwandte (z.B. Bruder) und mit allfälliger Ausnahme des Namens auf den Ehegatten; auf Seite der Annehmenden nicht auf die Vorfahren und Seitenverwandten.

Die Adoption beendet die nicht vermögensrechtlichen Beziehungen (z.B. Obsorge) des Wahlkindes gegenüber seinen Blutsverwandten. Hingegen bleiben die vermögensrechtlichen wechselseitigen Ansprüche auf Unterhalt, Ausstattung etc. zwischen dem Wahlkind (samt seinen bei der Adoption minderjährigen Nachkommen) und seinen leiblichen Verwandten aufrecht, gehen aber den Pflichten der Wahleltern nach.

> ***Beispiel:***
> *Der leibliche Vater muss für seinen von jemand anderem adoptierten Sohn nur dann zahlen, wenn die Wahleltern dazu nicht in der Lage sind.*

Die dargestellte Regelung gilt sinngemäß auch für das **Erbrecht,** wobei im Konkurrenzfall die Adoptiveltern den leiblichen Eltern vorgehen.

Das **Namensrecht** ist so gestaltet: Grundsätzlich erhält das Wahlkind den gemeinsamen Familiennamen der Wahleltern, ab dem 14. Lebensjahr aber nur, wenn es dieser Namensänderung zustimmt.

Eine Adoption kann nur durch Gerichtsbeschluss beseitigt werden:

- Durch **Widerruf** der Adoptionsbewilligung: Als Gründe werden Geschäftsunfähigkeit eines Annehmenden oder des gesetzlich nicht vertretenen Wahlkindes, gleichzeitige Annahme durch mehrere Personen, die nicht verheiratet sind, Adoption lediglich zum Namenserwerb oder zur Verdeckung rechtswidriger geschlechtlicher Beziehungen oder der Adoptionsvertrag ist nicht schriftlich anerkannt.
- Durch **Aufhebung** – hier werden folgende Gründe anerkannt: List oder Drohung gegen Beteiligte, ernstliche Gefährdung des minderjährigen Wahlkindes, auf Antrag und zum Wohl des Wahlkindes nach Auflösung der Ehe der Eltern des Wahlkindes; gemeinsamer Aufhebungsantrag aller Beteiligten.

Eine **Inkognitoadoption** liegt vor, wenn die Zustimmungs- und Anhörungsberechtigten auf die Mitteilung des Namens und des Wohnorts der Annehmenden verzichten, um das Kind vor schädlichen Einflüssen seiner Verwandten zu bewahren.

B. Uneheliche Abstammung

In Österreich wird etwa jedes fünfte Kind unehelich geboren wird. Trotz der tendenziellen Angleichung zwischen unehelichem und ehelichem Kind bleiben aus der Natur der Sache Besonderheiten für das uneheliche Kind bestehen.

Wann liegt uneheliche Abstammung vor?

Uneheliche Abstammung einer Person liegt vor:

- wenn eine Mutter zum Zeitpunkt der Geburt des Kindes nicht verheiratet ist, sofern sie nicht nachträglich den Vater des Kindes heiratet;
- wenn die Mutter zwar verheiratet war, ihre Ehe jedoch vor der Geburt des Kindes aufgelöst oder nichtig erklärt wurde;
- wenn eine Antrag auf Feststellung der Nichtabstammung von Ehemann der Mutter Erfolg hat, sofern nicht festgestellt wird, dass das Kind vom früheren Ehemann der Mutter abstammt;
- wenn ein Kind später als dreihundert Tage nach dem Tod oder dem in der Todeserklärung des Ehemannes festgestellten Zeitpunkt geboren wurde.

Einen **Sonderfall** stellt die medizinisch unterstützte Fortpflanzung dar (Kapitel I/A).

Durch Legitimation (Kapitel II/A) oder Adoption (Kapitel II/A) kann ein uneheliches zum ehelichen Kind werden.

Wie wird ein eheliches Kind zum unehelichen Kind?

Wenn ein Ehemann zumindest ernsthafte Bedenken hat, dass ein Kind seiner Gattin von ihm stammt, kann er innerhalb zweier Jahre ab dem Zeitpunkt, in dem er Kenntnis von Umständen erlangt hat, die ernstlich für die Unehelichkeit des Kindes sprechen, beim Bezirksgericht, in dessen Sprengel das Kind seinen gewöhnlichen Aufenthalt hat, im Außerstreitverfahren (Kapitel I) den Antrag stellen, es möge festgestellt werden, dass dieses Kind nicht von ihm abstammt.

Der Antrag ist nicht zulässig, solange die Abstammung des Kindes von einem anderen Mann feststeht. Diese neue rechtliche Regelung hat seit dem Jahr 2005 die Ehelichkeitsbestreitungsklage abgelöst.

Beispiel:
Das Ehepaar F. lebt schon seit geraumer Zeit getrennt, die Ehepartner hatten seit über einem Jahr keinen gemeinsamen Geschlechtsverkehr mehr. Trotzdem bringt die Ehefrau ein Kind zur Welt. Als Vater dieses Kindes gilt vorerst nach den gesetzlichen Bestimmungen (gesetzlichen Rechtsvermutungen) der Ehemann. Dieser kann allerdings innerhalb von zwei Jahren den Feststellungsantrag einbringen, dass das Kind nicht von ihm abstammt.

Der **Feststellungsantrag auf Nichtabstammung vom Ehemann der Mutter** kann vom Mann gegen das Kind und vom Kind gegen den Mann gestellt werden. Die Frist beginnt frühestens mit der Geburt des Kindes. Der Lauf der Frist ist gehemmt, solange die antragsberechtigte Person nicht handlungsfähig ist oder innerhalb des letzten Jahres der Frist durch ein unvorhergesehenes oder unabwendbares Ereignis an der Antragstellung gehindert ist. Später als dreißig Jahre nach der Geburt des Kindes oder nach der Änderung der Abstammung kann nur das Kind die Feststellung der Nichtabstammung begehren.

Ein Ehemann oder Ex-Ehemann, der herausfinden möchte, ob er der Vater des Kindes ist, für das er Unterhalt geleistet hat, muss

- innerhalb von zwei Jahren nachdem konkrete objektiv nachprüfbare Umstände aufgetaucht sind,
- innerhalb der 30-Jahresfrist ab der Geburt des Kindes

den Antrag auf Feststellung, dass das Kind nicht von ihm abstammt, bei Gericht stellen. Wenn sich herausstellt, dass er nicht der Vater des Kindes ist, kann er gegen den wahren Vater des Kindes, dessen Vaterschaft festgestellt ist, die um den Zeitfaktor aufgewerteten Unterhaltsbeträge gerichtlich geltend machen.

Hat der Antrag auf Feststellung der Nichtabstammung Erfolg, gilt das Kind als unehelich (mit allen in diesem Kapitel genannten Folgen). Außerdem ist die Kindesmutter damit eines Ehebruchs überführt, was dem Ehemann eine Scheidung gemäß § 49 des Ehegesetzes aus Verschulden der Gattin ermöglicht. Dies kann vor allem auf eventuelle Unterhaltsansprüche zwischen den Ehegatten Auswirkungen haben.

Der Ehemann der Kindesmutter wird im Verfahren nachweisen müssen, dass er in der empfängniskritischen Zeit mit der Kindesmutter keinen Geschlechtsverkehr hatte oder aus anderen Gründen als Erzeuger des Kindes nicht in Frage kommt. In erster Linie kann der Ausschluss der Vaterschaft durch eine **Blutuntersuchung** oder **DNA-Analyse** (Vergleich der Erbmerkmale) festgestellt werden. DNA (deoxyribonucleic acid)) ist ein chemischer Stoff, der unsere Erbinformationen enthält und sich als fadenförmiges Molekül im Kern jeder Zelle des menschlichen Körpers, z.B. Haut, Blut Speichel, Haare, befindet.

Der jeweilige Antragsteller hat die absolute Unwahrscheinlichkeit der Zeugung zu beweisen. Mit der Wirksamkeit der Entscheidung über die Nichtabstammung des Kindes vom letzten Ehemann der Mutter gilt der Ehemann aus der allfälligen Vor-Ehe als Vater. Gibt hingegen ein dritter Mann ein rechtswirksames „durchbrechendes" Vaterschaftsanerkenntnis ab, so gilt dieser als Vater.

Handelt es sich um eine **medizinisch unterstützte Fortpflanzung** mit dem Samen eines Dritten, kann der Ehemann der Mutter die Abstammung des Kindes von ihm nicht mit Erfolg bestreiten, wenn er diesem Vorgang in einem Gerichtsprotokoll oder Notariatsakt zugestimmt hat.

Wie wird die Vaterschaft zu einem unehelichen Kind festgestellt?

Die Vaterschaft kann durch Anerkenntnis oder gerichtliche Entscheidung festgestellt werden. Sie ist für das uneheliche Kind zur Wahrung seiner Rechte gegenüber seinem Vater (Obsorge, Unterhalt, Erbrecht) von besonderer Bedeutung. Daher soll der gesetzliche Vertreter (üblicherweise die Mutter) umgehend die Feststellung der Vaterschaft anstreben. Dabei bietet der Jugendwohlfahrtsträger (= Bezirksjugendamt) seine Unterstützung.

Das **Anerkenntnis** (im Sinne des § 163c ABGB) ist die ausdrückliche Erklärung der Anerkennung der Vaterschaft zu einem bestimmten Kind. Ein Anerkenntnis kann nur persönlich und nicht durch Stellvertreter abgegeben werden; es ist in erster Linie mündlich zu erklären. Ein Anerkenntnis kann vor jedem Standesamt, vor dem Jugendwohlfahrtsträger, dem Bezirksgericht, einem Notar oder vor österreichischen Vertretungsbehörden im Ausland abgegeben werden. Ein Anerkenntnis hat die genauen Daten des Anerkennenden und soweit bekannt, von Kind und Mutter zu enthalten.

Schriftliche Anerkenntnisse müssen von einer dieser Stellen beglaubigt sein. Das Anerkenntnis wird erst dann rechtswirksam, wenn die Urkunde beim zuständigen Standesamt einlangt. Zuständig ist jenes Standesamt in Österreich, bei dem die Geburt des Kindes eingetragen ist. Ist die Geburt des Kindes in Österreich nicht eingetragen, so ist das Standesamt Wien – Innere Stadt zuständig.

HINWEIS

Die Regelungen über die Anerkennung der Vaterschaft gelten auch für die Anerkennung der Mutterschaft, soweit diese nach ausländischem Recht in Betracht kommt.

Widerspruch gegen das Anerkenntnis: Innerhalb von zwei Jahren können die Mutter oder das Kind gegen das Anerkenntnis Widerspruch erheben. Dies ist dann zu empfehlen, wenn Bedenken darüber bestehen, dass der Anerkennende der Vater des Kindes ist oder wenn eine andere Vaterschaft festgestellt wurde. Der Lauf der Frist ist gehemmt, solange die zum Widerspruch berechtigten Personen nicht eigenberechtigt oder innerhalb des letzten Jahres der Frist durch ein unvorhergesehenes oder unabwendbares Ereignis gehindert sind. Der Widerspruch ist beim Bezirksgericht des gewöhnlichen Aufenthalts des Kindes einzubringen. Das Gericht hat dann über die Rechtsunwirksamkeit des Anerkenntnisses zu entscheiden. Sollte die Rechtsunwirksamkeit des Vaterschaftsanerkenntnisses festgestellt werden, kann der anerkennende Vater den Antrag auf gerichtliche Feststellung seiner Vaterschaft einbringen.

Antrag auf Feststellung der Vaterschaft: Der Antrag auf Feststellung der Vaterschaft ist beim Bezirksgericht, in dessen Sprengel das Kind seinen gewöhnlichen Aufenthalt hat, entweder vom Kind gegen den Mann einzubringen, wenn der mutmaßliche Vater die Vaterschaft nicht freiwillig anerkennt, oder vom Mann gegen das Kind im oben angeführten Fall. Mit Zustimmung des gesetzlichen Vertreters wird das Kind im Feststellungsverfahren vom Jugendwohlfahrtsträger (Bezirksjugendamt) vertreten.

- Als **mutmaßlicher Vater** des Kindes gilt jener Mann, der mit der Mutter des unehelichen Kindes innerhalb eines Zeitraums von nicht mehr als 300 und nicht weniger als 180 Tagen vor der Geburt des Kindes Geschlechtsverkehr gehabt hat, es sei denn, er weist nach, dass das Kind nicht von ihm abstammt.
- Hat jedoch die Mutter des Kindes in der kritischen Zeit (180 bis 300 Tage vor der Geburt des Kindes) mit **mehreren Männern** verkehrt, so genügt es, wenn der auf Feststellung der Vaterschaft in Anspruch genommene Mann beweist, dass seine Vaterschaft unwahrscheinlicher ist als die eines anderen Mannes, auf den die Vaterschaftsvermutung gleichfalls zutrifft (relative Unwahrscheinlichkeit), um aus dem Kreis der Kandidaten auszuscheiden.

Zulässige **Beweismittel** für den Grad der Vaterschaftswahrscheinlichkeit sind

- serologische Gutachten (es werden Blutbestandsteile verglichen), anthropologisch-erbbiologische (äußere Merkmale von Personen werden verglichen) und Tragzeitgutachten.
- Eine neuere Methoden ist die DNA-Analyse (siehe Kapitel II vorher) bzw. **„Finger-Printing“.** Diese Methode gründet sich darauf, dass man die ererbten Eigenschaften jedes Menschen aus der Erbinformation darstellen kann. Da sich damit die eigentliche Erbsubstanz erkennen lässt, kann so mit großer Wahrscheinlichkeit die Vaterschaft festgestellt werden. Bei den anderen Methoden geht es hingegen in erster Linie darum, mit welcher Wahrscheinlichkeit jemand als Vater auszuschließen ist.

Eine Vaterschaftsfeststellung ist nach Ablauf von zwei Jahren nach dem Tod des Mannes nicht mehr zulässig, außer das Kind weist nach, dass ihm der Beweis aus Gründen auf Seiten des Mannes nicht gelingt.

Ist an der Mutter eine **medizinisch unterstützte Fortpflanzung** mit dem Samen eines Dritten durchgeführt worden, so wird davon ausgegangen, dass der Mann, der dieser medizinisch unterstützten Fortpflanzung in Form eines gerichtlichen Protokolls oder eines Notariatsaktes zugestimmt hat, der Vater des Kindes ist. Er darf jedoch den Beweis führen, dass das Kind nicht durch diese medizinisch unterstützte Fortpflanzung, sondern durch eine andere, die nicht durch Zustimmung abgedeckt ist, z.B. auf natürliche Weise durch einen anderen Mann, gezeugt wurde.

Ein Dritter, dessen Samen für eine medizinisch unterstützte Fortpflanzung verwendet wurde, kann nicht als Vater des mit seinem Samen gezeugten Kindes festgestellt werden.

Rechtsstellung des unehelichen Kindes

Falls aus einer unehelichen Partnerschaft ein Kind entspringt, werden zwischen diesem und seinen Eltern und Großeltern wechselseitige Rechte und Pflichten begründet, die im Wesentlichen gleich sind wie bei einem ehelichen Kind. Dies gilt insbesondere für den Unterhalt.

HINWEIS

Der Mutter eines unehelichen Kindes steht kraft Gesetzes die Obsorge zu, das ist das Recht der Pflege und Erziehung, gesetzlicher Vertretung und Vermögensverwaltung des Kindes. Dem außerehelichen Vater steht hingegen von vorhinein die Obsorge nicht zu. Dies wurde vom Europäischen Gerichtshof für Menschenrechte mit Entscheidung vom 3. 12. 2009 als konventionswidrig erklärt (ÖJZ 2010/15 S 143).

Ist die Mutter eines unehelichen Kindes minderjährig, so steht ihr nur die Pflege und Erziehung, nicht aber die Vermögensverwaltung und die gesetzliche Vertretung zu. Diese fallen an den Jugendwohlfahrtsträger als Obsorgeberechtigten. Wird die Mutter volljährig (mit achtzehn Jahren) gehen diese Rechte auf sie über.

Das uneheliche Kind erhält den Familiennamen und die Staatsbürgerschaft der Mutter.

Bei erfolgreicher Feststellung der Nichtvaterschaft verliert das Kind grundsätzlich den vom Vater abgeleiteten Familiennamen und die vom Vater abgeleitete Staatsbürgerschaft. Es folgt diesbezüglich seiner Mutter.

Entbindungskosten, Unterhaltskosten

Die Mutter eines unehelichen Kindes kann vom festgestellten Vater des Kindes die gesamten Entbindungskosten und Unterhalt für die ersten sechs Wochen nach der Entbindung verlangen. Sollten noch weitere mit der Entbindung notwendig verbundene Auslagen (Nachbehandlung oder ärztlich verordnete Erholung der Mutter) anfallen, können auch diese verlangt werden. Allerdings werden von den mit der Entbindung zusammenhängenden Kosten alle Leistungen der Sozialversicherung abgezogen.

Zur Höhe des Unterhalts siehe Kapitel XIII.

C. Name

Das Namensänderungsgesetz 1995 (NÄG), das unter anderem für ein Ehepaar sieben verschiedene Möglichkeiten der Namensführung vorsieht, legt auch für Kinder die Namensregelung fest.

Familienname ehelicher Kinder

Hier gibt es folgende Möglichkeiten:

- Führen Ehegatten den gleichen Familiennamen, das kann auch ein Doppelname sein, so erhalten ihre Kinder diesen.

> ***Beispiel:***
> *Wenn Vater und Mutter Huber-Fischer heißen, dann tragen alle Kinder nun ebenfalls den Namen Huber-Fischer.*

- Führen Ehegatten keinen gemeinsamen Familiennamen, so können sie – spätestens bei der Eheschließung – vor dem Standesbeamten den Familiennamen eines Elternteils für alle Kinder aus dieser Ehe als Familiennamen festlegen.

> ***Beispiel:***
> *Der Vater trägt den Namen Huber, die Mutter heißt Fischer. Als Name für alle gemeinsamen Kinder darf nur der Name Huber oder Fischer bestimmt werden.*

- Wählen die Eltern keinen Familiennamen, der dem Gesetz entspricht, so erhalten alle Kinder den Familiennamen des Vaters (im obigen Beispiel: Huber).

> **LITERATURHINWEIS**
>
> Zur ausführlicheren Behandlung dieser Fragen siehe auch im Manz Praxisratgeber *Maurer/Fritsch,* Ehe & Scheidung auf Österreichisch, 8. Auflage, 2010, 17 f.

Wesentlich ist, dass alle Kinder aus einer Ehe den gleichen Familiennamen führen und ein aus beiden Elternnamen zusammengesetzter Name der Kinder ausgeschlossen ist.

Familienname legitimierter Kinder

- Wenn die Eltern unverheiratet sind, gelten die beiden Familiennamen der Eltern. Die Eltern können nur den Namen eines Elternteils als Familiennamen vor dem Standesbeamten bestimmen. Anderenfalls erhält das Kind den Familiennamen des Vaters. Für Kinder über vierzehn Jahren tritt aber die Änderung des Namens nur ein, wenn sie dem zustimmen.

- Wenn die Eltern verheiratet sind, gilt: Bei gemeinsamem Familiennamen des legitimierten Kindes mit dem Ehepartner ändert sich der Name nur, wenn beide der Namensänderung infolge der Legitimation zustimmen.

> ***Beispiel:***
> *Der verheiratete Michael Huber wird durch die Heirat seiner Eltern Franz und Lisa Fischer legitimiert und sollte nun wie diese Fischer heißen. Wenn das Ehepaar Huber damit einverstanden ist, heißt es in Hinkunft Fischer. Ist Frau Huber mit der Änderung des Namens nicht einverstanden, wohl aber Herr Huber, so heißt sie weiter Huber und er in Hinkunft Fischer (ist rechtlich strittig). Sind beide mit der Namensänderung nicht einverstanden, heißen beide weiterhin Huber.*

- Bei verschiedenen Familiennamen des legitimierten Kindes und des Ehepartners ändert sich nur der Name des Legitimierten, falls er zustimmt.

Familienname von Adoptivkindern

Grundsätzlich gelten die gleichen Bestimmungen wie für eheliche Kinder.

Das Wahlkind erhält den Familiennamen des Annehmenden, wenn es unverheiratet ist oder nur von einer Person allein adoptiert wird und die familienrechtlichen Beziehungen zum ehelichen Elternteil (z.B. leibliche Mutter), der vom Adoptierenden verschiedenen Geschlechts ist (z.B. Wahlvater), erlöschen oder es unehelich ist.

Bei einem über 14 Jahre alten Kind ändert sich der Familienname nur, wenn es zustimmt.

Wenn die familienrechtlichen Beziehungen zum leiblichen Elternteil, dessen Namen das Kind führt, aufrecht bleiben, so ist zu unterscheiden, ob es den Namen des Vaters oder der Mutter führt. Im ersteren Fall behält es seinen Namen, im letzteren Fall erhält es den Namen des Adoptivvaters.

Bei Annahme durch ein Ehepaar mit gemeinsamem Namen erhält es deren gemeinsamen Namen; bei verschiedenen Namen findet die obige Darstellung für eheliche Kinder sinngemäß Anwendung.

Ist das Wahlkind verheiratet, ändert sich ein gemeinsamer Ehenamen nur mit Zustimmung beider Ehegatten.

Familienname unehelicher Kinder

Uneheliche Kinder erhalten den Familiennamen, den ihre Mutter zum Zeitpunkt der Geburt des Kindes führt (also nicht mehr, wie bis zum Jahr 1995, den Mädchennamen der Mutter).

Die Bestimmungen über die Namensgebung (nach denen der uneheliche Vater oder der neue Ehemann der Mutter dem unehelichen Kind seinen Namen geben konnte) wurden 1995 aufgehoben und auch uneheliche Kinder auf die Bestimmungen des Namensänderungsgesetzes (siehe unten) verwiesen.

Vorname

Beim ehelichen Kind entscheiden die obsorgeberechtigten Eltern über den Vornamen des Kindes. Bei Nichteinigung entscheidet das Pflegschaftsgericht nach dem Wohl des Kindes.

Beim unehelichen Kind entscheidet grundsätzlich die Mutter über den Namen des Kindes. Dem Wohl des Kindes entspricht es nicht, wenn der Vorname anstößig oder lächerlich wirkt oder wenn das Geschlecht daraus nicht ersichtlich ist.

Namensänderung

Nach dem Namensänderungsgesetz 1995 muss kein wichtiger Grund mehr für eine behördliche Namensänderung vorliegen. Trotzdem bleiben als wichtige Gründe bestehen, dass der Familienname lächerlich oder anstößig, schwer auszusprechen oder zu schreiben ist. Ein wichtiger Grund ist vor allem aber, dass der Familienname eines Elternteils erhalten werden soll.

Im Verwaltungsverfahren zur Namensänderung haben Kinder zwischen zehn und 14 Jahren ein Anhörungsrecht, ab dem 14. Lebensjahr ein Zustimmungsrecht. Das bedeutet, dass ohne ihre Zustimmung der Name ab dem 14. Lebensjahr nicht geändert werden kann.

Aufgrund einer Verfassungsgerichtshofsentscheidung hat auch der nichtobsorgeberechtigte Elternteil des Minderjährigen bei dessen Namensänderung Parteistellung.

HINWEIS

Der Name eines Menschen kann von erheblicher Bedeutung sein. Der Gesetzgeber hat – der pluralistischen Zeitströmung folgend – zuletzt den verschiedenartigsten Änderungswünschen entsprochen und damit eine nur schwer überschaubare Rechtslage beim Namensrecht geschaffen.

D. Staatsbürgerschaft

Da es, um uneingeschränkt an den Rechten und Pflichten als österreichischer Staatsbürger teilhaben zu können, der österreichischen Staatsbürgerschaft bedarf, ist die Frage der Staatsbürgerschaft eine wichtige Angelegenheit.

Erwerb der Staatsbürgerschaft

Eheliche Kinder erwerben unabhängig vom Geburtsort mit der Geburt die österreichische Staatsbürgerschaft, wenn:

- zu diesem Zeitpunkt ein Elternteil österreichischer Staatsbürger ist, oder
- ein Elternteil, der vorher verstorben ist, am Tage seines Ablebens österreichischer Staatsbürger war.
- Unter bestimmten Voraussetzungen erwirbt auch ein minderjähriger lediger Fremder mit seiner Legitimation durch einen Österreicher die österreichische Staatsbürgerschaft.

Uneheliche Kinder erwerben die österreichische Staatsbürgerschaft mit der Geburt, wenn ihre Mutter zu diesem Zeitpunkt Österreicherin ist.

Der **Antrag auf Verleihung** der österreichischen Staatsbürgerschaft an eine nicht eigenberechtigte Person ist vom gesetzlichen Vertreter oder mit dessen schriftlicher Zustimmung zu stellen. Dieser Antrag kann vom Gericht ersetzt werden, wenn die österreichische Staatsbürgerschaft dem Wohl des Fremden dient.

Bei der Verleihung der österreichischen Staatsbürgerschaft ist neben dem Zeitraum, währenddessen der Fremde ununterbrochen in Österreich gewohnt haben muss, eine Reihe von weiteren Bedingungen, bei denen die Behörde nach ihrem pflichtgemäßen Ermessen entscheidet, von Bedeutung.

Die Verleihung der Staatsbürgerschaft erstreckt sich auf:

- ihre ehelichen Kinder;
- die unehelichen Kinder der Frau;
- die unehelichen Kinder des Mannes, wenn seine Vaterschaft feststeht und ihm die Pflege und die Erziehung der Kinder zukommt;
- die Adoptionskinder des Fremden, wenn bestimmte Voraussetzungen, wie z.B. Minderjährigkeit, gegeben sind.

Der **Erwerb einer fremden Staatsbürgerschaft** oder der Verzicht auf die österreichische Staatsbürgerschaft bedarf der Zustimmung des anderen Elternteils.

Verlust der österreichischen Staatsbürgerschaft

Der Verlust der österreichischen Staatsbürgerschaft kann dann eintreten, wenn ein Österreicher

- eine fremde Staatsbürgerschaft erwirbt;
- freiwillig in den Militärdienst eines fremden Staates eintritt;
- die Interessen Österreichs schädigt;
- auf die österreichische Staatsbürgerschaft verzichtet.

Relevante gesetzliche Bestimmungen: §§ 28, 137–283 ABGB; §§ 81–92 AußStrG; Art 65 Abs. 2 B-VG; §§ 113, 113a, 113b JN; NÄG; §§ 53, 54 PStG; §§ 7, 8, 10, 26 StbG; § 7 StGG

III. RECHTS- UND HANDLUNGS-FÄHIGKEIT VON KINDERN UND MINDERJÄHRIGEN

A. Rechtsfähigkeit

Unter Rechtsfähigkeit versteht man, dass jeder Mensch ab der vollendeten Geburt **automatisch Rechte** hat und diese auch wahrnehmen kann. Er ist daher rechtsfähig.

Beispiel:
Die Tante legt für einen Neugeborenen ein Sparbuch an. Da dieser zwar rechtsfähig, aber nicht handlungsfähig ist, nimmt der Vater als dessen gesetzlicher Vertreter das Geschenk an.

Selbst das ungeborene Kind hat ab der Zeugung eine beschränkte Rechtsfähigkeit, soweit es um seine eigenen Rechte geht.

Beispiel:
Das gezeugte aber noch ungeborene Kind kann – unter der Bedingung, dass es lebend geboren wird – zum Erben eingesetzt werden oder Schadenersatz geltend machen. In beiden Fällen wird es durch dritte Personen, etwa durch einen vom Gericht bestellten Kurator, vertreten.

Die Rechtsfähigkeit einer Person endet mit dem Tod bzw. bei Verschollenheit (gleichbedeutend damit, eine bestimmte Zeit nachrichtslos abwesend zu sein) mit der Todeserklärung durch das Gericht.

B. Handlungsfähigkeit

Zum Unterschied von der Rechtsfähigkeit, die man durch seine bloße Existenz automatisch erwirbt, ist Handlungsfähigkeit jene Eigenschaft, durch **eigenes Verhalten Rechte und Pflichten** begründen zu können (ohne, dass man dazu eines Vertreters bedarf). Dabei gilt der verfassungsrechtliche Grundsatz „Fremdbestimmung nur dort, wo Selbstbestimmung nicht möglich ist".

Die Handlungsfähigkeit besteht aus Geschäftsfähigkeit und Deliktsfähigkeit.

C. Geschäftsfähigkeit

Unter Geschäftsfähigkeit versteht man die Fähigkeit, **durch eigenes Handeln Rechtsgeschäfte abzuschließen.**

> ***Beispiel:***
> *Ein Fahrrad kaufen oder verkaufen, oder sich verpflichten, bei Möbeltransport des Nachbarn gegen Bezahlung mitzuhelfen.*

Neben dem Geisteszustand (der Frage, ob eine Geisteskrankheit oder Verwirrung oder einer außerordentlich verzögerten Reife vorliegt) kommt es bei der allgemeinen Geschäftsfähigkeit auf **vier Altersstufen** an:

Kinder unter sieben Jahren: Personen unter sieben Jahren (Kinder) sind grundsätzlich vollkommen handlungsunfähig, geschäftsunfähig und deliktsunfähig. Sie können nur durch Vertreter Rechte erwerben oder sich verpflichten.

> ***Beispiel:***
> *Ein 6-Jähriger kann mit dem ererbten Vermögen nur durch seinen gesetzlichen Vertreter (z.B. dem Vater) mit Zustimmung des Pflegschaftsgerichts ein Haus kaufen.*

Eine Ausnahme sind jene Rechtsgeschäfte, die Kinder in diesem Alter über geringfügige Angelegenheiten des täglichen Lebens üblicherweise abschließen. Sie werden mit der Erfüllung durch das Kind rückwirkend rechtswirksam (Taschengeldgeschäfte).

> ***Beispiel:***
> *Ein 5-jähriger kauft sich eine Schokolade und bezahlt mit seinem Taschengeld. Das Geschäft ist gültig und für die Eltern bindend. Hat er jedoch noch nicht bezahlt, ist das Geschäft ungültig, wenn seine Eltern nicht zustimmen.*

Aufgrund von Sonderbestimmungen haben Meinungsäußerungen von Kindern unter sieben Jahren Bedeutung: Das fünfjährige Wahlkind hat z.B. – unter bestimmten Voraussetzungen – das Recht, vor seiner Adoption angehört zu werden. Ebenso sind bei Entscheidungen über Obsorge oder Besuchsrecht auch jüngere Kinder tunlichst zu hören.

Kinder vom 7. bis 14. Lebensjahr: (unmündige Minderjährige) sind beschränkt geschäftsfähig. Außer den im vorigen Punkt angeführten geringfügigen Geschäften können sie außerdem zu ihrem Vorteil gemachte Versprechen annehmen, ohne selbst eine Verpflichtung einzugehen, etwa eine ausgeliehene Sache zurückgeben zu müssen.

> ***Beispiel:***
> *Ein 8-Jähriger nimmt ein Fahrrad als Geschenk an, ohne dafür etwas geben zu müssen. Ungültig wäre die Schenkung eines Hauses an einen Achtjährigen, wenn er selbst die Gebühren oder Instandhaltungskosten tragen müsste.*

Im letztgenannten Fall, wie überhaupt bei allen nicht bloß vorteilhaften Geschäften, muss aber der gesetzliche Vertreter des Minderjährigen handeln oder nachträglich zustimmen, sonst ist das Geschäft schwebend unwirksam und hängt von der Zustimmung des gesetzlichen Vertreters und in wichtigen Fällen überdies noch von der Genehmigung des Pflegschaftsgerichts ab.

> ***Beispiel:***
> *Ein Dreizehnjähriger kauft sich vom Schmerzengeld aus einem Verkehrsunfall ein Surfbrett. Dieser Kaufvertrag ist, sofern der Kaufpreis die Geringfügigkeitsgrenze überschreitet, ungültig.*

Personen unter vierzehn Jahren dürfen daher z.B. nicht als Vertragskunden eines Mobiltelefonbetreibers (Handy) mit monatlicher Grundgebühr angenommen werden. Hingegen bestehen keine Bedenken, wenn Eltern den Kindern Wertkartenhandys (ohne Grundgebühr), die mit Gesprächsguthaben geladen sind, zur Verfügung stellen, um sie zum Kostenbewusstsein zu erziehen. (Für Jugendliche über vierzehn Jahren gibt es unterschiedliche Bedingungen der Netzbetreiber, meist verlangen sie aber bei der Anmeldung eine Vollmacht der Eltern.

Die dem Minderjährigen eingeräumte selbständige Geschäftsfähigkeit ist im Interesse des Schutzes Minderjähriger einschränkend auszulegen. Im Zweifel ist daher keine Geschäftsfähigkeit anzunehmen. Kommt dem Minderjährigen jedoch die Geschäftsfähigkeit zu, so ist in diesem Fall die Geschäftsfähigkeit des gesetzlichen Vertreters für dieses Geschäft ausgeschlossen.

Jugendliche zwischen dem 14. und dem 18. Lebensjahr: Personen zwischen dem vollendeten 14. und dem 18. Lebensjahr (mündige Minderjährige) sind ebenfalls beschränkt geschäftsfähig. Sie haben aber eine weitergehende Geschäftsfähigkeit als unmündige Minderjährige, ohne aber wie Volljährige frei verfügen zu können. Außer den in den vorigen Punkten angeführte Befugnissen dürfen sie, sofern dadurch nicht die Befriedigung ihrer Lebensbedürfnisse gefährdet ist, ohne Zustimmung ihres gesetzlichen Vertreters über Folgendes frei verfügen:

- über Sachen, die ihnen zur freien Verfügung überlassen wurden (z.B. Taschengeld, Geldgeschenke); nicht aber über Schulsachen, Kleider oder Sachen, die ihnen nur zum Gerbrauch überlassen wurden.
- über Sachen von einigem Wert, z.B. ein Fahrrad, können sie im Zweifel nicht frei verfügen, sondern diese sind lediglich zum Gebrauch überlassen;

- über eigenes Einkommen, wobei die Höhe der Zahlungsverpflichtung in einem angemessenen Verhältnis zur Höhe des Einkommens stehen muss.

Vorsicht ist in diesem Zusammenhang bei der Ausgabe von Bankomatkarten geboten, da diese eine Kreditaufnahme ermöglichen und Minderjährige verleiten könnten, ihre finanziellen Möglichkeiten zu überschätzen. Bei der Prüfung der Gefährdung der Lebensbedürfnisse Minderjähriger ist davon auszugehen, dass sich Minderjährige selbst erhalten müssen, soweit sie dazu in der Lage sind. Es darf nicht angenommen werden, dass sie über ihr ganzes Einkommen verfügen dürfen, weil ein Unterhaltspflichtiger für sie vorhanden ist.

Beispiele:

- *Bei einem monatlichen Einkommen des Jugendlichen von € 350,- besteht keine Geschäftsfähigkeit zum Abschluss eines Kreditvertrages mit einer Rückzahlungsrate von € 120,–.*
- *Wenn einem Jugendlichen € 380,– im Monat zur freien Verfügung bleiben, ist er geschäftsfähig zum Erwerb eines Fahrzeuges um € 500,–.*

Außerdem können sich Minderjährige rechtswirksam vertraglich zu Dienstleistungen (z.B. Botengänge, Reinigungsarbeiten, Transportleistungen) verpflichten, mit Ausnahme von Lehr- und Ausbildungsverträgen. Minderjährige sind auch befugt, diese Dienstleistungsverträge unter bestimmten Voraussetzungen aufzukündigen, vorzeitig zu beenden oder einvernehmlich aufzulösen. Jedenfalls darf der gesetzliche Vertreter des Minderjährigen aus wichtigen Gründen (z.B. Gefährdung des Minderjährigen) das Vertragsverhältnis vorzeitig auflösen.

Innerhalb der angeführten beschränkten Geschäftsfähigkeit sind Minderjährige auch prozessfähig, das heißt, sie können selbständig vor dem Zivilgericht klagen oder geklagt werden.

Beispiel:

Ein Minderjähriger hat vereinbarungsgemäß für ein Entgelt von € 100,–, bei der Räumung eines Hauses mitgeholfen. Mangels Zahlung darf er selbständig den Betrag bei Gericht einklagen.

Aufgrund besonderer gesetzlicher Regelungen können Minderjährige über 14 Jahren in Verfahren über Pflege und Erziehung oder Besuchsrecht selbständig vor Gericht handeln, wobei gegen ihren Willen kein Besuchsrecht festgesetzt werden darf.

Minderjährige können auch ihrem gesetzlichen Vertreter eine Vollmacht für das Gerichtsverfahren erteilen.

Außerhalb der beschränkten Geschäftsfähigkeit werden Minderjährige durch ihren gesetzlichen Vertreter (das sind meist die Eltern) vertreten. In diesem Fall ist keine Vollmacht erforderlich. Bei Prozessverlust können Minderjährige zum Ersatz der Prozesskosten verpflichtet werden.

Personen vom 14. bis zum 18. Lebensjahr können rechtswirksam nur mündlich vor Gericht oder vor einem Notar Testamente errichten oder in Sonderfällen ein Nottestament errichten (siehe Kapitel XVII/A).

D. Deliktsfähigkeit

Deliktsfähigkeit im zivilrechtlichen Sinn liegt dann vor, wenn jemand durch eigenes rechtswidriges Verhalten, d.h. durch Verstoß gegen Vorschriften, schadenersatzpflichtig werden kann. Sie tritt grundsätzlich mit dem vollendeten 14. Lebensjahr ein. Ab diesem Alter muss ein Minderjähriger damit rechnen, für Schäden zu haften, die er anderen an Gesundheit oder Vermögen zufügt.

> ***Beispiel:***
>
> *Ein 15-Jähriger wirft mutwillig einen Stein; er verletzt jemand dadurch oder schlägt damit eine Fensterscheibe ein. Er kann zu Schadenersatz herangezogen werden.*

Wegen Geisteskrankheit, Geistesschwäche oder für ein Verhalten unter Alkohol- oder Suchtmitteleinfluss können aber auch über 14-Jährige für deliktsunfähig erklärt werden.

Minderjährige zwischen sieben und 14 Jahren und in Sonderfällen sogar Kinder unter sieben Jahren können zur **Ersatzpflicht** herangezogen werden, wenn sie im speziellen Fall das Unrecht ihrer Handlung einsehen konnten und kein Aufsichtspflichtiger für sie haftet.

Beispiel:
Auf einer stark befahrenen Skipiste springt ein 13-jähriger in einer Schussfahrt über eine unübersehbare Kuppe und verletzt dadurch einen anderen Pistenbenützer.

Für den Schaden von Minderjährigen **haften Aufsichtspersonen,** wenn sie schuldhaft die Sorge für den Minderjährigen vernachlässigt haben. Das Maß der Aufsichtspflicht richtet sich nach der Reife und dem Alter des Minderjährigen. Es endet mit der Volljährigkeit. Je jünger bzw. unreifer ein Kind ist, bzw. je gefährlicher die Umgebung, desto mehr Aufsicht benötigt ein Kind. Gradmesser dafür ist, wie vernünftige Eltern im gegenständlichen Fall die Aufsicht ausüben würden.

Beispiele:
- *Ein kleines Kind bedarf auf dem Spielplatz einer fallweisen Beobachtung. Wenn sich aber Gefahrenquellen (z.B. ein Teich oder eine stark befahrene Straße) in der Nähe befinden, einer ständigen Beobachtung.*
- *Auf Gehwegen ist Spielen verboten, wenn dadurch der Verkehr oder Fußgänger (z.B. durch Ballwurf) gefährdet sind oder behindert werden. Daher haftet bei derlei Verstößen in erster Linie die Aufsichtsperson eines Kleinkindes für allfällige Schäden.*
- *Kinder unter zwölf Jahren dürfen grundsätzlich nur unter Aufsicht einer mindestens 16-jährigen Person ein Fahrrad lenken. Verstößt eine Aufsichtsperson (z.B. Eltern, Lehrer etc.) gegen diese Regelung, kann sie für einen allfälligen Schaden haftbar gemacht werden. Dabei ist es bedeutungslos, ob sich der Aufsichtspflichtige um den Minderjährigen nicht kümmert oder von nichts weiß.*

E. Besondere Behinderungen der Handlungsfähigkeit Minderjähriger

Fehlt einem unter 18-Jährigen die Einsichts-, Urteils- oder Geschäftsfähigkeit infolge merkbar **verzögerter Entwicklung,** einer **psychischen Krankheit** (z.B. Schizophrenie) oder **geistiger Behinderung** (z.B. Gehirnschaden nach Unfall) und kann er deshalb alle oder einzelne altersentsprechende Angelegenheiten nicht ohne Gefahr eines Nachteils für sich selbst besorgen, hat das Gericht dies mit **Gerichtsbeschluss** gemäß § 154b ABGB festzustellen. Es kann sich dabei um eine einzelne Angelegenheit (z.B. Kauf eines bestimmten Gegenstandes zu dem der Minderjährige sonst befugt wäre) oder einen Kreis von Angelegenheiten (z.B. gesundheitliche Dispositionen) handeln.

Die Entscheidung kann auf Antrag oder von Amtswegen ergehen. Außer den Erziehungsberechtigten ist z.B. auch der Arzt antragsberechtigt, wenn ein über 14-jähriger Minderjähriger durch Verweigerung der notwendigen medizinischen Behandlung seine Gesundheit ernstlich gefährdet.

Voraussetzung dieses Gerichtsbeschlusses ist, dass dem Minderjährigen andernfalls bedeutende Nachteile drohen. Wenn die Gründe wegfallen, ist der Ausspruch von Amtswegen oder auf Antrag (auch des über 14-Jährigen in Angelegenheiten der Pflege und Erziehung) zu widerrufen. Der Ausspruch kann befristet werden und erlischt bei Volljährigkeit.

Keinesfalls darf ohne Notwendigkeit allzu pauschal und bloß vorsorglich in das Selbstbestimmungsrecht und in die Geschäftsfähigkeit des Minderjährigen eingegriffen werden.

Beispiel:

Ein 15-jähriges Kind ist geistig behindert und hat erhebliches Vermögen geerbt, das hohe Erträgnisse abwirft. Die Eltern können einen Gerichtsbeschluss beantragen, der die geistige Behinderung feststellt, um das Kind davor zu schützen, sich im Rahmen der sonstigen gesetzlichen Geschäftsfähigkeit für 15-Jährige wirtschaftliche Nachteile zuzufügen.

F. Sachwalterschaft für behinderte volljährige Kinder

Liegen bei einer Person über achtzehn Jahre die oben beschriebenen Behinderungen vor, so ist für sie, je nach dem Ausmaß der Behinderung, ein Sachwalter entweder für eine, für einen Kreis von Angelegenheiten oder für alle Angelegenheiten zu bestellen. Für eine minderjährige psychisch kranke oder geistig behinderte Person kann ein Sachwalterschaftsverfahren frühestens ein Jahr vor Erreichen der Volljährigkeit eingeleitet werden; die Bestellung eines Sachwalters wird in diesem Fall nicht vor Eintritt der Volljährigkeit wirksam.

Beispiel:

Ein mongoloider 18-Jähriger ist auf der geistigen Stufe eines 12-Jährigen stehen geblieben. Dieser Umstand ist von den Eltern bei diversen Entscheidungen zu berücksichtigen und erforderlichenfalls ist für ihn ein Behindertensachwalter zu beantragen.

Von der Behindertensachwalterbestellung ist die **Unterbringung in einer geschlossenen Anstalt** gegen den Willen des Betroffenen zu unterscheiden, die nur bei Selbst- oder Fremdgefährdung des Betroffenen im sogenannten Unterbringungsverfahren durchgeführt werden darf.

G. Ehefähigkeit

Die Ehefähigkeit setzt sich aus der Ehemündigkeit und der Ehegeschäftsfähigkeit zusammen.

Das KindRÄG 2001 setzte die Ehemündigkeit auf das 18. Lebensjahr herab. Das Gericht kann außerdem einen Mann oder eine Frau ab dem 16. Lebensjahr für ehemündig erklären, wenn er bzw. sie für diese Ehe reif erscheinen und der künftige Ehepartner volljährig ist. Eine Ehe zwischen Minderjährigen ist daher ungültig.

> ***Beispiel:***
> *Die 16-jährige Braut ist schwanger, eine Wohnung und hinreichendes Einkommen ist für das Paar vorhanden. Da sie für diese Ehe reif erscheint und ihr künftiger Ehepartner volljährig ist, wird sie für ehemündig erklärt.*

H. Ehegeschäftsfähigkeit

Sinngemäß versteht der Gesetzgeber unter Ehegeschäftsfähigkeit die vom Geisteszustand und Alter abhängige Fähigkeit, rechtlich wirksam eine Ehe einzugehen. Daher bedarf der nicht volljährige Teil zur Erklärung des Ehewillens der Einwilligung seines gesetzlichen Vertreters und desjenigen, dem die Pflege und Erziehung zusteht.

Vollkommen ehegeschäftsunfähig sind Personen unter sieben Jahren und Personen ohne Vernunft (z.B. Volltrunkene).

Als beschränkt ehegeschäftsfähig gelten Minderjährige über sieben Jahre und Behinderte mit Sachwalter. Diese bedürfen vor einer Ehe der Zustimmung der Obsorgeberechtigten bzw. des Sachwalters.

I. Religionsmündigkeit

Ab dem 14. Lebensjahr darf ein Minderjähriger selbst über sein religiöses Bekenntnis entscheiden. Ab dem 10. Lebensjahr ist er diesbezüglich anzuhören und ab dem 12. Lebensjahr darf seine Religion nicht mehr gegen seinen Willen geändert werden (Gesetz über die religiöse Erziehung von Kindern).

J. Volljährigkeit

Die Volljährigkeit und damit die volle Geschäftsfähigkeit einer Person treten grundsätzlich mit dem vollendeten 18. Lebensjahr ein. Mit ihrem Eintritt erlischt die Obsorge, das heißt das Recht und die Pflicht zur Pflege und Erziehung des Kindes sowie dessen Vermögen zu verwalten und das Kind gesetzlich zu vertreten. Die Volljährigkeit hat aber keinen Einfluss auf die Höhe eines allfälligen Unterhaltsanspruches. Dieser ist von der Selbsterhaltungsfähigkeit des Kindes abhängig und kann vor oder nach der Volljährigkeit eintreten (siehe Kapitel XIII/F).

Relevante gesetzliche Bestimmungen: §§ 15, 21–23, 39, 151–154b, 172, 175, 273, 273a, 274, 276, 865, 1308–1310 ABGB; §§ 1–3 EheG; §§ 104, 105, 108 AußStrG; §§ 1, 2, 2a ZPO; RelKEG

IV. RECHTE UND PFLICHTEN ZWISCHEN ELTERN UND KINDERN – OBSORGE

A. Allgemeines zur Eltern-Kind-Beziehung

„Eltern und Kinder haben einander beizustehen, die Kinder ihren Eltern Achtung entgegenzubringen“ sagt das Gesetz. Es haben also nicht nur die Eltern für die Kinder zu sorgen, sondern unter Umständen auch die Kinder für die Eltern.

Die Eltern sorgen für das Wohl und die Erziehung ihrer minderjährigen Kinder. Die Minderjährigkeit endet mit dem 18. Lebensjahr.

Eltern und sogar Großeltern haben gegen ihre Kinder bzw. Enkel **Unterhaltsansprüche**, soweit sie nicht in der Lage sind, sich selbst zu erhalten. Diese Unterhaltsansprüche bestehen allerdings nicht, wenn der Ehegatte oder die Vorfahren der Eltern zu Unterhaltsleistungen herangezogen werden können.

Beide Eltern haben **„nach Kräften“** zur Pflege, zur Erziehung und zum Unterhalt der Kinder beizutragen. Der Elternteil, der den Haushalt führt, in dem das Kind betreut wird, leistet dadurch seinen Beitrag für die Bedürfnisse des Kindes. Es hat daher der andere Elternteil für den Unterhalt des Kindes aufzukommen.

HINWEIS

Besondere Bedeutung gewinnt diese Bestimmung, wenn Eltern getrennt leben. Es hat dann der Elternteil (egal, ob Vater oder Mutter), bei dem das Kind nicht lebt, dem anderen Elternteil, bei dem das Kind im Haushalt verbleibt, monatlich den angemessenen Unterhalt für das Kind zu bezahlen. Ihm verbleiben dann nur ein Besuchs-, Informations- und Äußerungsrecht wie nach der Scheidung (siehe Kapitel XI bis XIII).

Berücksichtigung des Kindeswohls

Der Leitgedanke des Kindschaftsrechts ist die bestmöglichste Wahrung des Kindeswohls (siehe Kapitel I/B). Die **Interessen des Kindes**, nicht jene der Eltern, stehen grundsätzlich im Vordergrund. Dies gilt gleichermaßen für eheliche und uneheliche Kinder. In diesem Sinn sind die gegenseitigen Rechte und Pflichten zwischen Eltern und Kindern auszulegen. Der Schutz des Kindeswohls ist für alle im Familienverband Lebenden (auch Stiefelternteil) Pflicht.

Was das Kindeswohl im Einzelfall ist, sagt das Gesetz nicht. Es handelt sich beim Kindeswohl daher um einen unbestimmten Gesetzesbegriff, der der **Auslegung** bedarf. Der Gesetzgeber zählt lediglich auf, was bei der Beurteilung des Kindeswohls zu berücksichtigen ist (siehe Kapitel I/B)

Das Gericht hat bei der **Beurteilung des Kindeswohls** die einzelnen Umstände in ihrer Gesamtheit zu berücksichtigen. Auch auf die künftigen Lebensverhältnisse ist entsprechend Rücksicht zu nehmen. Dabei ist Sorge zu tragen, dass sowohl die materiellen Bedürfnisse (Unterhalt, Wohnung, Kleidung etc.), als auch die ideellen Interessen (Ausbildung, Unterhaltung, Sport etc.) des Kindes bei der Entscheidung berücksichtigt werden. Das Kindeswohl erfasst somit das körperliche, geistige und seelische Wohlergehen des Kindes (EF 84.218). Es kommt auf die gesamte Lebenssituation des Kindes an.

Dass der Gesetzgeber das „Kindeswohl“ nicht genauer umschrieb, hängt einerseits damit zusammen, dass er gar nicht in der Lage ist, alle künftigen Eventualitäten des Lebens zu beschreiben. Andererseits wird dem Richter bewusst ein Spielraum für die dem Einzelfall angemessene Entscheidung gelassen.

> ***Beispiel:***
> *Eine Berücksichtigung des Kindeswohls gegen den Willen des Kindes ist im folgenden Fall angebracht: Der nicht obsorgeberechtigte Vater benützt das Besuchsrecht, um mit dem dreizehnjährigen Sohn Diebstahlstouren zu unternehmen. Selbst wenn der Sohn weiter ein uneingeschränktes Besuchsrecht beim Vater wünscht, darf dies nicht in der bisherigen Art weiterbestehen.*

Um das **Kindeswohl bei Obsorge- oder Besuchsrechtsverfahren** im Einzelfall festzustellen, beauftragt das Pflegschaftsgericht gewöhnlich das Jugendamt, Erhebungen über die familiären Verhältnisse durchzuführen. Wenn dies nicht ausreicht, holt es ein Gutachten ein.

Im Gutachten bewerten Psychologen oder Psychiater (wenn medizinische Probleme im Vordergrund stehen) das Kindeswohl bisweilen unter Berücksichtigung der Merkmale einer „**Wertigkeitspyramide**": Körperliche Versorgung und Betreuung – Schutz und Sicherheit – Beziehung und Bindung – Förderung – Wunsch des Kindes.

Aus der angeführten Reihenfolge zeigt sich, dass z.B. die Bindung des Kindes wichtiger ist als die Förderung und der Wunsch des Kindes oft sekundär ist.

Berücksichtigung der Meinung des Kindes

Das KindRÄG 2001 verstärkt die Bedeutung des Kindeswillens, indem in **Angelegenheiten der Pflege und Erziehung** auf den Willen des Kindes Bedacht zu nehmen ist, soweit nicht dessen Wohl oder die Lebensverhältnisse der Eltern (z.B. Armut) entgegenstehen. Der Kindeswille ist umso maßgeblicher, je einsichtsvoller bzw. älter das Kind ist.

HINWEIS

Anders als beim Besuchsrecht ist allerdings der Wille des über 14-Jährigen nicht allein entscheidend.

Beispiel:

Einem 12-Jährigen wird die Wahl seiner Freizeitgestaltung (Sport oder Kultur) oder das Erlernen eines Instrumentes zuzubilligen sein; einem 14-Jährigen ein Mitspracherecht hinsichtlich Schultyp bzw. Internatsunterbringung und einem 16-Jährigen wird man die Teilnahme am Ferienlager einer Jugendgruppe grundsätzlich nicht verweigern dürfen.

Die **Grenzen** liegen dort, wo es dem Wohl des Minderjährigen abträglich ist, z.B. eine risikoreiche Sportart oder erhebliche Beeinträchtigung des Lernerfolges oder berechtigte Bedenken gegen den Umgang. Im Übrigen sind Maßnahmen der Pflege und Erziehung nur soweit zulässig, als eine positive Beeinflussung des Kindes möglich scheint.

Minderjährige sind in Fragen der Pflege und Erziehung und des Besuchsrechts **„tunlichst persönlich zu hören“,** was bedeutet, ihre Meinung möglichst unbeeinflusst zu hören und zu informieren. Sie können auch durch das Jugendamt, die Jugendgerichtshilfe, Sachverständige oder in anderer Weise gehört werden, wenn sie unter zehn Jahre alt sind, ihr Gesundheitszustand es erfordert oder keine unbeeinflusste Meinung zu erwarten ist.

Die **Anhörung** des Kindes **unterbleibt,** wenn durch sie oder durch den Aufschub das Wohl des Minderjährigen gefährdet oder eine überlegte Äußerung nicht zu erwarten ist. Das Kindeswohl kann auch durch einen Loyalitätskonflikt gefährdet werden.

Das Gericht oder der Erziehungsberechtigte ist aber – außer bei Besuchsrechtsentscheidungen, die über 14-Jährige betreffen – nicht verpflichtet, die Meinung des Kindes zu berücksichtigen. Die Befragung des Kindes hat vor allem den **Zweck,** das Entscheidungsorgan zu informieren.

Bei einem Streit der Eltern um den Zuspruch des Kindes nach der Scheidung geht die Rechtsprechung davon aus, „dass bei der gebotenen Berücksichtigung der Persönlichkeit des Kindes und seiner Bedürfnisse die gefühlsmäßige Zuneigung eines jüngeren Kindes zu einem der beiden Elternteile zwar nicht völlig außer Acht zu lassen ist, es aber im Wesen der Leitung eines Heranwachsenden ist, den Wünschen und Neigungen des Kindes nicht immer nachzugeben; dies dem Kind begreiflich zu machen, muss ein hauptsächlicher Zweck der Erziehung sein". Mit anderen Worten, das Kind muss erkennen, dass es Situationen gibt, in denen es seinen Willen nicht durchsetzen kann, weil es noch andere berücksichtigenswerte Umstände gibt, die es vielleicht jetzt noch nicht versteht.

Beispiel:

Ein 10-Jähriger lehnt das Besuchsrecht des Vaters ab, weil ihm dieser das ersehnte Luftdruckgewehr noch nicht gekauft hat. Der Vater sieht aus Gefahrengründen für den unreifen Buben von dem Kauf ab. Der Kindeswunsch ist in diesem Fall nicht zu berücksichtigen.

In den letzten Jahren ging die Tendenz in Richtung einer Erweiterung des Selbstbestimmungsrechtes des Kindes. Jedenfalls ist der Wunsch eines über 14 Jahre alten Kindes, welchem Elternteil es zugesprochen werden soll, zu berücksichtigen, wenn nicht schwerwiegende Gründe dagegensprechen.

Grundsätzlich gilt: Je älter ein Kind ist, desto eher wird seinen Wünschen entsprochen (siehe Kapitel I/B).

B. Obsorge, Aufsicht

Die elterlichen Rechte und Pflichten für ein noch nicht volljähriges (eheliches oder uneheliches) Kind werden unter dem Begriff Obsorge zusammengefasst. Zu diesen familienrechtlichen Aufgaben gehören: Die Pflege und Erziehung, die gesetzliche Vertretung und die Vermögensverwaltung.

„Pflege“

Darunter versteht man insbesondere die Verpflichtung der Eltern oder sonstiger Aufsichtspflichtiger (z.B. Krankenhauspflegepersonal) für die Wahrung des körperlichen und seelischen Wohls und die Gesundheit des Kindes zu sorgen und die unmittelbare Aufsicht durchzuführen.

Die **Aufsichtspflicht** richtet sich nach der Reife des Kindes und der Nähe von Gefahrenquellen. Sie gilt nicht nur für Obsorgeberechtigte, sondern auch für Kindergartenpersonal, Erzieher, Lehrer, Kursleiter und Pflegepersonal etc.

> ***Beispiel:***
> *Ein Kleinkind bedarf dann der ständigen Aufsicht, wenn eine Gefahrenquelle in der Nähe ist. Das ist dann der Fall, wenn z.B. eine Straße, ein Pool im Garten, ein Tier, das dem Kind gefährlich werden könnte, oder eine Waffe sich in der näheren Umgebung befindet. In anderen Fällen darf die Aufsichtspflicht nicht überspannt werden.*

Typische Gefahrenquellen im Haushalt für

- **Kleinkinder:** Häufiger als durch Krankheit erleiden Kleinkinder Schäden durch Unfälle. In diesen Fällen müssen möglicherweise Pflege- und Aufsichtspflichtige zivil- oder sogar strafrechtlich haften. („Pflege“ ist in diesem Kapitel behandelt, die anderen Obsorge-Aufgaben in den folgenden Kapiteln.)
- **Kleinstkinder:**
  - Da sich Babys ab dem dritten Monat selbständig herumdrehen können, darf man sie auf einem erhöhten Ort (z.B. dem Wickeltisch) nie unbeaufsichtigt lassen.
  - Eine besonders große Gefahr im ersten Lebensjahr des Kindes ist die des Erstickens, wenn es Gegenstände wie Knöpfe, Nüsse oder Decken in den Mund nimmt.
  - Da etwa bis zum dritten Lebensjahr ein Kind, auch bei geringer Wassertiefe, manchmal nicht in der Lage ist, sein Gesicht aus dem Wasser zu heben, bedarf es im Wasser (z.B. in der Badewanne) der ständigen Aufsicht.

Denken Sie auch an **weitere Gefahrenquellen,** die insbesondere Kleinkindern gefährlich werden können:

- Treppen: Abhilfe: Schutzgitter am oberen und unteren Ende;
- Stromstecker: Abhilfe: FI-Schalter und Steckdosensicherungen;
- Gefäße mit kochenden Speisen: Abhilfe: Herdschutzgitter;
- Heißwasser: Abhilfe: Regelung mit Thermostat;
- Plastiksäckchen: diese können zum Ersticken führen, wenn Kinder den Kopf hineinstecken. Abhilfe: Aufbewahrung außerhalb der Reichweite von Kindern;
- Medikamente: diese können mit Süßigkeiten verwechselt werden. Abhilfe: Sichere Verwahrung;
- Offenstehende Fenster, ungesicherte Balkone: Abhilfe: Fenstersperre und Schutzgitter;
- Scharfe Ecken und Kanten in Kopfhöhe des Kindes: Abhilfe: Ecken- und Kantenschoner;
- Haushaltschemikalien: Abhilfe: Aufbewahrung außer Reichweite von Kindern;
- Ungesicherter Kinderhochstuhl;
- Splitterndes Glas in Türen;
- Tischtücher: daran können unbeaufsichtigte Kinder ziehen und sich mit heißen Speisen verbrennen oder mit Geschirr verletzen;
- Mangel an Schutzausrüstung beim Sport.

C. Erziehung

Unter Erziehung versteht man die Verpflichtung, für die körperlichen, geistigen, seelischen und sittlichen Kräfte des Kindes zu sorgen, seine Anlagen, Fähigkeiten, Neigungen und Entwicklungsmöglichkeiten zu fördern sowie seine Ausbildung in Schule und Beruf sicherzustellen.

Die Erziehung soll zu einer **positiven Persönlichkeitsentwicklung** des Kindes führen und die Voraussetzungen für ein gesundes, ausgeglichenes und zufriedenes Leben geschaffen werden.

Die Erziehung soll auch begreiflich machen, dass die persönliche Entwicklung des Einzelnen auch dadurch bestimmt wird, inwieweit es ihm gelingt, seine eigenen Bedürfnisse mit den Bedürfnissen seines Umfeldes abzustimmen. Dazu gehört auch die Vermittlung eines Unrechtsbewusstseins. Der Mangel eines solchen zeigt sich täglich auch an beschmierten Hauswänden und mutwillig beschädigten öffentlichem Eigentum. Eine vernünftige Erziehung beinhaltet, dem Kind seine Rechte und Werte zu vermitteln, die es auf das spätere Erwachsenen-Leben vorbereiten. Nach einer OGH-Entscheidung (veröffentlicht im EvBl. 1964/124) erschöpft sich die Erziehungspflicht nicht in der Erzielung persönlicher Vorteile für den Minderjährigen. Zu den **Erziehungsaufgaben** gehöre es auch, die Kinder zur Einhaltung der den Mitmenschen gegenüber obliegenden Verpflichtungen anzuleiten. Dabei besteht die Erziehungspflicht der Eltern unabhängig vom Alter der Kinder so lange, als deren Erziehungsbedürftigkeit gegeben ist.

Problematisch ist die Überfürsorglichkeit jener Eltern, die ein besitzergreifendes, fast hysterisches Verhalten zeigen, wenn es um ihren Nachwuchs geht. Sie sind damit nicht nur der Schrecken der Nachbarschaft, sondern sie erschweren ihren Kindern den Einstieg in das Leben außerhalb des geschützten familiären Bereichs.

HINWEIS

Der umfangreichen und zum Teil widersprüchlichen Literatur in Erziehungsfragen sollte man kritisch gegenüberstehen. Als Literaturtipp sei empfohlen *Bischoff,* Lexikon der Erziehungsirrtümer.

Zahlreiche **Verwaltungsvorschriften** regeln ergänzend zu den oben angeführten Bestimmungen die Erziehung (z.B. die Schulpflicht, das Erziehungsrecht des Lehrherrn in der Gewerbeordnung, Pflegekinderbestimmungen, Jugendschutzbestimmungen, Erziehungsaufsicht, Fürsorgeerziehung etc.).

D. Hilfe bei schwierigen Erziehungsfällen

Gerade die für Kinder schwierige Situation vor, während und nach einer Scheidung löst bei Kindern oft Angst, Verwirrung und Unsicherheiten aus, die sich auch in Erziehungsproblemen äußern können, auf die Eltern sensibel reagieren sollten. Es stehen ihnen hier auch zahlreiche Beratungsstellen zur Verfügung.

Beratungsstellen

Bei extremen Erziehungsproblemen (also wenn Minderjährige zu Aggression oder Depression neigen, durch Sekten oder sexuell gefährdet, sie ess-, brech- oder magersüchtig, alkohol- oder drogensüchtig, dem Spieltrieb oder Konsumzwang verfallen oder jugendkriminell sind) wird man gewöhnlich ohne Hilfe von Fachleuten nicht auskommen. Und selbst diese haben oft keine überwältigende Erfolgsquote. Mangels anderer Referenzen ist es empfehlenswert, sich die Erfolgsquote von Fachleuten nachweisen zu lassen.

Sofern man nicht ohnedies weiß, an wen man sich gezielt wenden soll, ist es empfehlenswert, sich je nach Art des Problems zunächst an eine Beratungsstelle des **Jugendwohlfahrtsträgers** oder das Servicetelefon des **Bundesministeriums für Wirtschaft, Familie und Jugend** (siehe unter den Beratungsstellen im Anhang) zu wenden, die dann an die zuständigen Stellen weiterverweisen können (z.B. Jugendpsychologen, Jugendpsychiater, Sektenstellen etc.).

Bei ungewöhnlichen Verhaltensweisen von Personen (nicht nur bei Jugendlichen) sollte auch bedacht werden, dass etwa jeder siebte Mensch im Laufe seines Lebens (mindestens) einmal unter einer schweren psychischen Krankheit leidet oder ernsthafte psychische Probleme hat. Was in solchen Fällen zu geschehen ist, entnehme man dem Kapitel III/E (Ausspruch des Fehlens der erforderlichen Einsichts-, Urteils oder Geschäftsfähigkeit). Ab der Volljährigkeit kommt eine „Behindertensachwalterschaft" in Frage. Siehe dazu auch Juridica Kommentar „Sachwalterrecht in der Praxis", 3. Auflage von *Maurer*.

Bei Problemen mit älteren Kindern ist in bestimmten Konfliktsituationen das für Ehestreitigkeiten vorgesehene Streitschlichtungsmodell der **Mediation** ratsam. Näheres siehe Kapitel XVIII.

TIPP:

Die Kosten der geförderten Mediation richten sich nach den Einkommensverhältnissen der Eltern und nach der Anzahl der vorhandenen Kinder.

Selbsthilfe(gruppen)

Es gibt allerdings Fälle, in denen der Staat durch seine bürokratischen Vorschriften und die Privatwirtschaft wegen des in ihr vorherrschenden Geschäftsdenkens nicht in der Lage und auch nicht geeignet sind, bei (erzieherischen) Notständen wirksame Hilfe anzubieten. Für diese Fälle haben sich in den letzten Jahren viele Menschen zu neuen Formen der Eigeninitiative, nämlich zu Selbsthilfegruppen (z.B. Vereine), zusammengeschlossen.

Manchmal arbeiten sie mit staatlichen Stellen zusammen, manchmal auch unabhängig von diesen. Für dieses Buch sind die Selbsthilfegruppen, die sich den Bereichen Kinder, Jugendliche, alleinerziehende Elternteile oder Gesundheitswesen annehmen, von Interesse.

E. Schwierige Fälle

Magersucht (Anorexie), Ess- und Brechsucht (Bulimie)

In beiden Fällen handelt es sich um Essstörungen, die behandlungsbedürftige Krankheiten darstellen. Beide Essstörungen sind zwar voneinander verschieden, sie können aber beim gleichen Menschen (Frauen sind zehn Mal häufiger betroffen als Männer) hintereinander auftreten, z.B. wenn sich die Magersucht zur Bulimie ausweitet.

Magersucht und Bulimie können lebensgefährlich sein. Beide Störungen rufen nämlich massive Veränderungen im natürlichen Gleichgewicht des Körpers hervor. Bei der Magersucht ist es vor allem das lebensbedrohliche Untergewicht, bei der Bulimie die lebensbedrohliche Störung des Wasser- und Salzhaushaltes, was zu gefährlichen Herzrhythmusstörungen führen kann. Beide Erkrankungen können auch schwere Nierenschäden auslösen, die nicht mehr reversibel sind.

Die Magersucht beginnt häufig mit dem Wunsch, abzunehmen. Dabei können Magersüchtige mit ihrer Diät nicht mehr aufhören, auch wenn sie ihr Wunschgewicht deutlich unterschritten haben.

Anzeichen für Magersucht sind:

- eine übersteigerte Angst, dick zu werden;
- minimale Nahrungsaufnahme;
- hochgradiger Gewichtsverlust und Magerkeit;
- exzessive körperliche Betätigung;
- Veränderung der Körperbeschaffenheit (z.B. Verlust der Menstruation bei Frauen).

Anzeichen für Ess- oder Brechsucht sind:

- eine übersteigerte Angst, dick zu werden;
- Fressanfälle;
- häufiges Erbrechen;
- unregelmäßige Regelblutung bei Frauen.

Bei beiden Essstörungen kommt es oft zu Missbrauch von Abführmitteln oder Schlankmachern.

Als Krankheitsursachen haben sich unter anderem herausgestellt: Gesellschaftlicher Druck, zwanghafte (Selbst-)Kontrolle, Pubertät, familiäre Einflüsse, Depression, belastende Ereignisse.

Gewöhnlich hilft weder gutes Zureden noch Strenge der Eltern, sondern beide Krankheiten erfordern eine fachärztliche Unterstützung (siehe Beratungsstellen im Anhang).

Rechtliche Möglichkeiten sind:

- Erziehungshilfe durch den Jugendwohlfahrtsträger;
- Wenn eine psychische Krankheit oder eine geistige Behinderung mit der Magersucht oder Bulimie einhergeht, kommt bei

Minderjährigen der Ausspruch des Fehlens der erforderlichen Einsichts-, Urteils oder Geschäftsfähigkeit (§ 154b ABGB) und bei Volljährigen eine Sachwalterschaft in Frage.

Sekten, religiöse Gemeinschaften

Als Sekten werden in Österreich alle religiösen Bekenntnisse bezeichnet, die nicht zu den gesetzlich anerkannten Kirchen und Religionsgesellschaften zählen.

Neben den Kirchen und Religionsgesellschaften, die gesetzlich anerkannt sind (sie werden im § 26 des ABGB angeführt), gibt es in Österreich eine große Zahl religiöser Gemeinschaften.

Einen besonders heiklen Fall von Erziehungsproblemen stellt der Beitritt eines Minderjährigen zu einer Sekte (bzw. einer neuen Jugendreligion) dar, da dies oft mit einem raschen Persönlichkeitswandel verbunden ist. Dies führt in der Regel zu schweren familiären Problemen und manchmal zu Konflikten mit Gesetzen. Der Minderjährige entgleitet häufig dem Einfluss der Eltern und ist völlig auf die Anweisungen der Sekte fixiert.

Ratschläge für Sektengefährdete:

- Keine Unterschrift unter einen Mitgliedsvertrag setzen;
- Persönliche Papiere bei sich behalten;
- Vorsicht bei Weitergabe von Informationen (wegen Erpressbarkeit);
- Bedenken, dass es beim Austritt schwierig sein könnte, eingebrachtes Geld zurückzubekommen;
- Im Falle der Mitgliedschaft sich vergewissern, ob man bei Unfall oder Krankheit ausreichend versichert ist.

Rechtliche Möglichkeiten sind:

- Bestimmung des Aufenthalts (auch mittels Eingriff der Behörden und der Organe der öffentlichen Sicherheit) und Festlegung der religiösen Erziehung (bei Uneinigkeit entscheidet das Pflegschaftsgericht);

- Erziehungshilfe durch den Jugendwohlfahrtsträger;
- Verfahren wegen Kindesentziehung oder Vereitelung behördlicher Erziehungsmaßnahmen.
- Wenn eine psychische Krankheit oder geistige Behinderung im Spiel ist, kommt bei Minderjährigen der im vorhergehenden Kapitel genannte Ausspruch nach § 154b ABGB und bei Volljährigen eine Sachwalterschaft in Frage.

Professionelle Beratung über Sekten(-probleme) geben die Sektenberatungsstellen der Erzdiözesen und der Evangelischen Diözesen AB.

F. Gehorsamspflicht, Gewaltverbot

Das minderjährige Kind hat grundsätzlich die Anordnungen der Erziehungsberechtigten zu befolgen. Der Erziehungsberechtigte hat aber bei seinen Anordnungen und deren Durchsetzung auf Alter, Entwicklung und Persönlichkeit des Kindes Bedacht zu nehmen. Die Anwendung von Gewalt und die Zufügung körperlichen und seelischen Leides sind dabei unzulässig.

Das Gesetz verbietet zum Beispiel, dem unfolgsamen Kind eine **Ohrfeige** zu geben oder ihm **Schläge** zu versetzen:

- Die „leichte" Ohrfeige kann, wenn sie öffentlich (für einen größeren Personenkreis wahrnehmbar) oder vor mehr als zwei vom Täter und Opfer verschiedenen Personen versetzt wird, den strafrechtlichen Tatbestand der Beleidigung (§ 115 StGB) darstellen. Dafür droht eine Geld- oder Freiheitsstrafe bis zu drei Monaten. Die Umstände können die Tat aber entschuldigen.
- Die „starke" Ohrfeige kann den strafrechtlichen Tatbestand der Körperverletzung (§ 83 StGB) darstellen. Dafür droht eine Geld- oder Freiheitsstrafe bis zu sechs Monaten. Zur Verschärfung des Strafrechts seit 1. 1. 2012 führt der Justizausschuss zu § 39a STGB fest, dass Ohrfeigen und ähnliche Misshandlungen von Kindern nicht von der Verschärfung umfasst sein sollen.

Das Gewaltverbot nach § 146a ABGB ist aber sinnvollerweise einschränkend auszulegen, wenn es um den Schutz des Kindes oder um Erziehungshandlungen geht.

Beispiele:

- *Ein Kleinkind reißt sich los und läuft trotz Verbotes auf eine verkehrsreiche Straße. Der Erziehungsberechtigte (Eltern oder auch Kindergartenpersonal) kann es nur mit Gewalt zurückreißen und renkt ihm dabei den Arm aus.*
- *Ein Kind wirft Steine auf Verkehrsteilnehmer und widersetzt sich den Aufforderungen des Erziehungsberechtigten (z.B. den Eltern oder auch dem Lehrer oder Erzieher), dies zu unterlassen. Der Erziehungsberechtigte entwindet mit Gewalt dem Kind die Steine und bricht ihm dabei den kleinen Finger.*

Diese angeführten Handlungen von Erziehungsberechtigten sind dann gerechtfertigt, wenn es darum geht, Kinder oder auch Dritte vor den Kindern zu schützen. Das Gewaltverbot soll unangemessene Bestrafung verhindern, nicht aber die Erziehung und den Schutz der Kinder.

Ähnliches gilt, wenn ein Elternteil oder Erzieher raufende Kinder trennt und sie dabei verletzt, dadurch aber schlimmere Verletzungen, die durch die Rauferei drohen, verhindert.

Maßstab ist dabei das Ausmaß des zugefügten Leides. Unter Leid ist mehr als die Erzeugung bloßen Unbehagens zu verstehen. Dies spielt besonders bei der Beurteilung des **„seelischen Leides“** eine Rolle, worunter gewiss nicht jedes Unmutsgefühl auf eine erzieherische Maßnahme fällt (z.B. Weigerung der Eltern, dem Kind alles zu kaufen, was es möchte; das für eine bestimmte Zeit ausgesprochene Fernsehverbot).

Auch **Hausarrest** kann in diese Kategorie fallen. Kommt ein Kind häufig zu spät nach Hause und ist gutes Zureden vergeblich, so ist es auch zulässig, das Kind für eine bestimmte Zeit im Zimmer einzuschließen. Es kommt dabei allerdings auf das Alter des Kindes und die Art der Rechtfertigung des Erziehungsberechtigten (z.B. 14-jähriger bleibt bis Mitternacht von zu Hause weg) an.

Bei einem Verstoß gegen das Züchtigungsverbot oder anderen Maßnahmen, die ein Kind gefährden, kann sich jedermann (auch jemand, der in keinem rechtlichen Verhältnis zum Kind steht) an das Pflegschaftsgericht wenden, sodass dieses die nötigen Maßnahmen trifft.

Es kann aber auch der Jugendwohlfahrtsträger angerufen werden, der dann entsprechende Anträge beim Pflegschaftsgericht stellt.

In besonders dringenden Fällen (z.B. wenn massive Misshandlungen zu befürchten sind) kann der **Jugendwohlfahrtsträger** die erforderlichen Maßnahmen der Pflege und Erziehung als Vertreter vorläufig selbst treffen, z.B. ein Kind gegen den Willen der erziehungsberechtigten Person aus der bisherigen Umgebung entfernen. Eine solche Entscheidung bleibt bis zur gerichtlichen Entscheidung wirksam.

G. Wohnort

Pflege- und erziehungsberechtigte Personen haben die Befugnis, den Wohnort des minderjährigen Kindes zu bestimmen, soweit es Pflege und Erziehung erfordern. Hält sich ein erziehungsbedürftiges Kind woanders auf, so können die Behörden und Organe der öffentlichen Aufsicht (Polizei, Zollwache) ersucht werden, bei der Ermittlung des Aufenthalts und der Zurückholung des Kindes mitzuwirken. Lehnen diese letzteres ab, so muss der Erziehungsberechtigte beim Pflegschaftsgericht einen **Herausgabebeschluss** erwirken.

Wenn die Pflege und Erziehung die Bestimmung des Aufenthaltsortes nicht mehr erfordern, weil ein Jugendlicher schon **fast volljährig** und selbständig ist, kann er seinen Aufenthaltsort selbst wählen.

Das Gesetz geht davon aus, dass Kinder zumindest bis zur Volljährigkeit bei ihren Eltern wohnen. Daher ist das Gericht des Wohnsitzes oder gewöhnlichen Aufenthalts der Eltern auch für Minderjährige zuständig.

Von den Eltern getrennter Wohnsitz

Aus dem Umstand, dass ein entlaufenes minderjähriges Kind nur mit behördlicher Hilfe zurückgeholt werden darf, soweit es die Pflege und

Erziehung erfordern, ergibt sich, dass ein Minderjähriger, der nicht mehr der Pflege und Erziehung bedarf, auch getrennt von seinen Erziehungsberechtigten wohnen darf.

> ***Beispiel:***
> *Ein 17-Jähriger, der gegen den Willen der Eltern getrennt von diesen wohnt und in dem Maße reif und vernünftig ist, dass er nicht mehr erziehungsbedürftig ist, kann nicht mehr mit Hilfe der Behörden zurückgeholt werden.*

Es ist zwar die Pflicht der Behörden der öffentlichen Aufsicht, bei der Ermittlung des Aufenthalts und der Rückführung des Kindes mitzuwirken, doch schränkt das Gesetz diese Rückführung auf die Erziehungsbedürftigkeit des Kindes ein. Damit ist klargestellt, dass die Behörden der öffentlichen Aufsicht (Polizei) bei jungen Kindern selbstverständlich einzuschreiten haben, bei Kindern ab etwa dem 14. Lebensjahr aber die Eltern an das Pflegschaftsgericht zu verweisen haben, das die Frage der Erziehungsbedürftigkeit zu prüfen hat.

Das Gleiche gilt sinngemäß, wenn ein Kind:

- abends nicht bzw. zu spät nach Hause kommt;
- sich weigert, mit den Eltern auf Urlaub zu fahren.

Herausgabe von Kindersachen

Wenn ein Kind getrennt von seinen Eltern wohnen darf, hat es auch das Recht, die Herausgabe seiner Sachen (z.B. Kleidung, Dokumente, Sportgeräte etc.) von seinen Eltern – im Streitfall mit Hilfe des Pflegschaftsgerichts im Außerstreitverfahren (siehe dazu Kapitel I) – zu fordern. Eine Ausnahme stellt jenes Vermögen dar, das bis zur Volljährigkeit gerichtlich gesperrt ist.

Ausweisung eines Kindes aus der elterlichen Wohnung

Wenn Kinder Eltern misshandeln oder sonst ein extremes Verhalten zeigen, stellt sich die Frage, ob Eltern ihre Kinder aus der Wohnung weisen dürfen. Dabei sind folgende Fälle zu unterscheiden:

- Bei aufrechter Unterhaltspflicht stellt das Wohnen ebenso wie Nahrung und Kleidung einen notwendigen Teil der Unterhaltsleistung dar. Allerdings sind obsorgeberechtigte Eltern befugt, den Aufenthalt des Kindes auch außerhalb des Elternhauses zu bestimmen. Dem Kind darf aber nur dann ein Aufenthalt bei einem Dritten zugewiesen werden, wenn und soweit es Pflege und Erziehung erfordern.
  Bringt ein Ehegatte sein minderjähriges, nicht selbsterhaltungsfähiges Kind in die neue Ehe mit, so müssen die Ehegatten diese Frage einvernehmlich lösen.
  Von diesem Einvernehmen darf einseitig nur dann abgegangen werden, wenn das Stiefkind dem Stiefelternteil das Zusammenleben unzumutbar macht.
- Nach Wegfall der Unterhaltspflicht (= Selbsterhaltungsfähigkeit) fällt auch das Wohnrecht weg, sodass die Eltern das Kind mit einer Räumungsklage aus der Wohnung ausweisen lassen können. Bei Stiefkindern sind jedoch eherechtliche Ansprüche des anderen Ehegatten zu berücksichtigen.
- Das Wegweisungsverfahren ist ein Schnellverfahren in dem für das wegzuweisende Kind regelmäßig ein Kollisionskurator zu bestellen sein wird (siehe Kurator Kapitel I/A).

H. Berufswahl, Ausbildung

Ab dem **14. Lebensjahr** darf sich ein Kind, das mit seinen Eltern über seine weitere Ausbildung (z.B. Art der Schule) oder Berufswahl unterschiedlicher Meinung ist, an das Pflegschaftsgericht wenden. Dieses prüft nach sorgfältiger Abwägung der von Eltern und Kind angeführten Gründe, was dem Wohl des Kindes am besten angemessen ist.

> ***Beispiel:***
> *Ein 16-jähriger Friseurlehrling leidet durch die Chemikalien beim Haare färben. Seine Eltern verbieten ihm aber, die Lehre abzubrechen. Er wendet sich an das Gericht und dieses entscheidet im Außerstreitverfahren (siehe Kapitel I/C), dass er die Lehre abbrechen und sich einen anderen Beruf wählen darf.*

Der Eintritt eines Minderjährigen in einen **Orden** ist eine Berufswahl, nicht freie Religionsausübung, sodass der Minderjährige in diesem Fall geringere Rechte wie in Religionsfragen hat.

Aus dem **Grundsatz „Wohl des Minderjährigen"** kann abgeleitet werden, dass sich der Minderjährige nicht nur in Berufs- und Ausbildungsangelegenheiten, sondern in allen wichtigen Angelegenheiten an das Pflegschaftsgericht wenden darf.

I. Heilbehandlung, Operation, Schwangerschaftsabbruch

Das KindRÄG macht **medizinische Behandlungen** von über 14-Jährigen grundsätzlich von ihrer Einwilligung abhängig, sofern sie diesbezüglich einsichts- und urteilsfähig sind. Was im Zweifel zu vermuten ist.

Medizinische Behandlungen nach § 146c ABGB sind z.B. therapeutische, diagnostische oder schmerzlindernde Maßnahmen, aber auch Impfungen, nicht aber ein Schwangerschaftsabbruch.

Die **Einwilligungsfähigkeit** des Kindes ist nach dem konkreten Fall zu beurteilen, wobei es auf den Eingriff und die Risiken ankommt. Bei Zweifeln können die Eltern oder der Arzt das Gericht anrufen. Fehlt die Einsichtsfähigkeit, bedarf es der Zustimmung Erziehungsberechtigter.

Bei **schweren** oder **nachhaltigen medizinischen Eingriffen** (z.B. Beinamputation oder persönlichkeitsverändernde Medikamente) bedarf es außer der Einwilligung des Kindes auch der Zustimmung Erziehungsberechtigter.

Dringende medizinische **Eingriffe**, deren Aufschub eine schwere Schädigung für Gesundheit oder Leben bringen würden, bedürfen keiner Einwilligung.

Für Minderjährige besteht ein **Sterilisationsverbot**, sofern es sich nicht um eine notwendige Begleiterscheinung der Behandlung einer anderen Krankheit (z.B. bösartiger Tumor) handelt.

Ein **Schwangerschaftsabbruch** fällt nicht unter die Bestimmungen über die medizinische Behandlung nach § 146c ABGB. Innerhalb der ersten drei Monate ist er nicht strafbar. Bei einem Schwangerschaftsabbruch an einer unter 14-Jährigen oder an einer mündigen Minderjährigen, die nicht urteilsfähig ist, entscheidet der gesetzliche Vertreter. Bei einem Schwangerschaftsabbruch eines Mädchens zwischen 14 und 18 Jahren darf sie selbst entscheiden, sofern sie einsichts- und urteilsfähig ist.

J. Zustimmung zur Eheschließung

Minderjährige bedürfen trotz Ehemündigkeit für die Eingehung der Ehe der Einwilligung des gesetzlichen Vertreters und desjenigen, dem die Pflege und Erziehung zukommt.

Werden diese Einwilligungen verweigert, so hat sie das Gericht auf Antrag des Verlobten nach Anhörung der Verweigernden zu ersetzen, wenn keine gerechtfertigten Gründe für eine Weigerung vorliegen. Dabei wird ein strenger Maßstab angewendet, da die Ehewilligen durch bloßen Zeitablauf ehefähig werden.

Nicht gerechtfertigte Einspruchsgründe sind solche, die mit dem Zweck und dem Wesen der Ehe nichts zu tun haben, z.B. Feindschaft zwischen den Zustimmungsberechtigten und den Ehewilligen, oder rein materielle Gründe (die Eltern wollen für die Tochter eine „besonders gute Partie").

Gerechtfertigte **Einspruchsgründe** stellen einen Sachverhalt dar, der dem Zweck und Wesen der Ehe widerspricht, z.B. ein zu großer Altersunterschied (über zwanzig Jahre), ein deutlicher Mangel an geistiger Reife, körperlicher oder geistiger Gesundheit oder der materiellen Grundlagen (z.B. Einkommenslosigkeit auf längere Sicht).

> ***Beispiel:***
> *Eine 17-Jährige ohne Ausbildung will einen 30-Jährigen, der einkommenslos und ohne Wohnung ist, heiraten.*

Der häufigste Fall für ein solches Gerichtsverfahren zur Ersetzung der Zustimmung zur Eheschließung ist die **Schwangerschaft** der Braut. Dabei hat der Richter neben den angeführten Umständen noch abzuwägen, ob es von Bedeutung ist, dass das Kind unehelich geboren wird und womöglich erst später durch eine Legitimation ehelich wird.

K. Personalausweis, Reisepass

Ab 15. 6. 2012 benötigt jedes Kind für Auslandsreisen einen eigenen Reisepass. Die Eintragungen im Reisepass eines Elternteils gelten nicht mehr.

Die Passbehörde ist in Städten die Bundespolizei und außerhalb der Städte die Bezirkshauptmannschaft mit eigenem Statut. Minderjährige dürfen zwar einen Reisepass beantragen, erhalten diesen aber nur mit Zustimmung des gesetzlichen Vertreters ausgefolgt.

Einer gerichtlichen Genehmigung bedarf ein Passantrag für Minderjährige dann, wenn sich der Erziehungsberechtigte dagegen ausspricht oder durch einen Auslandsaufenthalt das Wohl des Minderjährigen gefährdet wäre.

Die angeführten Regelungen gelten sinngemäß auch für Personalausweise.

L. Religiöse Erziehung

Sofern nicht der Minderjährige entscheidungsbefugt ist (siehe Kapitel III), treffen die obsorgeberechtigten Eltern alle Entscheidungen über die religiöse Kindererziehung (Wahl und Änderung des Religionsbekenntnisses, Abmeldung vom Religionsunterricht etc.) einvernehmlich.

Bei Uneinigkeit entscheidet das Pflegschaftsgericht.

M. Gesetzliche Vertretung des Kindes

Unter gesetzlicher Vertretung versteht man die Befugnis, im Namen des Kindes rechtswirksam für dieses tätig zu werden. Sie beinhaltet die Vornahme von Rechtshandlungen für das Kind mit der Wirkung, dass diese Rechtshandlung sowohl einem Dritten als auch dem Kind gegenüber als Rechtshandlung des Kindes gilt.

> ***Beispiel:***
> *Der Vater schließt für seinen Sohn einen Lehrvertrag ab.*

Diese Befugnis kann sich aufgrund des Gesetzes (z.B. Eltern) oder aufgrund eines Gerichtsbeschlusses (z.B. Kollisionskurator, der das Kind bei einem Schenkungsvertrag mit dem Vater vertritt) ergeben.

Wenn im Rahmen der Pflege und Erziehung oder der Vermögensverwaltung für das Kind eine Maßnahme zu setzen ist, der nach außen hin eine rechtliche Verbindlichkeit zukommen soll (z.B. der Antrag auf Passausstellung), bedarf es – von Ausnahmen abgesehen – der Vertretung des minderjährigen Kindes. Diese Vertretungshandlungen gehören zur Obsorge und stehen grundsätzlich dem **Obsorgeberechtigten** zu. Ist dieser von der gesetzlichen Vertretung (ausnahmsweise) zum Teil ausgeschlossen und kommt eine Übertragung der Obsorge an eine andere Person nicht in Betracht, so ist für diese Vertretungshandlung ein Kurator zu bestellen. Fehlt jedoch der obsorgeberechtigten Person die Befugnis zur gesetzlichen Vertretung zur Gänze (weil sie minderjährig ist oder wegen geistiger Behinderung einen Sachwalter hat), hat das Pflegschaftsgericht einen Obsorgeberechtigten zur Wahrung der gesetzlichen Vertretung des Kindes zu bestellen.

Wenn die **Obsorge beiden Elternteilen** (Großeltern, Pflegeeltern) gemeinsam zusteht, sollen sie einvernehmlich vorgehen. Grundsätzlich genügt jedoch die Erklärung eines Elternteiles gegenüber der Behörde oder einer Privatperson als rechtswirksame Vertretungshandlung.

Nur einige wichtige Vertretungshandlungen für das Kind, die im § 154 Abs. 2 ABGB aufgezählt sind, bedürfen zu ihrer Rechtswirksamkeit der **Zustimmung beider Elternteile.** Es sind dies:

- die Änderung des Vornamens oder des Familiennamens;
- der Eintritt in eine Kirche oder Religionsgesellschaft bzw. der Austritt aus einer solchen;
- die Übergabe in fremde Pflege;
- der Erwerb einer Staatsangehörigkeit bzw. der Verzicht auf eine solche;
- die vorzeitige Lösung eines Lehr- oder Dienstvertrages und
- die Anerkennung der Vaterschaft eines unehelichen Kindes.

Auch der Alleinobsorgeberechtigte, der nicht zum Kreis der Eltern, Großeltern oder Pflegeeltern zählt, muss bei Vertretungshandlungen nach § 154 Abs. 2 ABGB die gerichtliche Genehmigung einholen, ebenso der Sachwalter eines geistig Behinderten.

Wird die Zustimmung vom anderen Elternteil ungerechtfertigt verweigert, hat sie das Pflegschaftsgericht zu ersetzen.

Ist bloß **eine Person obsorgeberechtigt,** die zum Kreis der Eltern, Großeltern oder Pflegeeltern zählt, entfällt die Zustimmung anderer Personen.

Eine dritte Gruppe von Vertretungshandlungen bedarf neben der Zustimmung beider Obsorgeberechtigter (falls zwei vorhanden sind) auch der **Genehmigung des Pflegschaftsgerichts.** Diese besonders wichtigen Angelegenheiten werden im dritten Absatz des § 154 ABGB angeführt:

- Veräußerung oder Belastung von Grundstücken;
- bestimmte Verfügungen, die ein Unternehmen, eine Gesellschaft oder Genossenschaft betreffen;
- der Verzicht auf ein Erbrecht, die unbedingte Annahme oder Ausschlagung einer Erbschaft;
- die Annahme einer mit Belastungen verbundenen Schenkung sowie
- die Ablehnung eines Schenkungsangebotes;
- bestimmte Geldanlagen;
- die Einbringung einer Klage und bestimmte Verfügungen darüber;

- erbrechtlicher Erwerb eines Unternehmens und erbrechtlicher Eintritt in eine Genossenschaft.

Alle diese Vermögensangelegenheiten bedürfen aber nur dann der gerichtlichen Genehmigung, „wenn sie **nicht zum ordentlichen Wirtschaftsbetrieb** gehören". Dies ist dann der Fall, wenn es sich um eine Maßnahme handelt, die nach den Vermögensverhältnissen des Kindes unüblich ist, somit nicht zu den laufenden Verwaltungsangelegenheiten gehört. Beurteilungskriterium sind die Art und der Umfang der Vermögensverwaltung, das wirtschaftliche Risiko, das mit dem geplanten Geschäft verbunden ist, sowie der Umstand der Vorläufigkeit oder Endgültigkeit der Maßnahme und deren Dauer.

Beispiele:
Unterhaltsverzicht, Vermietung auf unüblich lange Dauer, Kauf eines Kraftfahrzeuges, Kündigungsverzicht durch den minderjährigen Vermieter, Verzicht auf ein Mietrecht an einer Mieterschutzwohnung, Zurückziehung eines Rechtsmittels und Verzicht auf ein Rechtsmittel, Vereinbarung der Eltern über den Kindesunterhalt.

Dagegen zählen zum **ordentlichen Wirtschaftsbetrieb** alle Angelegenheiten, die im Rahmen der gewöhnlichen Vermögensverwaltung sind. Dazu gehört beispielsweise die Verwaltung und Instandsetzung eines Zinshauses, die Räumungsklage oder die gerichtliche Eintreibung des laufenden Unterhalts.

Eine Regelung schützt volljährig Gewordene vor Rechtsgeschäften, die zum Zeitpunkt ihrer Minderjährigkeit ohne die Voraussetzung des § 154 ABGB abgeschlossen wurden, indem sie nur dann verpflichtet werden, wenn sie diese ausdrücklich anerkennen.

Schwierige Vertretungsfälle

In schwierigen Vertretungsfällen kann auch die **Hilfe des Jugendwohlfahrtsträgers** in Anspruch genommen werden, z.B. in Unterhaltsangelegenheiten sowie in Verfahren zur Feststellung der Vaterschaft. Erteilt der gesetzliche Vertreter des Kindes seine schriftliche Zustimmung, so wird der Jugendwohlfahrtsträger ohne weiteres Verfahren Sachwalter des Kindes für diese Angelegenheit und hat von sich aus die weiteren Vertretungshandlungen zu setzen.

In anderen Angelegenheiten kann der Jugendwohlfahrtsträger als Vertreter des Kindes einschreiten, wenn der gesetzliche Vertreter schriftlich zustimmt und der Jugendwohlfahrtsträger sich dazu bereit erklärt.

Umfang der Vertretungsmacht

Obsorgeberechtigte sind zur Vertretung des Kindes – abgesehen von weiteren gerichtlichen Einschränkungen – nur soweit berechtigt und verpflichtet, als eine Vertretung überhaupt zulässig ist, bzw. soweit die Geschäftsfähigkeit des an sich vertretungsbedürftigen Kindes beschränkt ist.

Eine Schranke für die Vertretungsmacht stellen die **vertretungsfeindlichen Geschäfte** wie Eheschließung, Errichtung letztwilliger Verfügungen und Anerkennung der Vaterschaft dar. In diesen Fällen kann durch einen Dritten nicht rechtswirksam gehandelt werden.

Soweit ein Kind geschäftsfähig ist, fehlt dem gesetzlichen Vertreter die Vertretungsmacht. Ein Minderjähriger kann ein alterstypisches Rechtsgeschäft, das eine geringfügige Angelegenheit des täglichen Lebens betrifft, selbst wirksam abschließen, wenn er seine Verpflichtung aus dem Rechtsgeschäft erfüllt. So kann ein Minderjähriger z.B. rechtswirksam eine Zeitung kaufen, sobald er den Kaufpreis dafür bezahlt hat.

Die Vertretung Minderjähriger vor Gericht

In zivilgerichtlichen Verfahren ist nur ein Elternteil allein zur Vertretung des Kindes berechtigt. Zu den zivilgerichtlichen Verfahren gehören auch Außerstreit- und Exekutionsverfahren (siehe Kapitel I/C). Vertreter des Kindes in zivilgerichtlichen Verfahren ist jener Elternteil, der die erste Verfahrenshandlung gesetzt hat, zumindest so lange, als sich die Eltern nicht auf den anderen Elternteil einigen bzw. das Gericht den anderen Elternteil oder einen Dritten als Vertreter des Kindes bestimmt.

HINWEIS

Bei gleichzeitiger Abgabe widersprechender Vertretungshandlungen der Eltern hat das Gericht zu entscheiden, was dem Kindeswohl entspricht.

Für bestimmte Angelegenheiten ist die Vertretung durch beide Elternteile (siehe vorher) und die Genehmigung durch das Gericht erforderlich.

Siehe weiters die Aufgaben des **Kinderbeistandes** als Sprachrohr des Kindes (Kapitel IX/A).

Vertretung Minderjähriger bei Lehr- und Ausbildungsverträgen

Soweit nichts anderes bestimmt ist, kann sich ein minderjähriges Kind ab dem 14. Lebensjahr selbständig durch Vertrag zu Dienstleistungen verpflichten, ausgenommen sind Dienstleistungen aufgrund eines Lehr- oder Ausbildungsvertrags. Der gesetzliche Vertreter des Kindes kann das durch den Vertrag begründete Rechtsverhältnis aus wichtigen Gründen vorzeitig lösen.

Ein über 14-Jähriger kann alle einseitigen Rechtsgeschäfte und Rechtshandlungen, die mit der Gestaltung des Dienstvertrages zusammenhängen, wie Kündigung, vorzeitigen Austritt, Entlassung, einvernehmliche Auflösung – nach der Rechtsprechung – ohne Mitwirkung seines gesetzlichen Vertreters vornehmen.

N. Vermögensverwaltung

Das Vermögen Minderjähriger ist grundsätzlich durch gesetzliche Vertreter zu verwalten, das heißt, im Bestand zu erhalten und zu vermehren, wenn das Wohl des Kindes nicht anderes erfordert.

Die Verwaltung des Vermögens des Kindes steht üblicherweise dem **Obsorgeberechtigten** zu. Solange ein Eltern-, Großeltern- oder Pflegeelternteil nicht voll geschäftsfähig (z.B. geistig behindert) ist, steht ihm die Vermögensverwaltung und gesetzliche Vertretung nicht zu. Sind Eltern (Großeltern oder Pflegeeltern) gemeinsam zur Obsorge berufen, kommt die Vermögensverwaltung bei Verhinderung eines Teiles dem anderen Teil allein zu. Ist auch dieser ausgeschlossen und steht für diesen Bereich der Obsorge nicht wenigstens ein Großelternteil zur Verfügung, so ist der Jugendwohlfahrtträger mit der Teilobsorge im Bereich der Vermögensverwaltung betraut.

Eine Vermögensverwaltung kommt nur dann in Frage, wenn das Kind **nennenswertes Vermögen** (z.B. aus einer Erbschaft) besitzt.

Dieses Vermögen ist

- sorgfältig zu verwalten und
- mündelsicher (Ausnahme nur mit gerichtlicher Genehmigung) und möglichst ertragreich anzulegen, sofern das Wohl des Kindes nicht anderes erfordert.

Je nach den Umständen des Einzelfalls kann Geld in Spareinlagen, Wertpapieren, Darlehen oder Liegenschaften angelegt werden. Die **Erträge** des Vermögens (z.B. Zinsen von Spareinlagen) können zum Unterhalt des Kindes verwendet werden und mindern auf diese Weise die Unterhaltspflicht der Eltern und Großeltern.

Beispiel:
Ein 14-Jähriger erbt € 10.000,–. Die Eltern legen das Geld mündelsicher an und kaufen von den Zinsen dem Kind Sachen, die sie ihm sonst nicht kaufen könnten.

Das KindRÄG 2001 reduziert die pflegschaftsgerichtliche Rechtsfürsorgepflicht in erster Linie auf die **Abwendung akuter Gefährdungsfälle.** Soweit keine Einschränkungen getroffen werden, bleibt es dabei, von Amts wegen das Vermögen Pflegebefohlener zu erforschen, zu sichern, die gesetzliche Verwaltung des Vertreters zu überwachen und ihm notwendige Aufträge zu erteilen.

HINWEIS

Wenn eine unbewegliche Sache (Grundstück, Haus oder Eigentumswohnung) zum Vermögen des Minderjährigen gehört, ist eine gerichtliche Überwachung zwingend.

Sicherungsmaßnahmen sind maßvoll einzuschränken, z.B. keine zwingenden Kontosperren, wenn in gerader Linie verwandte Vorfahren oder Pflegeeltern bewegliches Vermögen von über € 10.000,– verwalten.

Überwachungsmaßnahmen und kurzfristige Einbeziehung Dritter ist nur erforderlich, wenn Nachteile für Pflegebefohlene drohen, z.B. bei unfähigem oder unseriösem Verwalter.

Die Verwaltungskosten des Kindesvermögens sind aus diesem zu bestreiten.

Gerichtliche Genehmigung

Eine gerichtliche Genehmigung ist für **außerordentliche Vertretungshandlungen** erforderlich (siehe nächsten Punkt).

Wenn **andere Personen** als Eltern, Großeltern oder Pflegeeltern Kindesvermögen verwalten, gelten zum Teil strengere Bestimmungen. Insbesondere ist dann bei der Vermögensübernahme ein Inventar (= Verzeichnis des gesamten Vermögens des Minderjährigen) zu errichten, Wertgegenstände sind gerichtlich zu verwahren und Sparbücher über einen bestimmten Geldbetrag gerichtlich zu sperren, sodass nur mehr mit Zustimmung des Gerichts darüber verfügt werden kann.

Die verwaltungspflichtigen Obsorgeberechtigten haben jährlich dem Pflegschaftsgericht Rechnung zu legen, das heißt, eine detaillierte **Aufstellung über die Einnahmen und Ausgaben** samt Belegen und Saldo anzugeben. Häufig befreit das Gericht von dieser Rechnungslegung, wenn keine Bedenken bestehen. Ab dem 14. Lebensjahr kann ein Kind über das ihm zur freien Verfügung überlassene Vermögen und über Einkünfte frei verfügen, soweit es dadurch nicht seinen Unterhalt gefährdet.

Es gibt bei der Rechnungslegung **drei Rechnungsarten:**

- die **Antrittsrechnung** (am Ende des ersten vollen Jahres, sofern nicht bereits am Beginn der Pflegschaftsrechnung der Vermögensstand erforderlich ist),
- die **laufende Rechnung** (in unterschiedlichen Intervallen von bis zu drei Jahren, abhängig von den Umständen und den Wünschen) und
- die **Schlussrechnung** (am Ende des Pflegschaftsverfahrens oder am Ende der Tätigkeit des gesetzlichen Vertreters).

Einen **Sonderfall** stellt dar, wenn ein Dritter dem Kind Vermögen schenkt und dafür eigene Anordnungen trifft.

Geschäfte zwischen Eltern und Kindern

In diesen Fällen kann – allein wegen objektivem Interessenwiderstreit (= Gefahr der Benachteiligung des Kindes) – kein Elternteil das Kind vertreten, sondern es wird vom Gericht ein eigener Vertreter (Kollisionskurator) für dieses Geschäft bestellt.

Beispiel:
Der Vater will dem Sohn ein Grundstück schenken und sich dessen Nutzung vorbehalten. In diesem Fall schließt der Vater mit einem vom Gericht für den Sohn bestellten Kollisionskurator den Vertrag, der außerdem noch der gerichtlichen Genehmigung bedarf.

Geschäfte zwischen Geschwistern

Auch in diesen Fällen dürfen wegen Interessenwiderstreit wie im vorigen Punkt die Eltern keines der Kinder vertreten. Es wird deshalb für jedes Kind ein Kollisionskurator zur Vertretung in diesem Geschäft bestellt. Diese schließen den Vertrag mit gerichtlicher Genehmigung ab.

Beispiel:
Zwei minderjährige Geschwister wollen die ererbten Grundstücke tauschen. Auch hier bedarf es der Kuratorenbestellung und der gerichtlichen Genehmigung.

O. Obsorgeberechtigung

Nach dem Gesetz steht die Obsorge für ein eheliches Kind den Eltern und für ein uneheliches Kind der Mutter ab der Geburt des Kindes zu, ohne dass es der weiteren Mitwirkung der Behörde bedarf. Die Eltern des ehelichen Kindes sind dabei gleichberechtigt und sollen möglichst einvernehmlich vorgehen. Wenn sich die Eltern nicht einigen können, ist ein **„Gerichtsbeschluss"** einzuholen.

Einer **gerichtlichen Übertragung der Obsorge** bedarf es u. a.:

- wenn beide Elternteile eines ehelichen Kindes gestorben sind,
- oder ihr Aufenthalt seit mindestens sechs Monaten unbekannt ist,
- oder die Verbindung mit ihnen nicht oder nur mit unverhältnismäßig großen Schwierigkeiten hergestellt werden kann,
- oder beiden die Obsorge ganz oder teilweise (weil sie durch ihr Verhalten das Wohl des Kindes gefährdet haben) entzogen wurde;
- der allein zur Obsorge berufene Elternteil von einem der angeführten Umstände betroffen ist;
- Die Eltern sich bei Auflösung der Ehe oder bei nicht bloß vorübergehender Trennung ohne Auflösung der Ehe über den hauptsächlichen Aufenthalt des Kindes nicht einigen können.

In solchen Fällen hat das Wohnsitzgericht unter Beachtung des Wohles des Kindes zu entscheiden, ob die Obsorge ganz oder teilweise dem anderen Elternteil (soweit er nicht selbst ausscheidet) übertragen wird, ob und welchem Großelternpaar bzw. Großelternteil sie zukommen soll. Kann auf diese Weise nicht zumindest ein Eltern- oder

Großelternteil mit der (wenigstens teilweisen) Obsorge betraut werden und sind auch keine Pflegeeltern vorhanden, so hat das Pflegschaftsgericht den nächsten geeigneten Verwandten – wenn ein solcher nicht vorhanden ist, den Jugendwohlfahrtsträger (das Jugendamt) – zum Obsorgeberechtigten zu bestellen.

Relevante gesetzliche Bestimmungen: §§ 137–283 ABGB; insbesondere §§ 144 (Obsorge) – 154a und § 178a (Kindeswohl); §§ 13, 104–111 AußStrG; Bundesgesetz zum Schutz vor Gewalt in der Familie; Gesetz über religiöse Kindererziehung; §§ 21–26 IPRG; § 71 JN; § 8 (3) KrAnG; PassG

WICHTIGES VOR DER SCHEIDUNG

V. CHECKLISTE VOR DER SCHEIDUNG

Um im Chaos einer zerbrechenden Ehe richtig zu reagieren, seien am Anfang dieses Kapitels **wichtige Tipps** aus der Gerichtspraxis rund um das Scheidungsverfahren hervorgehoben.

A. Checkliste Scheidungsverfahren

☑	**Kinder** aus den Streitigkeiten so weit wie möglich heraushalten; das bedeutet, sie nicht als Komplizen, Spion, Geheimnisträger, Faustpfand, Erpressungsobjekt oder „zum Ausweinen“ benützen.
☑	**Obsorgewechsel** nur beantragen, wenn Kind sonst gefährdet ist, weil Kind dadurch besonders belastet wird.
☑	**Information:** Erste Information bei Bekannten mit einschlägigen Erfahrungen oder besser bei den kostenlosen Beratungsstellen (siehe Anhang, für Kinder beim Jugendamt) einholen. Dies erleichtert die Einschätzung und vermindert den Stress, weil es die Ahnungslosigkeit vermindert.
☑	Zunächst **Geheimhaltung** der Scheidungsabsicht gegenüber dem Ehepartner und dessen Kreis, um Zeit zum Überlegen und Beweissammeln zu haben.
☑	**Realistische Ziele** (was man erreichen kann) und **Alternativen** überlegen.
☑	**Klärung ob Scheidung**, wenn ja, ob Scheidung im Einvernehmen oder strittige Scheidung.
☑	**Rechtliche „Einmal-Beratung“** durch Experten, um zu klären, ob der Fall einfach ist.

	Einfache Situation: Keine Kinder, etwa gleich hohes Einkommen der Ehegatten, Einigkeit über Aufteilung. Scheidung kann ohne Rechtsanwalt durchgeführt werden. **Nicht einfache Situation**: Unterhaltsvereinbarung für gemeinsame Kinder, kein wechselseitiger Unterhaltsverzicht, eheliche Schulden, eheliches Gebrauchsvermögen bzw eheliche Ersparnisse aufzuteilen. Hier ist Expertenunterstützung erforderlich, zB auf Familienrecht spezialisierter Anwalt.
☑	**Auf Unterhalt angewiesener schuldloser Gatte** soll bei Eheverfehlung des anderen nicht selbst klagen, sondern sich klagen lassen und Zerrüttungsverschulden einwenden, um Unterhalt wie bei aufrechter Ehe und volle Witwenpension zu bekommen.
☑	**Ärztlichen Beistand** – wenn erforderlich – in Anspruch nehmen um sein volles physisches und psychisches Potenzial einsetzen zu können.
☑	**Psychologische Betreuung** um Selbstwert zu stärken.
☑	**Konfliktregelungsverfahren:** Wenn der Partner zustimmt, mit ihm eine Mediation (siehe XVIII) versuchen.
☑	**Einvernehmlichkeit:** Grundsätzlich sollte eine einvernehmliche Scheidung angestrebt werden, auch wenn man von der Schuld des Gegners überzeugt ist, wegen der Generalbereinigung aller offenen Fragen!
☑	**Absicherung:** Berechnen Sie, ob Sie ohne den Unterhalt des Gatten finanziell abgesichert sind.
☑	**Auskunft** bei der **Sozialversicherung** wegen der finanziellen Absicherung (Pension, Krankenkasse) einholen.
☑	**Auskunft** bei der **Fremdenbehörde**, wenn man ein abgeleitetes Aufenthaltsrecht in Österreich hat, das durch die Scheidung berührt werden könnte.
☑	**Sachlich bleiben** gegenüber Partner, Gericht und Sachverständigen; sich nicht provozieren lassen. Geht z.B. der Mann

	fremd, soll die Frau den Haushalt nicht vernachlässigen, um nicht ihre bessere Prozessposition zu gefährden. Wenn ein Mann der Frau keinen Scheidungsgrund vorwerfen kann, wird er oft Vernachlässigung des Haushalts angeben.
☑	**Eigentum abgrenzen und sichern:** Vermögensaufstellung mit Fotos von wichtigen Gegenständen anlegen, bevor Partner von Scheidungsabsicht erfährt.
☑	**Zeichnungsberechtigung** und **Vollmacht** für Partner **aufheben** bzw **kündigen**.
☑	**Ehetagebuch** über die Verfehlungen des Partners anlegen (siehe im Anschluss).
☑	**Beweise:** Sammlung von zweckdienlichem Beweismaterial aller Art (Gehaltszettel, Kontonummern, Rechnungen, Steuererklärungen, verfängliche Post des Ehepartners kopieren, Kontrolle des **Internetverkehrs**, Kontrolle des Telefonverkehrs durch **Wahl-Wiederholungstaste**, Verletzungsprotokolle usw.) bevor Partner von Scheidungsabsicht erfährt, um zumindest dessen überwiegendes Verschulden nachzuweisen.
☑	**Bei gewalttätigem Ehepartner**: Selbst wenn man nicht seine Ausweisung aus der Wohnung bei Gericht beantragt, die Beweise durch Strafanzeige wegen Körperverletzung und ärztliche Dokumentation von Verletzungen sichern.
☑	**Wenn Ehebruch nicht nachweisbar**, genügt für Eheverfehlung der Nachweis (z.B. Zeugen) des häufigen unerwünschten Kontakts mit einer Person des anderen Geschlechts.
☑	**Zeugen:** Sich um unabhängige und seriöse Zeugen bemühen. Eine vernünftige Zeugenauswahl trägt dazu bei, dass das Verfahren nicht verzögert wird.
☑	**Detektivüberwachung:** nur bei konkreten Anhaltspunkten, weil hohe Kosten drohen. Rechnungen aufheben wegen Rückforderung vom Partner oder Dritten.

☑	**Rechtsanwalt** mit Erfahrung in Scheidungssachen empfehlen lassen; prüfen, ob er genügend Zeit aufwendet, die Sache selbst bearbeitet, nicht Öl ins Feuer gießt und man Vertrauen zu ihm hat.
☑	**Honorarfrage klären:** Beim Anwalt zu Beginn die Frage nach dem Honorar stellen; dieses ist frei vereinbar. Vereinbaren, dass man im Falle des Obsiegens keine zusätzlichen Kosten an den Anwalt zahlen muss. **Bemessungsgrundlage** (siehe I/3) im Vorhinein klären. Die erste anwaltliche Auskunft ist bisweilen bis zu einer ½ Stunde kostenlos. Wenn möglich **Pauschalvereinbarung** (siehe I/3) aushandeln. Es empfiehlt sich, vom Anwalt etwa halbjährlich Zwischenabrechnungen über das Honorar zu verlangen.
☑	**Anwaltsinformation:** Seinen Anwalt vollständig und wahrheitsgetreu auch über verjährte Eheverfehlungen beider Seiten informieren, damit er sich darauf einstellen kann.
☑	**Vorinformation:** Seinem Anwalt vorweg Informationsmaterial zum Studium schicken; dies spart Zeit.
☑	**Ehepartner überGang zum Anwalt informieren** (zur passenden Zeit), damit dieser nicht von Dritten über Scheidungsbegehren erfährt.
☑	**Anwaltswechsel:** Manchmal kann auch ein Wechsel des Anwalts einem Verfahren gut tun; er steigert aber die Kosten
☑	**Rechtsschutzversicherung:** Bestehen Sie beim Abschluss einer Rechtsschutzversicherung auf freie Anwaltswahl. Beachten sie, welche Risiken dadurch abgedeckt werden und dass eine Wartezeit von drei Monaten bewirkt, dass Rechtsfälle, die davor liegen, nicht gedeckt sind.
☑	Was geschieht mit der **Mitversicherung** bei der Scheidung?
☑	Bei privater **Krankenversicherung** die Mitversicherung (auch der Kinder) prüfen.

☑	**Ehebruch nicht vorschnell verzeihen:** Sie verlieren sonst ein wirksames Erfolgsargument. Binnen sechs Monaten klagen. Ein Verhalten vermeiden, das als Verzeihung gedeutet werden kann, z.B. gemeinsame Unternehmungen, Urlaube etc.
☑	**Eigene Eheverfehlung**: Kennt der Ehegatte diese, ist es angezeigt mit der eigenen Scheidungsklage sechs Monate zu warten, bis die Eheverfehlung verjährt ist oder Verzeihungstatbestände zu schaffen. Der Frist läuft jedoch nicht ab, solange die häusliche Gemeinschaft aufgehoben ist. Durch die Aufforderung, die häusliche Gemeinschaft wieder aufzunehmen oder auf Scheidung zu klagen, läuft die Frist weiter.
☑	**Verschulden:** Aus prozessualer Vorsicht sollte bei streitigen Scheidungen zumindest das überwiegende Verschulden des Klägers beantragt werden.
☑	**Gericht:** Bei Vernehmung vor Gericht oder Befragung durch den Sachverständigen die eigenen Worte verwenden und Dinge beim Namen nennen. Man sollte sich auf diese Termine genau vorbereiten und darauf bestehen, dass alles Relevante schriftlich festgehalten wird, damit man dieses auch mit einem Rechtsmittel geltend machen kann. Nötigenfalls kann man dies in einem Schriftsatz an das Gericht festhalten.
☑	**Glaubwürdigkeit bewahren:** Nichts abstreiten, was leicht beweisbar ist, sonst wird die Glaubwürdigkeit insgesamt geschädigt.
☑	**Außergerichtliches Verhandeln:** Zur Entschärfung der Situation sollte die Gerichtstätigkeit zeitweise durch außergerichtliches Verhandeln ersetzt werden. Nachteil: Auch bei Prozessgewinn bekommen sie diese Kosten kaum ersetzt.
☑	**Ende der Ehepflichten:** Erst wenn die vollständige unheilbare Zerrüttung der Ehe feststeht bzw. die Aufgabe des Ehewillens durch den Partner offensichtlich ist, darf

	der andere Partner mit dritter Person intim werden und braucht mit dem Gatten nicht mehr sexuell verkehren. Die Rechtsprechung ist aber nicht einheitlich. Bisweilen gilt die Treuepflicht auch noch während des Scheidungsverfahrens, sodass ein (Mit-)Verschulden angenommen werden kann.
☑	**Zutritt zur Ehewohnung** darf dem anderen grundsätzlich nicht verwehrt werden, wenn er sein Verhalten wesentlich ändert und er den ernsthaften Willen zeigt, die Ehegemeinschaft wieder aufzunehmen, sonst droht Besitzstörungsklage und schuldhaftes Eheverhalten, außer es besteht eine polizeiliche oder gerichtliche Wegweisung. Wohnt der Ehemann weiter bei seiner Freundin und kommt fallweise in die Ehewohnung um sich von seiner Frau betreuen zu lassen, kann die Frau dies ablehnen.
☑	**Räumung der Ehewohnung** vor der Scheidung ist nicht zu empfehlen, weil man eine bessere Verhandlungsposition über die Zuteilung der Ehewohnung bzw. Ausgleichszahlung dadurch aufgibt; außerdem kann dies als Eheverfehlung gelten.
☑	**Vergleich:** Ein prätorischer Vergleich (= ein gerichtlicher Vergleich vor dem Prozess) spart Prozesskosten.
☑	**Unterhalt:** Unterhaltsvereinbarungen sollen die künftige Entwicklung realistisch einschätzen und berücksichtigen, wie das Gericht entscheiden würde; sonst besteht Anfechtungsgefahr wegen Sittenwidrigkeit bzw Existenzgefährdung.
☑	**Verzichten Sie nicht leichtfertig auf Unterhalt;** das bringt sie um einen allfälligen Pensionsanspruch! Unterhaltsverzicht nur gegen angemessene Gegenleistung.
☑	**Unterhaltszahlungen sollen nicht vorschnell reduziert werden**, da sonst der Partner relativ einfach eine einstweilige Verfügung auf vorläufigen Unterhalt erlangen kann

	(XIII/10). Diese gilt bis zur Rechtskraft des Scheidungsverfahrens, was lange dauern kann. Wenn sich nachträglich herausstellt, dass der Unterhalt zu hoch bemessen war, scheitert die Rückforderung am gutgläubigen Verbrauch des Zahlungsempfängers.
☑	**Unterhaltsvereinbarungen mit Angabe der Einkommens- und Vermögensrelationen** sowie der Hinweis auf gleichzeitige Vermögensvereinbarungen erleichtern neue Unterhaltsfestsetzung.
☑	**Kindesunterhaltsvereinbarungen** sollten **pflegschaftsgerichtlich genehmigt** werden, damit der Zahlungspflichtige vor allfälligen Unterhaltsnachforderungen geschützt ist.
☑	**Konkurs vermeiden:** Ein Ehepartner, der ein Unternehmen betreibt, sollte nicht in den Konkurs getrieben werden, sonst werden Unterhaltsforderungen uneinbringlich.
☑	**Steuer:** Vorsicht vor steuerschonenden Modellen, Scheingeschäften, Unter- oder Überreglementierungen, die später nicht mehr aktuell sind.
☑	**Kapitalabfindung** erspart spätere Unterhaltsstreitigkeiten, führt aber zu Pensionsverlust.
☑	**Vermögensaufteilung:** Innerhalb eines Jahres ab Rechtskraft einer streitigen Scheidung müssen allfällige Anträge auf Vermögensaufteilung gestellt werden.
☑	**Trennungsvereinbarung** bei dauerhafter Trennung erstellen. Diese soll die Feststellung der Krise, eventuell wen das Verschulden daran trifft, weiters, dass der Auszug keinen Scheidungsgrund bildet, sowie die Regelung des Unterhalts, der Vermögensbenützung und des Umganges mit den Kindern während der Trennung und eventuell für den Fall der Scheidung, enthalten. Eine Trennungsvereinbarung ist für das Gericht – ohne daran gebunden zu sein – ein wichtiger Anhaltspunkt für Entscheidungen.

Beispiel für Tagebuchführung:

- *3. 3. 2012: Mein Mann kommt um drei Uhr früh betrunken nach Hause und beschimpft mich und die Kinder mit den Worten „unnütze Fresser".*
- *7. 3. 2012: Mein Mann sagt zu unserem Kind Max, im Verlauf eines Streites um das Taschengeld: „Ich will mit dir nichts mehr zu tun haben."*
- *4. 4. 2012: Mein Mann gibt unserem Kind Eva eine Ohrfeige, weil sie eine halbe Stunde zum Abendessen zu spät kam.*
- *Weitere relevante Ereignisse mit Datum anführen ...*

B. Trennung vor einer Scheidung

Einer Scheidung voran geht manchmal auch eine einstweilige **Trennung** des Ehepaares, die oftmals einer endgültigen Entscheidungsfindung über eine Scheidung dienen soll. In diesem Fall empfiehlt es sich eine Trennungsvereinbarung aufzusetzen (siehe folgendes Muster).

TIPP:

Eine Trennungsvereinbarung kann bei einer späteren Scheidung auch dem Beweis dienen, dass die Trennung einvernehmlich erfolgt ist und kein böswilliges Verlassen vorgeworfen werden kann.

Muster einer Trennungsvereinbarung

(soweit es Kinder betrifft, wenn sich die Eltern dauerhaft trennen aber nicht scheiden lassen wollen)

Trennungsvereinbarung

Eva X, geboren am ..., Beruf ... und Adam X, geboren am ..., Beruf ..., beide wohnhaft in ... beschließen mit heutigem Tag ihre Trennung und einigen sich über Folgendes:

1. Die *Obsorge* hinsichtlich der minderjährigen Kinder Rita X, geb. am ... und Hans X, geb. am ... verbleibt beiden Ehegatten gemeinsam. Beide Kinder werden sich hauptsächlich bei der Kindesmutter aufhalten.

[Weitere Varianten siehe bei Scheidungsvergleich Kapitel V/A Punkt 1]

2. Der Vater verpflichtet sich ab ... bis auf weiteres, längstens bis zur Selbsterhaltungsfähigkeit des Kindes, einen monatlichen *Unterhaltsbeitrag* von

€ ... für die mj. Rita X, geb. am ... und

€ ... für den mj. Hans X, geb. am ...

zu Handen der Mutter, am Ersten eines jeden Monats im vorhinein, zu bezahlen.

Vergleichsgrundlage:

Einkommen des Vaters:

€ ... netto ...-mal jährlich;

anrechenbare Schuldenrückzahlung(en) von

€ ... monatlich, und zwar für: ...

weitere Sorgepflichten für:

€ ...

Einkommen der Mutter:

€ ... netto ...-mal jährlich;

anrechenbare Schuldenrückzahlung(en) von

€ ... monatlich, und zwar für ...

weitere Sorgepflichten für: ...

€ ... .

Der Unterhaltsschuldner verzichtet bei der Berechnung des Unterhalts auf die Anrechnung der Familienbeihilfe und der Kinderabsetzbeträge. *(Nur vertretbar bei geringem Einkommen des Unterhaltsschuldners oder wenn man sich kompliziertere Berechnungen ersparen will).*

Im Falle wesentlicher Änderungen der Verhältnisse wird der gesetzliche Unterhalt gemäß § 140 ABGB neu berechnet.

3. Das Besuchsrecht wird von den Eltern jeweils einvernehmlich festgesetzt.

Es wird festgehalten, dass beide Elternteile zu den Kindern ein ausgezeichnetes Verhältnis haben.

(Weitere Variante siehe Scheidungsvergleich Kapitel VII/C Punkt 2).

HINWEIS

Formulierungsvorschläge bezüglich Ehegattenunterhalt und Vermögensaufteilung, die als Punkt **4.** und **5.** anzuschließen wären, siehe *Maurer/Fritsch,* Ehe & Scheidung, 8. Auflage, ab Seite 95.

4. Adam X erklärt mit heutigem Tag aus der Ehewohnung auszuziehen und diese binnen vierzehn Tagen von seinen persönlichen Sachen zu räumen.

5. Eva X erklärt den einvernehmlichen Auszug ihres Ehegatten aus der Ehewohnung nicht als böswilliges Verlassen bei Gericht geltend zu machen.

6. Mit der Unterzeichnung dieser Trennungsvereinbarung bestehen derzeit keine weiteren gegenseitigen Ansprüche zwischen den Ehegatten.

Wien, am ...

Eva X
Adam X

(eigenhändige Unterschrift) (eigenhändige Unterschrift)

Bei prinzipiell gutem Verhältnis und gutem Vertrauensverhältnis zwischen den Partnern kann man folgende **Einfachvariante** einer **Trennungsvereinbarung** abschließen.

Trennungsvereinbarung

Eva X, geb. am ..., Beruf ... und Adam X, geb. am ..., Beruf ..., beide wohnhaft in ..., beschließen mit heutigem Tag ihre Trennung und einigen sich über Folgendes:

Die Obsorge hinsichtlich der minderjährigen Kinder Rita X, geb. am … und Hans X, geb. am … verbleibt bei beiden Ehegatten gemeinsam. Beide Kinder werden sich hauptsächlich bei der Mutter aufhalten.

Unterhaltszahlungen durch Adam X ab ... für die minderjährigen *Kinder*, Rita, geb. am ... und Hans, geb. am ... über € ... am 1. jeden Monats im Vorhinein bis auf weiteres, längstens bis zur Selbsterhaltungsfähigkeit der Kinder.

Unterhaltszahlungen für die *Ehegattin* Eva X, ab ... € ... am 1. eines jeden Monats im Vorhinein mit jährlicher Indexvalorisierung unter Berücksichtigung des Kindesunterhalts.

Bei wesentlicher Änderung der Verhältnisse, insbesondere neuen Altersstufen der Kinder oder Scheidung, ist der Unterhalt bezüglich aller Unterhaltsberechtigten nach den gesetzlichen Bestimmungen neu zu berechnen, wobei die Indexvalorisierung gegenstandslos wird.

Bezüglich *Vermögensaufteilung* wird vereinbart, dass Eva X zusätzlich zu den in ihren Besitz befindlichen Guthaben (Sparbücher, Bausparvertrag, Wertpapierdepot) folgende Werte zustehen:

- alle mit der Wohnung in ... verbundenen Rechte;
- VW Golf
- Barzahlung von € 10.000,–;
- 50 % des Auszahlungsbetrages der per ... fälligen Lebensversicherung

Mit der Unterzeichnung dieses Vertrages und der Übergabe der erwähnten Barzahlung bestehen derzeit – mit Ausnahme der am ... fälligen Lebensversicherung – keine weiteren gegenseitigen Ansprüche.

Wien, am ...

Eva X
Adam X

(eigenhändige Unterschrift) (eigenhändige Unterschrift)

€ 10.000,– erhalten: Eva X (eigenhändig)

Im Gegensatz zum gerichtlichen Vergleich ist eine außergerichtliche Trennungsvereinbarung kein Exekutionstitel und kann daher nicht unmittelbar durchgesetzt werden. Dies bedeutet, wenn sich ein Teil nicht an die Vereinbarung hält, kann sich der Andere an das Gericht wenden und eine Gerichtsentscheidung auf Grundlage dieser Vereinbarung beantragen, die dann unmittelbar mit gerichtlicher Exekution durchgesetzt werden kann. Das Gericht hat aber bei seiner Entscheidung – unabhängig von der Vereinbarung – das Kindeswohl (IV/A) zu beachten.

Bei aufrechter Ehe der Eltern des Kindes ist eine Trennung im Sinne des Gesetzes (§ 177b ABGB) nur eine solche, die zu einer vollständigen Trennung der Lebensbereiche der Eltern, auch in räumlicher Hinsicht, führt. Das Gericht entscheidet in einem solchen Fall über die Obsorge nur auf Antrag eines Elternteils.

C. Gewalt in der Familie und Privatsphärenschutz

Zum Schutz vor Gewalt in der Familie sollte man mit dem Notruf 133 oder 122 die **Polizei** um Hilfe rufen. Diese muss sofort kommen und hat die Aufgabe eine Person, von der Gefahr für andere ausgeht, sofort – unter Abnahme der Wohnungsschlüssel – aus der Wohnung und der unmittelbaren Umgebung **wegzuweisen** und das Betreten dieses Bereiches zu verbieten. Wenn eine strafbare Handlung erfolgt ist, muss die Polizei eine Anzeige aufnehmen. Neben dem Betretungsverbot, das zehn Tage gilt, kann auch Haft verhängt werden. Das Rückkehrverbot wird innerhalb von 48 Stunden überprüft. Die Polizei verständigt von der Wegweisung die **Interventionsstelle;** diese ist Gewaltopfern behilflich, insbesondere wenn eine einstweilige Verfügung bei Gericht beantragt werden soll.

Gerichtlichen Schutz vor unzumutbarem Zusammenleben und Zusammentreffen mit gewalttätigen nahen Angehörigen bietet § 382b EO in einem „**Schnellverfahren**", in dem der Sachverhalt nicht bewiesen, sondern nur glaubhaft gemacht werden muss.

Einstweilige Verfügungen können bei Gericht beantragt werden bei:

- **Unzumutbarem Zusammenleben:** Ein Mitbewohner (Ehegatte, Lebensgefährte oder andere Person) macht dem anderen das Zusammenleben in der gemeinsamen Wohnung unzumutbar durch einen **körperlichen Angriff**, eine **Drohung** mit einem solchen oder er verhält sich in einer solchen Weise, dass die **psychische Gesundheit** des anderen erheblich **beeinträchtigt** wird, z.B. Quälen eines Haustieres. In diesem Fall kann der gefährdete Mitbewohner verlangen, dass der andere mittels einstweiliger Verfügung **aus der Wohnung gewiesen** und ihm die **Rückkehr** dorthin eine bestimmte Zeit **verboten** wird.
  Ein solches Begehren ist auch ohne anhängiges Scheidungsverfahren möglich; jedoch ist die Ausweisung aus der Wohnung dann nur für höchstens sechs Monate zulässig.
- **Unzumutbaren Zusammentreffen:** Mit einstweiliger Verfügung kann das Gericht auch – sofern nicht schwerwiegende Interessen des Täters entgegenstehen – ihm den Aufenthalt an bestimmten Orten (etwa vor Schule oder Kindergarten) **verbieten** und ihm auftragen, das Zusammentreffen sowie die **Kontaktaufnahme** mit dem Opfer zu vermeiden (siehe auch **Stalkingparagraf**).
  Die einstweilige Verfügung kann entweder mit Hilfe der Interventionsstelle, eines Rechtsanwaltes oder mündlich zu Protokoll beim Gericht des letzten gemeinsamen Wohnsitzes eingebracht werden, dann endet die polizeiliche Wegweisung mit der Entscheidung des Gerichts, spätestens aber nach 20 Tagen. Die Wegweisung kann aber verlängert werden. Die einstweilige Verfügung sollte man – wenn die Voraussetzungen vorliegen – bis Ende des Verfahrens über die Vermögensaufteilung

bzw. die Entscheidung, wem die Wohnung zugesprochen wird, beantragen.

- **Privatsphärenschutz:** Weiters bietet der neu geschaffene § 382g EO für jeden (nicht nur für Angehörige) einen Schutz vor **Eingriffen in die Privatsphäre,** insbesondere durch Verbote: der persönlichen Kontaktaufnahme und Verfolgung der gefährdeten Person; des Aufenthalts an bestimmten Orten; der Weitergabe und Verbreitung persönlicher Daten und Lichtbildern der gefährdeten Person; Waren und Dienstleistungen unter Verwendung personenbezogener Daten der gefährdeten Person bei Dritten zu bestellen und einen Dritten zur Aufnahme von Kontakten mit der gefährdeten Person zu veranlassen.

TIPP:

Bedienen Sie sich der kostenlosen Hilfe der Interventionsstelle und dokumentieren Sie Ihre Verletzungen mit Fotos und bestehen sie auf Untersuchung durch den Amtsarzt.

VI. DIE NEGATIVEN ASPEKTE DER SCHEIDUNG

Eine Scheidung hat für alle Beteiligten und insbesondere auch für Kinder weitreichende Folgen. Bevor Sie sich dazu entschließen sich scheiden zu lassen, sollten Sie das Für und Wider genau abwägen und folgende Punkte gründlich überdenken:

- **Kinder** verlieren das mit den Eltern gemeinsame Zuhause.
- **Geldaufwand:** Näheres siehe Kapitel I/C. Eine strittige Scheidung kann auch über € 10.000,– kosten. Dazu kommen noch die Kosten des Verfahrens über die Aufteilung des Vermögens und Unterhaltsverfahren. Laut Kreditschutzverband gab es seit Einführung der Privatinsolvenz 1995 mehr als 80.000 „Entschuldungsverfahren", bei denen 23% auf Scheidungen zurückzuführen sind. Die Höhe der Anwaltskosten richtet sich nach der Höhe des aufzuteilenden Vermögens, nach der Höhe

des Unterhaltsanspruchs und nach dem erforderlichen Arbeitsumfang des Anwalts. Zu berücksichtigen ist auch, dass man im Fall des Prozessverlustes die Kosten des Prozessgegners tragen muss. Selbst wenn man den Prozess gewinnt und dem Gegner kein Einkommen oder Vermögen nachweisen kann, muss man die eigenen Anwaltskosten zahlen.

- **Zeitaufwand:** Eine streitige Scheidung kann bis zur endgültigen Erledigung mehrere Jahre dauern.
- **Nervenaufwand:** Ein streitiges Scheidungsverfahren verstärkt die gegenseitigen Streitigkeiten bisweilen bis zum gnadenlosen Kampf auf Lebenszeit.
- Weiters senken Scheidungen häufig den **Lebensstandard** von beiden Ehegatten. (Z.B. das gemeinsame Haus muss verkauft werden, weil keiner den anderen auszahlen kann. Beide ziehen dann in eine Mietwohnung. Zwei getrennte Haushalte kosten mehr Geld als einer.)

Glaubt man, trotz allen Nachteilen ohne Scheidung nicht auszukommen, soll man – um den Scherbenhaufen möglichst klein zu halten – unbedingt eine einvernehmliche Scheidung anstreben.

HINWEIS

Eine einvernehmliche Scheidung erspart sehr viel Aufwand, weil sie nicht nur den zusätzlichen Aufwand einer strittigen Scheidung, sondern auch Unterhaltsverfahren für Ehegatten und Kinder, Obsorgeverfahren und Vermögensaufteilungen überflüssig macht. Es lohnt sich daher fast immer auch etwas nachzugeben, um eine einvernehmliche Scheidung zu erwirken.

VII. DIE DETAILS EINER EINVERNEHMLICHEN SCHEIDUNG

Um zu einer einvernehmlichen Scheidung zu gelangen, müssen sich die Eltern über nachstehende Punkte schriftlich einigen:

Checkliste einvernehmliche Scheidung

☑	Wer bekommt die Obsorge für die Kinder?
☑	Wo soll der hauptsächliche Aufenthalt der Kinder bei gemeinsamer Obsorge sein?
☑	Wird ein Elternteil mit einer Teilobsorge betraut?
☑	Wer kommt für den Unterhalt der Kinder auf?
☑	Wie wird das Besuchsrecht gehandhabt? (Kann einer späteren Regelung vorbehalten werden.)
☑	Unterhaltsregelung zwischen den Ehegatten nach der Scheidung.
☑	Wie wird das Vermögen aufgeteilt?

Es besteht keine Verpflichtung sich vor Gericht vertreten zu lassen. Lässt sich jedoch jemand vertreten, muss er dazu einen Rechtsanwalt bestellen. Die Vertretung beider Parteien durch denselben Anwalt ist unzulässig.

Der **Antrag** auf einvernehmliche Scheidung kann sowohl mündlich beim Bezirksgericht zu Protokoll, als auch schriftlich gestellt werden.

Muster eines Scheidungsvergleiches

(soweit er Kinder betrifft)

Für den Fall der einvernehmlichen Scheidung gemäß § 55a EheG schließen die Parteien Eva und Adam X folgenden

Vergleich

1. Die Obsorge hinsichtlich des/der minderjährigen

Rita X, geb. am ...

Hans X, geb. am ...

verbleibt beiden Ehegatten gemeinsam.

Beide Kinder werden sich hauptsächlich bei der Kindesmutter aufhalten.

Variante zu 1:

1. Die Obsorge hinsichtlich des/der minderjährigen

Rita X, geb. am ...

Hans X. geb. am ...

steht nur der Kindesmutter zu.

Andere Variante zu 1:

1. Die Obsorge hinsichtlich des/der minderjährigen

Rita X, geb. am ...

Hans X. geb. am ...

steht der Kindesmutter zur Gänze und dem Kindesvater zum Teil, nämlich hinsichtlich der Verwaltung des den Kindern gehörigen Miethauses [Anschrift] zu. Beide Kinder werden sich hauptsächlich bei der Mutter aufhalten.

2. Das Besuchsrecht wird von den Eltern außergerichtlich im Einvernehmen geregelt.

Variante zu 2:

2. Das Besuchsrecht des Vaters zu den beiden minderjährigen Kindern wird in der Weise geregelt, dass er sie zu nachstehenden Zeiten zu sich nehmen kann:

Jeweils am 1. und 3. Wochenende im Monat in der Zeit von Samstag 14.00 Uhr bis Sonntag 19.00 Uhr.

Weiters jährlich am ersten Weihnachtsfeiertag und am Ostermontag von 10.00 bis 19.00 Uhr.

Außerdem ein jährliches 21-tägiges Urlaubsbesuchsrecht, beginnend mit dem 1. Sonntag nach Schulschluss um 9.00 Uhr.

Der Vater ist berechtigt die Kinder jeweils zu Beginn der Besuchszeit von der Wohnung der Mutter abzuholen und mit sich zu nehmen; er ist verpflichtet, sie am Ende der Besuchszeit wieder dorthin zurückzubringen.

Die Mutter ist verpflichtet, die Kinder jeweils zu Beginn der Besuchszeit dem Vater ausgehbereit zu übergeben und für die Dauer der Besuchszeit zu überlassen.

Sollte das Besuchsrecht vom Besuchsberechtigten nicht binnen einer Stunde nach Beginn der festgesetzten Besuchszeit ausgeübt werden, wird angenommen, dass er für dieses Mal auf sein Besuchsrecht verzichtet hat.

Es wird festgehalten, dass beide Elternteile zu den Kindern ein ausgezeichnetes Verhältnis haben.

3. Der Vater verpflichtet sich, ab ... bis auf weiteres, längstens bis zur Selbsterhaltungsfähigkeit einen monatlichen Unterhaltsbeitrag von

€ ... für die mj. Rita X, geb. am ... und

€ ... für den mj. Hans X, geb. am ...

zu Handen des jeweiligen gesetzlichen Vertreters, das ist derzeit die Mutter, zu bezahlen.

Die bis zum Eintritt der Wirksamkeit dieser Vereinbarung fällig gewordenen Beträge sind binnen vierzehn Tagen, die weiteren fällig werdenden Beträge am Ersten eines jeden Monats im Vorhinein zu bezahlen.

Vergleichsgrundlage:

Einkommen des Vaters: € ... netto ...-mal jährlich;

Anrechenbare Schuldenrückzahlung(en) von ... monatlich, und zwar für: ...

weitere Sorgepflichten für: ...

Einkommen der Mutter € ... netto ...-mal jährlich;

Anrechenbare Schuldenrückzahlung(en) von ... monatlich, und zwar für: ...

Weitere Sorgepflichten für: ...

Der Unterhaltsschuldner verzichtet bei der Berechnung des Unterhaltes auf die Anrechnung der Familienbeihilfe und der Kinderabsetzbeträge. *(Diesen Beisatz sollte man nur einfügen, wenn der Unterhaltsschuldner wenig verdient oder man sich die komplizierte Anrechnung der Familienbeihilfe ersparen will).*

Im Falle wesentlicher Änderungen der Verhältnisse wird der gesetzliche Unterhalt gemäß § 140 ABGB geschuldet.

Die voranstehenden Vereinbarungen werden vorbehaltlich der pflegschaftsbehördlichen Genehmigung geschlossen.

Unterschriften

HINWEIS

Weiteres zum Scheidungsvergleich siehe *Maurer/Fritsch,* Ehe & Scheidung auf österreichisch, 8. Auflage, ab Seite 95.

Zum Scheidungsverfahren sind die Kinder nicht zu hören, außer sie werden als Zeugen namhaft gemacht, was aber – wegen der zusätzlichen Belastung der Kinder – nicht zu empfehlen ist.

Hingegen sind Kinder zu Vereinbarungen über **Obsorge** oder **Besuchsrecht** persönlich zu hören. Minderjährige können auch durch den Jugendwohlfahrtsträger (Jugendamt), durch Einrichtungen der Jugendgerichtshilfe oder in anderer geeigneter Weise, etwa durch Sachverständige, gehört werden, wenn sie das 10. Lebensjahr noch nicht vollendet haben, wenn dies ihr Gesundheitszustand erfordert oder wenn sonst eine Äußerung der unbeeinflussten Meinung der Minderjährigen nicht zu erwarten ist.

Die Befragung des Minderjährigen hat zu unterbleiben, wenn durch sie oder durch den damit verbundenen Aufschub der Verfügung das Wohl der Minderjährigen gefährdet wäre, ebenso, wenn im Hinblick auf die mangelnde Verständnisfähigkeit der Minderjährigen offenbar eine brauchbare Äußerung zum Verfahrensgegenstand nicht zu erwarten ist.

Insbesondere ist bei der Genehmigung von Vergleichen zu berücksichtigen, dass Minderjährige, die das 14. Lebensjahr vollendet haben, in Angelegenheiten über Pflege und Erziehung sowie Besuchsrecht selbständig vor Gericht (ohne dass sie eines Vertreters bedürfen) handlungsfähig sind und darüber hinaus ein Besuchsrecht gegen den Willen eines Minderjährigen, der das 14. Lebensjahr vollendet hat, unzulässig ist.

VIII. DIE STREITIGE SCHEIDUNG

Außer der einvernehmlichen Scheidung erfolgen alle anderen Scheidungen (sei es wegen schweren Eheverfehlungen, wegen bestimmter Krankheiten oder Auflösung der häuslichen Gemeinschaft) seit mehr als drei bzw. sechs Jahren im sogenannten „streitigen Verfahren" vor dem Familienrichter des Bezirksgerichts.

HINWEIS

Weiteres zur Scheidung selbst siehe *Maurer/Fritsch*, Ehe & Scheidung auf österreichisch, 8. Auflage, ab Seite 102.

Der **Nachteil** der streitigen Scheidung besteht unter anderem auch darin, dass alle die minderjährigen Kinder betreffenden (Folge-)Verfahren in einem **eigenen Pflegschaftsverfahren** (Außerstreitverfahren) zu regeln sind. Siehe dazu nächster Abschnitt.

NACH DER SCHEIDUNG

IX. OBSORGE – VERSCHIEDENE VARIANTEN

Nach Auflösung der Ehe durch **Scheidung**, **Aufhebung** oder **Nichtigerklärung** oder bei nicht bloß vorübergehender **Trennung** der Eltern gibt es verschiedene Möglichkeiten, die Obsorge zu gestalten:

Obsorge-Varianten	**Inhalt der Obsorgevarianten**
beide Elternteile – vorläufig	Obsorge beider Eltern bleibt vorläufig aufrecht solange das Gericht keine andere Entscheidung getroffen hat.
beide Elternteile – zur Gänze	Obsorge beider Eltern bleibt zur Gänze aufrecht, wenn sich die Eltern über den hauptsächlichen Aufenthalt des Kindes geeinigt haben und das Gericht diese Vereinbarung genehmigt.
für bestimmte Angelegenheiten	Obsorge eines Elternteiles, bei dem sich das Kind nicht hauptsächlich aufhalten soll, wird auf bestimmte Angelegenheiten (z.B. Vermögensverwaltung) beschränkt.
ein Elternteil	Obsorge nur eines Elternteiles durch gerichtlich genehmigte Vereinbarung der Eltern oder durch Gerichtsbeschluss, wenn keine Vereinbarung der Eltern vorgelegt wurde oder diese dem Kindeswohl widerspricht.

Varianten im Zusammenhang mit der Eheauflösung, wenn **nur ein Elternteil obsorgeberechtigt** war	Eltern können diese Regelung bestehen lassen, ohne dass es einer Gerichtsentscheidung bedarf. Eltern können durch gerichtlich genehmigte Vereinbarung die gemeinsame Obsorge bekommen. Ein Elternteil, bei dem das Kind nicht wohnen soll, erhält durch gerichtlich genehmigte Vereinbarung eine beschränkte Obsorge (z.B. Schulangelegenheiten). Der andere Elternteil wird aufgrund einer gerichtlich genehmigten Vereinbarung oder weil es das Kindeswohl erfordert mit Gerichtsbeschluss mit der gesamten Obsorge betraut.
Spätere Änderungen der Obsorgebetrauung, wenn **beide Elternteile mit der Obsorge betraut** waren	Die Eltern können dem Gericht eine Vereinbarung vorlegen, dass ein Elternteil allein mit der Obsorge betraut wird. Die Eltern können dem Gericht eine Vereinbarung vorlegen, dass die Obsorge des Elternteils, bei dem das Kind nicht hauptsächlich wohnen soll, beschränkt wird. Jeder Elternteil kann bei Gericht die Aufhebung der gemeinsamen Obsorge beantragen. Mangels Einigung hat das Gericht nach dem Kindeswohl zu entscheiden wem die Obsorge zugesprochen wird.
Spätere Änderung der Obsorgeentscheidung, wenn **nur ein Elternteil**	Die Eltern können dem Gericht eine Vereinbarung vorlegen, wonach beide Eltern mit der Obsorge betraut werden, wobei sie sich in beiden Fällen einigen müssen, wo das Kind hauptsächlich wohnen wird.
obsorgeberechtigt war	Das Gericht kann dem anderen Elternteil die gesamte Obsorge zusprechen, wenn es das Kindeswohl erfordert.

	Außerdem kann das Gericht – wenn es das Kindeswohl zwingend erfordert – jederzeit die Obsorge entziehen und sie einer dritten Person zusprechen.

Eine entscheidende Frage nach Auflösung der Ehe (oder bei Trennung einer Lebensgemeinschaft) besteht darin, wer bekommt die Obsorge, weil dies mit dem der sehr wesentlichen Unterhalts- und Besuchsrechtsfrage verbunden ist.

Der Vorteil der **gemeinsamen Obsorge** besteht darin, dass die gemeinsame Verantwortung beider Elternteile für das Kind betont wird und sich kein Teil vom Kind abgedrängt fühlt. Der Nachteil der gemeinsamen Obsorge ergibt sich daraus, dass häufiger Streit zwischen den Eltern bezüglich der Kinder entstehen kann, wenn sie sich über verschiedene Punkte nicht einig sind und nicht nur ein Obsorgeberechtigter das Sagen hat. Das Gericht kann bei Nichteinigung der Eltern keine gemeinsame Obsorge festlegen. Außerdem kann auch bei gemeinsamer Obsorge jeder Elternteil einen Antrag auf Alleinobsorge stellen.

A. Obsorge nach Auflösung der Ehe durch Scheidung, Aufhebung oder Nichtigerklärung

Eine **gerichtliche Regelung** der Obsorge hat nach Auflösung der Ehe dann zu erfolgen, wenn sich die Eltern nicht einigen, wo das Kind in Hinkunft wohnen soll. Diesbezüglich können die Eltern dem Gericht eine Vereinbarung vorlegen, die von diesem zu genehmigen ist, wenn sie dem Wohl des Kindes entspricht. Kommt innerhalb angemessener Frist eine solche Vereinbarung nicht zustande, oder entspricht sie nicht dem Wohl des Kindes, so hat das Gericht eine Entscheidung zu treffen.

Ein **Kinderbeistand** ist eine neue Rechtseinrichtung, die seit 1. 7. 2010 zur Unterstützung Minderjähriger unter 16 Jahren für Obsorge- und Besuchsrechtsverfahren gleichsam als deren „Sprachrohr“ beigegeben werden kann (Kinderbeistands-Gesetz; BGBl. I 2009/137).

Eine Entscheidung, wem die Obsorge für das Kind künftig allein zukommen soll, ist – allerdings nur auf Antrag eines Elternteils – auch dann zu fällen, wenn die Eltern zwar nicht geschieden sind, aber doch (nicht bloß vorübergehend) getrennt leben.

Bei einer Auflösung der Ehe oder einer dauerhaften Trennung der Eltern (auch wenn sie unverheiratet sind) – kann seit dem 1. 7. 2001 aufgrund des KindRÄG 2001 – die **gemeinsame Obsorge der Eltern** aufrecht bleiben, wenn sie dem Gericht eine **Vereinbarung** vorlegen oder eine solche vor Gericht schließen, wo sich das Kind hauptsächlich aufhalten soll.

- Dieser Elternteil muss immer mit der gesamten Obsorge betraut sein.
- Nur dieser Elternteil hat Anspruch auf Kindesunterhalt und Auszahlung der Familienbeihilfe.
- Es kann weiters vereinbarungsgemäß die Obsorge eines Elternteils auf einen Teil beschränkt werden, z.B. auf die Vermögensverwaltung, Schulangelegenheiten oder medizinische Betreuung des Kindes.

Als **hauptsächlicher Aufenthalt** des Kindes gilt, wo das Kind seinen Lebensmittelpunkt hat, ein sogenanntes „Heim erster Ordnung“.

HINWEIS

Eine Vereinbarung, dass das Kind etwa gleich viel Zeit bei jedem Elternteil verbringen soll, entspricht daher nicht dem Gesetz.

Das **Pflegschaftsgericht** hat über die Genehmigung der Vereinbarung zu entscheiden. Vor dieser Entscheidung ist das Kind zu hören; ist es über vierzehn Jahre alt, ist das Kind selbständig verfahrensfähig. Die Genehmigung der Vereinbarung ist zu versagen, wenn sie dem Gesetz oder dem Wohl des Kindes widerspricht. Gelingt es den Eltern nicht eine genehmigungsfähige Vereinbarung vorzulegen, hat das Gericht von Amtswegen einen Elternteil mit der alleinigen Obsorge zu betrauen.

Wenn die Eltern außer dem hauptsächlichen Aufenthalt des Kindes nichts anderes vereinbaren, bleibt dem Elternteil, bei dem sich das Kind nicht hauptsächlich aufhalten soll, ebenfalls die gesamte Obsorge, womit er das Kind nach außen voll vertreten kann. Beide Elternteile haben dann **einvernehmlich** vorzugehen. Das bedeutet, wie bei aufrechter Ehe, Angelegenheiten, die über das Übliche hinausgehen und das Kind betreffen, sind mit dem anderen Elternteil vorher zu erörtern. Dies setzt voraus, dass der andere Elternteil zeitgerecht zu erreichen ist. Bei Meinungsverschiedenheiten kann, wie bei aufrechter Ehe, das Pflegschaftsgericht angerufen werden.

Angelegenheiten, die **über das Übliche hinausgehen,** sind im § 154 Abs. 2 und 3 ABGB erschöpfend aufgezählt. Nach Abs. 2 ist für die Rechtswirksamkeit die Zustimmung des anderen Elternteils und für jene nach Abs. 3 die Zustimmung des Gerichts erforderlich.

Nur bei der Bestimmung des Aufenthaltes des Kindes hat der Elternteil, bei dem sich das Kind hauptsächlich aufhalten soll, das Recht selbständig zu entscheiden. Gefährdet eine solche Entscheidung das Wohl des Kindes, kann der andere Elternteil das Gericht anrufen (z.B. der Elternteil will mit dem Kind in ein Kriegsgebiet ziehen).

B. Obsorge bei nicht bloß vorübergehender Trennung der Ehegatten ohne Scheidungsabsicht

Hier wird das Gericht im Gegensatz zur Auflösung der Ehe **nur auf Antrag** tätig, sonst gilt das oben Angeführte. Das bedeutet, wenn sich Ehegatten ohne Scheidung dauerhaft trennen, bleibt die bisherige Obsorge aufrecht. Den Eltern steht es aber frei eine Vereinbarung über eine Alleinobsorge, eine gemeinsame volle Obsorge oder gemeinsame Obsorge, wobei die Obsorge eines Elternteiles beschränkt ist, dem Gericht zur Genehmigung vorzulegen. Für die beiden zuletzt genannten Begehren müssen sie sich auf einen hauptsächlichen Aufenthalt des Kindes einigen. Es kann auch jeder Ehegatte einen Antrag an das Gericht stellen ihn mit der Obsorge zu betrauen.

C. Obsorge bei unehelichen Eltern

Leben die Eltern des Kindes in **häuslicher Gemeinschaft,** so können sie vereinbaren, dass in Hinkunft beide Elternteile mit der Obsorge betraut sind. Das Gericht hat die Vereinbarung zu genehmigen, wenn sie dem Wohl des Kindes entspricht. Hebt ein Elternteil die häusliche Gemeinschaft nicht bloß vorübergehend auf, so gilt das oben für die dauerhafte Trennung von Ehegatten Gesagte, mit der Ausnahme, dass das Gericht **von Amtswegen** einen Elternteil die alleinige Obsorge zuweisen muss, wenn die Eltern sich nicht über den hauptsächlichen Aufenthalt des Kindes einigen.

Leben die Eltern **nicht in häuslicher Gemeinschaft,** so können sie vereinbaren, dass in Hinkunft auch der Vater ganz oder in bestimmten Angelegenheiten mit der Obsorge betraut ist, wenn sie dem Gericht eine Vereinbarung darüber vorlegen, bei welchem Elternteil sich das Kind hauptsächlich aufhalten soll. Soll sich das Kind hauptsächlich im Haushalt des Vaters aufhalten, so muss dieser immer mit der gesamten Obsorge betraut sein.

HINWEIS

Eine Übertragung der Obsorge von der Mutter auf den Vater unmittelbar nur durch Vereinbarung ist rechtsunwirksam.

D. Obsorgeverfahren vor Gericht

Nach einer streitigen Scheidung kann z.B. das Muster eines Antrages auf alleinige Obsorge wie folgt lauten:

Muster auf Antrag der alleinigen Obsorge

An das Bezirksgericht ...

Pflegschaftssache:	Minderjähriger Kurt Abt, geb. 1. 5. 2010
Antragstellerin:	Eva Abt, Hausfrau, Anschrift: ...
Antragsgegner:	Horst Abt, Lehrer, Anschrift: ...

wegen: Übertragung der Obsorge

Meine Ehe mit Horst Abt wurde am 3. 6. 2011 mit Urteil des Bezirksgerichts ... Aktenzahl ... geschieden. Aus der Ehe stammt der minderjährige Kurt Abt, der seit der Geburt von mir bestens betreut wird und sehr an mir hängt. Der Vater, Horst Abt, kümmert sich nur zeitweise um unseren Sohn.

Beweis: Helga Rim, Beruf ..., Anschrift: ...

Über den hauptsächlichen Aufenthalt unseres Sohnes konnten wir uns nicht einigen.

Es entspricht dem Wohl des Kindes, bei mir zu verbleiben.

Ich stelle daher den

Antrag,

mir die Obsorge für den minderjährigen Kurt Abt allein zuzusprechen.

Dieser Antrag sollte dann gestellt werden, wenn keine Übereinstimmung über den hauptsächlichen Aufenthalt des Kindes zustandekommt, da sonst das Gericht von Amts wegen, innerhalb angemessener Frist, das Obsorgeverfahren einleitet (§ 177a ABGB).

Wenn Einvernehmen zwischen den Eltern über den hauptsächlichen Aufenthalt des Kindes besteht, ist es im Normalfall unzweckmäßig einen Anwalt in Obsorge- und Besuchsrechtsangelegenheiten zu beschäftigen, da dieser Antrag bei Gericht zu Protokoll oder schriftlich von den Eltern gestellt werden kann. Es ist keine prozessuale Frist einzuhalten. Wenn man aber zu lange wartet (über mehrere Wochen), wird das Gericht von sich aus tätig.

Sinngemäß kann ein solcher Antrag auch gestellt werden, wenn sich ein Ehepaar – ohne Scheidungsabsicht – dauerhaft trennt. Es ist dann statt der Scheidung dem Gericht die dauerhafte Trennung bekanntzugeben und auszuführen, warum der Antragsteller mit der alleinigen Obsorge betraut werden soll.

> **HINWEIS**
>
> Immer wieder kommt es in Scheidungs- oder Obsorgeverfahren leider dazu, dass die Parteien versuchen, einander gegenseitig als „schlechte Mutter" oder „schlechten Vater" darzustellen. Solchen Untergriffen kann man am besten dadurch begegnen, dass man glaubwürdige Zeugen benennt, die möglichst nicht in einem engen Verwandtschafts- oder Naheverhältnis stehen (Nachbarn, Lehrer, Kindergartenpersonal, Hausarzt).

Es ist schrecklich, wenn die Eltern im Scheidungsfall um die Kinder streiten. Jedes Kind liebt von Haus aus beide Elternteile, und es zerreißt dem Kind das Herz, die Eltern streiten zu sehen. Meist werden die Kinder noch in den Streit hineingezogen. Es ist hier daher sehr behutsam vorzugehen.

Das **Leiden des Kindes** durch eine Scheidung oder Trennung der Eltern vor, während und nach einem so tiefgreifenden Ereignis wird leicht übersehen. Das Kind scheint durch andere Aktivitäten mit Freunden ausgelastet zu sein. All diese Aktionen werden aber vom Kind mit der Gewissheit erlebt, eine stabile Familie im Hintergrund zu haben. Gerade diese Basis droht aber verlorenzugehen oder geht wirklich verloren. Oft zeigt sich beim Kind ein Leistungsabfall in der Schule, Schlafstörungen, Nägelbeißen, Bettnässen, und weitere Verhaltensstörungen.

Dabei sind sichtbare Symptome (allein) keine hinreichenden Anzeichen für eine Psychoanalyse, ob und in welchem Ausmaß ein Kind belastet ist. Es ist zu fragen

- wie erlebt das Kind die Scheidung (auch unbewusste Bedeutung)
- wie bewältigt das Kind die Scheidung (Abwehrprozesse des Kindes)
- was bedeutet dies für die weitere Entwicklung des Kindes.

Diese Gedanken sollten die Eltern vom Problem, wer Recht hat, zur Einsicht führen, dass es sich um ein Problem aller Betroffenen handelt, das es gemeinsam – und sei es mit professioneller Hilfe – zu lösen gilt (Univ. Dozent Dr. Helmut Figdor).

Aufgrund eines Obsorgeantrags wird der Pflegschaftsrichter eine **Stellungnahme des Jugendamts** einholen und die Eltern und das Kind, wenn es über zehn Jahre alt ist, zu Gericht laden. Bei Kindern unter zehn Jahren hängt es vom Ermessen des Richters ab, ob er sie zu Gericht bringen lässt oder deren Anhörung durch das Jugendamt verfügt.

Die **Anhörung des Kindes** unterbleibt, wenn durch sie oder durch den Aufschub das Wohl des Minderjährigen gefährdet oder eine überlegte Äußerung nicht zu erwarten ist. Das Kindeswohl kann auch durch einen Loyalitätskonflikt gefährdet werden.

Dazu Kinderpsychiater Univ.-Prof. Dr. Max Friedrich: Richterliche und gutachtliche Anhörung und elterliche Manipulationsversuche und anwaltliche Ratschläge können dem Kind Schockerlebnisse bereiten, die sich an der Grenze der Kindeswohlgefährdung und zum Missbrauch bewegen. Loyalitätskonflikte, durch elterliche Versuche das Kind auf die jeweils andere Seite zu ziehen, führt bei Kindern zu inneren Spannungen, die zur großen psychischen Belastung wird, zur Angst einen oder beide Elternteile zu verlieren und zu Gewissenkonflikten.

Bei der **Befragung des Kindes** im Richterzimmer geht der Richter behutsam vor. Die Eltern stellen das Kind dem Richter vor. Der Richter versucht, mit dem Kind ins Gespräch zu kommen, um sein Vertrauen zu gewinnen. Sodann sollte der Richter die Eltern aus dem Zimmer schicken und das Kind ohne Beisein dritter Personen befragen, ob es sich darüber äußern wolle, bei welchem Elternteil es wohnen bzw. wann es den anderen Elternteil besuchen wolle. Die Antworten des Kindes werden protokolliert und dann die Eltern ins Richterzimmer geholt und ihnen das Ergebnis vorgelesen.

HINWEIS

Ihre Chancen, die Obsorgeberechtigung zu erhalten können Sie also nur durch besonders viel Zuwendung und Zeit für das Kind verbessern, damit dieses von sich aus zu Ihnen kommen will. Der von vernünftigen und glaubhaften Gründen getragene Wille des einsichts- und urteilsfähigen Kindes ist im Obsorgeverfahren von Bedeutung, ab dem 14. Lebensjahr sogar von großer Bedeutung; allerdings nicht allein ausschlaggebend wie beim Besuchsrecht.

Falls dies wegen der verhärteten Fronten sachdienlich sein sollte, kann der Richter auch mit Vater und Mutter Gespräche ohne Beisein des anderen führen, wobei jeweils der andere vor dem Richterzimmer warten muss.

Weitere Erkenntnisquellen für das Gericht können Stellungnahmen der Jugendgerichtshilfe bzw. der Familiengerichtshilfe sein. Das sind Experten (Sozialarbeiter, Psychologen oder Pädagogen), die sich zu den Lebensumständen und relevanten Fragen äußern.

Bei besonders schwierigen Fällen kann der Richter auch ein **psychologisches** oder **psychiatrisches Gutachten** eines Sachverständigen einholen.

Solche Gutachten prüfen nicht nur die Erziehungsfähigkeit und Persönlichkeit beider Elternteile, sondern auch das Naheverhältnis zum Kind sowie dessen Entwicklungs- und Gesundheitszustand. Ist die Betreuung beim Elternteil, bei dem es bisher gelebt hat, klaglos, kommt eine Obsorgezuteilung an den anderen Elternteil nur in Frage, wenn dieser für die Obsorge wesentlich besser geeignet erscheint oder das Kind einen Obsorgewechsel dringend wünscht.

Dieses Gutachten ist von überragender Bedeutung für die Obsorge- und Besuchsrechtsentscheidung, weil sich Richter meist – sofern es schlüssig ist – danach richten. Das Gutachten hat jedoch nur die **medizinischen bzw. psychologischen Gegebenheiten** zu beschreiben und wissenschaftlich nachvollziehbar zu begründen. Das heißt, die Psyche von Kind und Eltern bzw. die medizinischen Auswirkungen auf den gegenwärtigen und künftigen Zustand durch die Obsorge- und Besuchsrechtsentscheidung. Das bedeutet, es darf nur die **Grundlage für die Tatsachenfeststellungen**, **nicht aber die rechtliche Beurteilung** (= Entscheidung) enthalten. Diese bleibt dem Gericht vorbehalten. Wenn das Gutachten unrichtig ist, kann es angefochten oder ein anderer Sachverständiger beantragt werden.

Die Kosten eines solchen Gutachtens können einige hundert Euro ausmachen. Sie sind – nach unterschiedlicher Rechtsprechung – von demjenigen zu tragen, der das Gutachten beantragt hat oder in dessen Interesse es eingeholt wurde oder was oft am gerechtesten erscheint – von beiden Elternteilen je zu Hälfte (Zak 2008/229). Ein Nachteil dieser Gutachten liegt darin, dass sie die Gerichtsverfahren oft erheblich verzögern.

Sowohl der Sachverständige als auch ein Jugendamtsmitarbeiter können wegen Befangenheit **abgelehnt** werden.

TIPP:

Bereiten Sie sich auf die Befragung durch den Sachverständigen sorgfältig vor: keine Übertreibungen, nicht den Partner ungerechtfertigt heruntermachen, weil keiner fehlerlos ist, Schwächen möglichst nicht zeigen und sich als positiv denkender Mensch präsentieren, der seinen Aufgaben gewachsen ist. Jedenfalls sollte man Antworten auf Fragen des Sachverständigen über die künftige Lebensgestaltung mit seinem Kind bereit haben. Günstig ist es auch, bereits vor der Vernehmung eine schriftliche Sachverhaltsdarstellung zum Akt zu geben, denn alles was im Akt ist, muss bewertet werden. Daher auch im gesamten Gerichtsverfahren darauf bestehen, dass alle wesentlichen Vorfälle und Einwendungen schriftlich im Akt aufscheinen. Widrigenfalls ein handgeschriebenes Blatt mit dem gewünschten Inhalt dem Gerichtsprotokoll beilegen.

Minderjährige, die das **14. Lebensjahr vollendet** haben, haben in Obsorge- und Besuchsrechtsverfahren, nicht aber Unterhaltsverfahren, ein selbständiges, von den Eltern unabhängiges Verfahrensrecht. Dazu gehört auch das Recht in diesen Bereichen selbst einen Antrag auf Einleitung des Verfahrens zu stellen.

Stellen ein über 14-Jähriger und dessen gesetzlicher Vertreter (z.B. die Eltern) voneinander **abweichende Sachanträge,** so hat sich das Gericht mit beiden Anträgen zu befassen und jene Entscheidung zu treffen, die dem Wohl des Minderjährigen am besten entspricht. Dem Minderjährigen sind Beschlüsse über die Obsorge und Besuchsrecht persönlich zuzustellen.

Stellt ein über 14-Jähriger selbst einen Antrag, der sich auf das Obsorge- oder Besuchsrechtsverfahren bezieht, so hat ihm das Gericht nicht nur **Rechtsbelehrung** zu erteilen, sondern ihn auch zu einem zweckdienlichen Vorbringen **anzuleiten,** z.B. zu notwendigen Maßnahmen, die seinen Standpunkt stützen und ihm Verfahrenshandlungen zu **erläutern.**

Es steht ihm auch das Recht auf Verfahrenshilfe (siehe Kapitel I/C) und je nach Schwierigkeit des Falles auf Beistellung eines Rechtsanwaltes zu. Bei der Verfahrenshilfe kommt es auf die Vermögensverhältnisse des Unterhaltspflichtigen (z.B. des Vaters) an. Im Revisionsverfahren (siehe Kapitel I) ist eine Vertretung durch einen Rechtsanwalt zwingend.

Fehlt dem Minderjährigen, obwohl er bereits das 14. Lebensjahr vollendet hat, trotzdem die **Einsichts- und Urteilsfähigkeit,** so kann das Gericht dies von Amts wegen oder auf Antrag eines Elternteils feststellen. Das bewirkt, dass dem über 14-jährigen Minderjährigen in diesem Fall keine eigene Verfahrensfähigkeit zukommt (siehe III/E).

HINWEIS

Nach der neueren Rechtsprechung sind Kinder über 14 Jahren grundsätzlich nicht zu einer Obsorgeregelung zu zwingen.

Wenn nicht schwerwiegende Bedenken gegen den Verbleib der Kinder bei der Mutter sprechen, weil diese als psychisch Kranke, Kriminelle, Alkoholikerin, Drogensüchtige oder aus sonstigen Gründen zur Erziehung derselben ungeeignet ist, werden insbesondere **Kleinkinder** eher der Mutter zugesprochen; dabei wird bisweilen auch eine mangelhafte Betreuung des Kindes toleriert.

Dem Vater wird das Kleinkind zugesprochen, wenn nachvollziehbar ist, dass ein weiterer Aufenthalt des Kindes bei der Mutter das Kind gefährden würde.

Eine weitere Möglichkeit besteht für den Vater darin darzulegen, dass er durch starke gemeinsame Erlebnisse einen besonderen Bezug und einen besonderen Stellenwert im Leben des Kleinkindes hat, bei größeren Kinder können es Erlebnisse wie Sport, Abenteuer etc sein.

Bei **größeren Buben,** die zum Vater wollen, hat auch der Vater Chancen die Obsorge zu bekommen. Noch mehr steigen die Chancen, wenn die Mutter mit der Erziehung eines aufsässigen Teenagers nicht mehr zurecht kommt.

Grundsätzlich gibt es jedoch **kein gesetzliches Vorrecht** eines Elternteiles auf Zuspruch der Obsorge für das Kind. Von großer Bedeutung ist jedenfalls, *zu welchem Elternteil das Kind eine tiefere Bindung hat* *und wer voraussichtlich die mit der Obsorge verbundenen Rechte und Pflichten besser erfüllen wird.*

Vor einer Obsorgeentscheidung sind mehrere unterschiedliche Kriterien zu klären, die durch das Kindeswohl innerlich zusammenhängen. Keines dieser Kriterien muss einen Vorrang vor den anderen haben. Außerdem können sich diese Kriterien im konkreten Fall gegenseitig verstärken oder sich aufheben.

Aufzählung von Kriterien, die für die Obsorge entscheidend sein können:

Es sollte sichergestellt bzw. erwartbar sein:

- Grundversorgung samt notwendiger finanzieller Basis;
- eine gute Betreuung;
- eine gegenseitige innere Bindung des Kindes und der Bezugsperson
- Stabilität der Erziehungsverhältnisse;
- Schutz und Sicherheit;
- dass Kindern ein Erziehungswechsel erspart bleibt;
- Erfüllung des Kinderwunsches im Rahmen des Kindeswohls;
- Unterstützung für den Aufbau der Persönlichkeit des Kindes (fördern ohne zu überfordern;
- eine verlässliche, möglichst gleichmäßig reagierende Bezugsperson;
- die Eigenschaft das Kind eher aus dem Partnerschafts- und Scheidungsstreit herauszuhalten;
- die Eigenschaft, zu verstehen, dass das Kind zur Weiterentwicklung Kontakt und abgrenzende Auseinandersetzung zum anderen Elternteil braucht;
- dass dieser Elternteil eher bereit und fähig ist, Besuchsrecht und Kontakte zum anderen Elternteil zu fördern;
- dass dieser Elternteil fähiger ist dem Kind bei der Bewältigung der jeweiligen altersspezifischen Lebensprobleme beizustehen und nötigenfalls fachkundige Hilfe in Anspruch zu nehmen;

- dass dieser Elternteil das Kind weniger mit seinen eigenen Problemen belastet;
- dass dieser Elternteil eher einsieht und akzeptiert, dass er auch einen eigenen Anteil am Scheitern der Beziehung und an der diesbezüglichen Belastung des Kindes hat;
- dass dieser Elternteil auch in Zukunft eher bereit ist im Einvernehmen Lösungen in Obsorge- und Besuchsrechtsfragen zu erarbeiten und sich an Vereinbarungen zu halten;
- dass innere Werte, Einstellungen, Regeln und Vorschriften vermittelt und vorgelebt werden, ohne dass sie gleichzeitig als unabänderlich betrachtet, sondern kritisch zu hinterfragen sind;
- Kritikfähigkeit am eigenen Verhalten;
- dass bei Durchsetzung von eigenen Interessen auf das Kind Bedacht genommen und auf Gewalt sowie Ausübung von Druck verzichtet wird;
- dass das Kind eher bei dem Elternteil bleiben sollen, der die Ehewohnung erhält,
- dass die Pflege durch einen Elternteil der Pflege durch andere vorzuziehen ist und
- dass Geschwister möglichst nicht getrennt werden sollen.

Ungeeignet zur Obsorge ist insbesondere:

- wer das Kind als Waffe oder Krücke einsetzt;
- wer um das Kind in erster Linie wegen Unterhaltszahlungen und der eigenen Versorgung kämpft;
- wer das Kind zur Parteinahme negativ beeinflusst;
- wer Besuchsrecht und Kontaktaufnahme verhindert;
- wer mit Selbstmord oder Entführung droht.

Als **Leitlinie** für alle Entscheidungen, die Kinder betreffen, dient das **Wohl des Kindes** (siehe Kapitel IV/A). Demnach ist auf die Persönlichkeit und die Bedürfnisse des Kindes Bedacht zu nehmen, ebenso sind seine Anlagen, Fähigkeiten, Neigungen und Entwicklungsmöglichkeiten zu berücksichtigen und, ob versucht wird, ein Kind gegen den anderen Ehepartner aufzuhetzen und es auf die eigene Seite zu ziehen.

Wenn ein Gatte schon vermeint, seinem Ehepartner schwere Verfehlungen anlasten zu müssen, so sollte er wenigstens die Kind-Mutter- oder Kind-Vater-Beziehung respektieren und dem Kind zuliebe diese Beziehung aus dem Streit heraushalten.

Es bedarf bei Gericht einer besonderen Einfühlung, um zu entscheiden, welche Lösung für das Kind die beste ist. Jeder Elternteil sollte sich vor einer derartigen Entscheidung prüfen, ob er bei seinem Anliegen nicht von egoistischen Motiven geleitet wird.

Gegen die Entscheidung des Pflegschaftsgerichts ist binnen vierzehn Tagen ein **Rekurs** an das Landesgericht möglich (Muster Kapitel I/C). Gegen dessen Entscheidung kann bei Vorliegen erheblicher Rechtsfragen **Revisionsrekurs** beim Obersten Gerichtshof erhoben werden.

HINWEIS

Nach rechtskräftiger Zuteilung der Obsorge stellt die Entziehung des Kindes aus der Obsorge durch den anderen Elternteil, dem die Obsorge nicht zugesprochen wurde, grundsätzlich eine strafbare Handlung dar.

Zum Verfahren siehe auch Kapitel I/C.

Geht die Obsorge auf eine andere Person über, so sind alle Sachen, die dem Kind gehören oder es betreffen, an die obsorgeberechtigte Person zu übergeben. Bei berechtigtem Misstrauen empfiehlt sich für die **Herausgabe von Vermögen und Urkunden**, die dem Kind gehören, etwa folgende Vereinbarung:

Muster einer Übergabevereinbarung

In der Pflegschaftssache des mj. ..., geb. am ... verpflichtet sich der Vater ... der Mutter ... folgende, dem mj. ... gehörige Sachen ... bis spätestens ... zu übergeben.

e.h. Unterschriften

E. Übertragung der Obsorge an die Pflegeeltern

Können oder wollen die Eltern die Obsorge nicht ausüben, können auch die Pflegeeltern die Übertragung der Obsorge an sie beantragen, wenn:

- zwischen ihnen und dem Kind eine dem Verhältnis zwischen leiblichen Eltern und Kindern nahekommende Beziehung besteht (ein intensives Naheverhältnis herrscht);
- das Pflegeverhältnis nicht nur für kurze Zeit beabsichtigt ist und
- die Übertragung dem Wohl des Kindes entspricht.

Vor einer solchen Entscheidung sind unter anderem die Eltern des Kindes zu hören, gegen deren Willen die Übertragung der Obsorge nur in Ausnahmefällen stattfinden kann. Außerdem muss das Pflegschaftsgericht unbedingt das betroffene Kind, wenn es zumindest zehn Jahre alt ist, befragen. Jüngere Kinder sind zu hören, sofern dadurch nicht ihr Wohl gefährdet wird.

Näheres zu Pflegeeltern siehe Kapitel XVI.

F. Entziehung oder Einschränkung der Obsorge

Die Entziehung oder Einschränkung der Obsorge setzt voraus, dass entweder das Kindeswohl gefährdet ist oder sich die Umstände wesentlich geändert haben und/oder es dem Wunsch des Kindes entspricht oder bei Uneinigkeit der Eltern in einer wichtigen, das Kind betreffenden Sache (§ 176 ABGB).

Ist das **Wohl des Kindes gefährdet,** hat das Gericht jederzeit die für das Kindeswohl notwendigen Verfügungen zu treffen, z.B. die Obsorge dem bisherigen Erziehungsberechtigten zu entziehen und sie dem anderen Elternteil zu übertragen. Die anlässlich der Scheidung einvernehmlich oder gerichtlich getroffene Entscheidung, bei welchem Elternteil ein Kind verbleibt, ist daher nicht endgültig. Wie das nachstehende Beispiel aus der Praxis zeigt, muss nicht unbedingt das Wohl des Kindes gefährdet sein, sondern es genügt dafür manchmal, wenn sich die **Verhältnisse erheblich geändert** haben und ein Wechsel der Erziehungsberechtigung im Interesse des Kindes gelegen ist.

Beispiel:

Die Eltern des neunjährigen Thomas und der sechsjährigen Andrea sind geschieden. Anlässlich der Scheidung vereinbarten die Eltern, dass die Obsorge allein dem Vater zusteht. Der Mutter wurde ein jederzeitiges uneingeschränktes Besuchsrecht eingeräumt.

Ungefähr ein Jahr nach der Scheidung stellte die Mutter den Antrag auf Zuspruch der Obsorge mit hauptsächlichem Aufenthalt bei ihr, damit ihr die Kinder in Pflege und Erziehung übergeben werden. Sie begründete den Antrag damit, dass sie anlässlich der Scheidung dem Verbleib der Kinder beim Vater nur deshalb zugestimmt habe, weil sie damals in unzumutbaren Wohnverhältnissen lebte und ihr ein uneingeschränktes Besuchsrecht zugesagt wurde. Inzwischen habe sie mit ihrem zweiten Ehemann eine große Wohnung bezogen, in der jedes Kind ein eigenes Zimmer haben könne. Außerdem habe der Vater bei Gericht eine Einschränkung des Besuchsrechts beantragt.

Das Gericht gab dem Antrag der Mutter statt und übertrug der Mutter die Obsorge, mit Hauptaufenthalt beider Kinder bei ihr. In der Begründung für diese Entscheidung wurde ausgeführt:

„Beide Elternteile haben nach der Scheidung neuerlich geheiratet. Die Betreuung der Kinder ist sowohl beim Vater und dessen Familie als auch bei der Mutter und deren Familie einwandfrei und lässt eine gute Entwicklung der Kinder erwarten. Beide Kinder haben beide Elternteile und deren nunmehrige Ehepartner sehr gerne.

Allerdings sprachen beide Kinder den Wunsch aus, zur Mutter zu kommen, da der Vater strenger sei und sehr schnell zu „schreien“ anfängt. Die Mutter hat als Volksschullehrerin mehr Zeit für die Kinder als der Vater, der Landesbeamter ist.

Durch die nunmehrige Wohnversorgung der Mutter haben sich die Pflege und Erziehungsverhältnisse bei dieser wesentlich verbessert. Für ein volksschulpflichtiges Kind wie Andrea ist die Betreuung durch die Mutter am günstigsten. Beim zwischenzeitig elfjährigen Thomas ist bereits dessen Wille, zur Mutter zu kommen, zu beachten. Außerdem sollen Geschwister nur bei Vorliegen besonderer Gründe getrennt werden. Nicht zu berücksichtigen, ist der Umstand, dass die Mutter das Verschulden am Zusammenbruch der Ehe trifft.“

Im aufgezeigten Fall kam es zu einer Gesamtabwägung, wobei der Wille des unmündigen Kindes den Ausschlag gegeben hat. Es wäre aber auch eine gegenteilige Gerichtsentscheidung begründbar.

HINWEIS

Missstände kann jeder bei Gericht oder Jugendamt anzeigen.

Beispiel:

Nachbarn bemerken, dass der Erziehungsberechtigte offensichtlich unter Alkohol- oder Drogensucht leidet oder dass durch mangelhafte Betreuung beim Kind gesundheitliche Schäden, Schulrückstände oder Verwahrlosung entstehen, bzw. dass das Kind geschlagen oder sexuell missbraucht wird.

HINWEIS

Bei Nichteinigung der Eltern in einer wichtigen Angelegenheit (z.B. die Schulwahl) kann jeder Elternteil das Gericht um die nötige Verfügung ersuchen.

Welche Maßnahmen das Gericht in diesen Fällen ergreift, hängt vom Einzelfall ab.

Das Gericht kann dabei gesetzliche Zustimmungs- und Einwilligungsrechte der Eltern diesen entziehen oder ersetzen. Es kann auch die Obsorge teilweise oder gänzlich entziehen, wenn dies unbedingt notwendig ist.

Beispiel:

Die Eltern sind Zeugen Jehovas und verweigern eine unbedingt notwendige Bluttransfusion bei ihrem Kind. Hier wird das Gericht dafür Sorge tragen, dass die lebensrettende Bluttransfusion dennoch durchgeführt wird.

Die gesetzliche Vertretung kann auch dann entzogen werden, wenn der Erziehungsberechtigte die übrigen Pflichten erfüllt. Die Entziehung der Pflege, Erziehung oder Vermögensverwaltung umfasst auch jene der gesetzlichen Vertretung in diesem Bereich.

Wenn ein Minderjähriger gegen den Willen der Erziehungsberechtigten gänzlich aus seiner bisherigen Umgebung zu entfernen ist und er nicht bei Verwandten oder geeigneten nahestehenden Personen untergebracht werden kann, ist die Obsorge dem Jugendwohlfahrtsträger ganz oder teilweise zu übertragen. Dieser kann sich bei der Ausübung der Obsorge Dritter (z.B. Pflegeeltern oder eines Heimes) bedienen.

Wenn der nicht Obsorgeberechtigte z.B. unberechtigterweise das Kind aus dem Kindergarten abholt, drohen ihm die **Zwangsmittel** des § 79 AußStrG (z.B. Geldstrafe) und Einschränkung des Informationsrechts.

Weitere **Beispiele für die Entziehung der Obsorge**:

- Wegen Gefährdung des Kindeswohls
  - Misshandlung, Gewalt und Vernachlässigung eines Kindes außer bei einmaliger Entgleisung;
  - Gefahr für die Grundversorgung (z.B. notwendige medizinische Behandlung);
  - Straffälligkeit, außer Verhalten gefährdet das Kind nicht;
  - eigene Interessen schädigen das Kind massiv;
  - massive Ablehnung des Obsorgeberechtigten durch das (zumindest beinahe) mündige und einsichtsfähige Kind oder zumindest dessen unbeeinflusster Wunsch;
  - mangelhafte Förderung und Probleme in der Ausbildung des Kindes;
  - Unterhalt für das Kind wird nicht widmungsgemäß verwendet, außer es besteht dadurch keine Gefährdung des Kindes;
  - Übersiedlung in bestimmten Fällen, etwa in die **ausländische Heimat** mit völlig anderem religiösen und kulturellen Hintergrund. Zur Abklärung der Kindeswohlgefährdung ist die kulturelle Verwurzelung zum anderen Kulturkreis zusätzlich zu berücksichtigen. Diese könnte schwerer wiegen

als ungünstige wirtschaftliche Verhältnisse oder schlechtere Entwicklungsmöglichkeiten des Kindes im Heimatland oder der Herkunftsfamilie.

- Allerdings findet der Respekt vor fremder Kultur oder religiöser Tradition seine Grenzen, wenn fundamentale Rechte und Interessen des Kindes bedroht sind, z.B. durch große Beschränkung der Entwicklungsmöglichkeiten, Zwang, Gewalt oder rituelle Körperverletzungen. Hierher gehören auch der willkürliche Abbruch gewachsener intensiver Beziehungen oder gewaltsames Brechen des Kinderwillens. Die Grenzen der Toleranz überschreiten auch Maßnahmen entwürdigender Behandlung, grobe körperliche Züchtigung und soziale Isolierung.
- Im **Grenzbereich** liegen Fälle, in denen das Erziehungsvermögen der Eltern durch geistige Behinderungen eingeschränkt ist, wenn aus religiösen Gründen die Förderung des Kindes schwer vernachlässigt oder die ärztliche Behandlung verhindert wird bzw. lebensverlängernde Maßnahmen nicht erfolgen.

- Wegen Änderung wesentlicher Umstände
  - Nur wenn besonders wichtige Gründe eine beachtliche Verbesserung der Lage und der Zukunftserwartung des Kindes im Vergleich zum Zeitpunkt der Obsorgezuteilung bringen (EF 89.787).
- Uneinigkeit der Obsorgeberechtigten in den in Kapitel IV/M angeführten wichtigen Kindes- Angelegenheiten (z.B. Wahl des Vornamens).

Vorläufige Maßnahmen

Das Gericht kann (einstweilig) die Obsorge und das Besuchsrecht auch als vorläufige Maßnahme einräumen oder entziehen, wenn besondere Umstände eine umgehende Entscheidung verlangen (EF 81.220), weil etwa eine akute und konkrete Gefahr für das Kind ein sofortiges Eingreifen erfordert (EF 104.323), z.B. sexueller Missbrauch, drohende Entführung oder Gewalt.

Wegen der Dringlichkeit sind nur die nötigsten Beweisaufnahmen durchzuführen. Unzulässig sind vorläufige Maßnahmen, wenn bereits eine deckungsgleiche Maßnahme vom Jugendwohlfahrtsträger vorliegt.

Maßnahmen des Jugendwohlfahrtsträgers

Der Jugendwohlfahrtsträger ist das **Jugendamt** des jeweiligen Bezirkes. Die Jugendwohlfahrt kommt allen Minderjährigen zugute, die sich in Österreich aufhalten. Da Pflege und Erziehung in erster Linie der Familie zustehen, schreitet der Staat nur ein, wenn der Erziehungsberechtigte es wünscht oder unabhängig davon, wenn es notwendig ist (z.B. zum Schutz eines Kindes vor Gewalt oder seelischem Leid).

Bei Gefahr im Verzug kann der Jugendwohlfahrtsträger die erforderlichen Maßnahmen der Pflege und Erziehung vorläufig mit Wirksamkeit bis zur gerichtlichen Entscheidung selbst treffen; er hat jedoch innerhalb von acht Tagen die gerichtliche Entscheidung zu beantragen. Im Umfang der getroffenen Maßnahmen ist der Jugendwohlfahrtsträger vorläufig mit der Obsorge betraut.

Näheres zum Jugendwohlfahrtsträger siehe Kapitel XV.

Maßnahmen der Sicherheitsbehörde

Zum Schutz vor Gewalt in der Familie können die Organe des öffentlichen Sicherheitsdienstes (Polizei) bei gefährdenden Ereignissen den Täter aus der gemeinsamen Wohnung und deren unmittelbaren Umgebung wegweisen und die Rückkehr innerhalb einer bestimmten Frist und Kontaktaufnahme untersagen.

Das Gericht kann diesbezüglich umfangreichere Maßnahmen treffen (siehe Kapitel V/C).

Relevante gesetzliche Bestimmungen: §§ 144–177b, 178a 186, 186a ABGB; §§ 104–107 AußStrG; Bundesgesetz zum Schutz vor Gewalt in der Familie

X. UN-KINDERRECHTSKONVENTION UND DAS BUNDESVERFASSUNGS-GESETZ ÜBER DIE RECHTE VON KINDERN

Neben den dargestellten, in österreichischen Gesetzen festgeschriebenen, Rechten des Kindes gibt es auch einen Katalog des internationalen Kinderrechts nach der UN-Konvention über die Rechte des Kindes aus dem Jahr 1989. Dieser Kinderrechtskonvention ist Österreich 1992 beigetreten (BGBl. 1993/7). Sie gilt daher seit damals als **Bestandteil der österreichischen Rechtsordnung,** sodass österreichische Gesetze in strittigen Fällen (auch) im Sinne dieser Konvention auszulegen sind (z.B. das Besuchsrecht). Die Konvention selbst ist jedoch nicht unmittelbar anwendbar und schafft daher keinen unmittelbaren Anspruch des Kindes.

Am 16. 2. 2011 trat in Österreich das **Bundesverfassungsgesetz über die Rechte von Kindern** in Kraft, das sich auf die UN-Kinderkonvention stützt aber nur Teile davon übernimmt; mit dem Ziel, den Grundrechtsschutz von Kindern und Jugendlichen in Österreich zu verbessern.

Kinder im Sinne des Übereinkommens sind Personen unter achtzehn Jahren, soweit die Volljährigkeit nicht nach dem für das Kind geltendem Recht früher eintritt.

HINWEIS

Wenn das österreichische Recht für Kinder günstiger ist, geht es dem Übereinkommen vor.

Zweck des UN-Übereinkommens ist es, Kinder zu schützen und ihre gesunde und normale körperliche und geistige Entwicklung zu fördern. Unter anderem enthält die Kinderrechtskonvention das **Recht des Kindes auf: Leben; Schutz durch die Eltern; regelmäßige und unmittelbare Beziehung zu beiden Elternteilen; eigene Meinung; Nein zu sagen; Selbstbestimmung; Freiheit und Spiel; Bildung;**

Erholung; menschenwürdige Behandlung; Gleichbehandlung und Eigentum.

Die im Übereinkommen genannten Rechte des Kindes sind in der österreichischen Rechtsordnung weitgehend erfüllt. Das Recht „Nein" zu sagen, ist vor allem im Zusammenhang mit dem Schutz vor sexuellem Missbrauch von Bedeutung.

Zu beachten ist, dass die meisten Rechte nur grundsätzlich, das heißt mit Ausnahmen, gelten: nämlich nur so weit, als nicht das Kindeswohl oder eine Gefahr für die Allgemeinheit dagegen spricht. So ist z.B. das Recht auf Familie bei der vollen Erziehung oder die Selbstbestimmung durch Erziehungserfordernisse eingeschränkt.

Diese Gedanken finden sich auch im neuen österreichischen Bundesverfassungsgesetz über die Rechte von Kindern, das im Einzelnen als Rechte des Kindes anführt: **Schutz und Fürsorge, Entwicklung und Entfaltung, Wahrung seiner Interessen, Generationengerechtigkeit, Kindeswohl, Kindkontakt** zu beiden Elternteilen, **Verbot der Kinderarbeit, Kindesneigung, gewaltfreie Erziehung und Schutz des behinderten Kindes.** Den praktischen Wert dieses Gesetzes wird die Zukunft zeigen.

Relevante gesetzliche Bestimmungen: § 178a ABGB; BGBl. 1993/7; Bundesverfassungsgesetz über die Rechte von Kindern.

RECHTE & PFLICHTEN DES NICHTOBSORGEBERECHTIGTEN ELTERNTEILS

XI. BESUCHSRECHT

A. Allgemeines

Das Recht auf persönlichen Verkehr zwischen einem minderjährigen Kind und dem von ihm getrennt lebenden Elternteil ist ein **Grund- und Menschenrecht** (Art. 8 EMRK; EF 110.764); in erster Linie ein Kinderrecht und in zweiter Linie ein Elternrecht. Deshalb steht in Zweifel das Kindesinteresse vor den Eigeninteressen der Eltern, sodass in Ausnahmefällen – im Interesse des Kindes – einem Elternteil das Besuchsrecht versagt werden kann.

Ein Besuchsrecht besteht unabhängig von der Unterhaltspflicht. Das Besuchsrecht wird als so wichtig angesehen, dass der Europäische Gerichtshof ein **überlanges Besuchsrechtsverfahren** als Menschenrechtsverletzung verurteilt hat, weil dadurch, wegen der Entfremdung zwischen Elternteil und Kind faktische Verhältnisse geschaffen wurden (EGMR 21. 4. 2011, Appl. Nr. 41599/09). In diesem Sinn ist auch die Entscheidung Rs 1598/06, in der Österreich vom Menschenrechtsgerichtshof in Straßburg wegen der dreieinhalbjährigen Dauer eines Besuchsrechtsverfahrens verurteilt wurde und den Pflegeeltern, die das Besuchsrecht beantragt hatten, das Recht auf Entschädigung zugesprochen wurde.

Trotz der größten Bedeutung des Besuchsrechts sieht die Praxis leider häufig traurig aus. Nach einer Statistik aus dem Jahr 2011 sehen 40% aller Väter ihre Kinder nach der Scheidung nicht mehr. Oft ist der Elternteil, der die Erziehung des Kindes innehat, bestrebt, die Besuchsausübung zu verhindern. Es erfolgt dies aus Eifersucht, aus Hassgefühlen gegen den Exgatten oder aus verschiedenen anderen Gründen und ist selten gerechtfertigt. Oft besteht auch die Angst des Erziehungsberechtigten, dass der Umgang mit dem anderen Elternteil dem Kind schaden oder es entfremden könnte, oder ein nachteiliger Einfluss ausgeübt wird. Bisweilen wir das Kind auch bloß als Waffe gegen den anderen benützt. Eher selten sind die Fälle, in denen ein Elternteil von seinem Kind punkto Besuchsrecht nichts mehr wissen will; das bezieht sich eher auf Unterhaltszahlungen.

HINWEIS

Gemäß der Wohlverhaltensklausel ist der Elternteil, beim dem das Kind lebt, nicht nur verpflichtet, das Besuchsrecht zu ermöglichen, sondern muss auch auf das Kind dahingehend einzuwirken, dass es mit dem anderen Elternteil mitgeht.

Jedes Kind braucht für seine **natürliche Entwicklung** Vater und Mutter. Einerseits als Vorbild zur Nachahmung und andererseits um zu lernen sich absetzen zu können. Etwa ab der ödipalen Phase (zwischen dem 4. und 6. Lebensjahr) braucht der Sohn den Vater, so wie die Tochter die Mutter, um dieses Verhalten auch am andersgeschlechtlichen Elternteil „üben“ zu können.

Darüber hinaus werden der Schmerz und der Nachteil, den die Scheidung der Eltern für das Kind mit sich bringt, noch verdoppelt, wenn das Kind durch eine Verhinderung des Besuchsrechtes grundlos zum „Halbwaisen“ gemacht wird. Überraschen sie ihr Kind positiv, indem sie z.B. anlässlich einer Besuchsrechtsübergabe des Kindes eine Schale Tee zusammen mit dem Expartner trinken; dies kann für das Kind entlastend sein. Man sollte auch bedenken, dass man das Kind mit dem nunmehr verhassten Ehepartner gezeugt hat und damals der Partner gut genug war, der Vater oder die Mutter des gemeinsamen Kindes zu sein. Muss sich daran nach dem Verblassen der Liebe und dem Bruch der Ehe wirklich alles ändern?

Der Zweck des Besuchsrechtes besteht darin, den auf Blutsverwandtschaft oder einer sonstigen besonders engen Bindung beruhenden Zusammenhang aufrechtzuerhalten und eine Entfremdung zu verhindern, wobei das Kindeswohl entscheidend ist. Es besteht ein **gesetzli-**

cher Anspruch des Kindes auf persönlichen Verkehr mit beiden Elternteilen. Dies ergibt sich aus der gegenseitigen Beistandspflicht zwischen Eltern und Kindern und weiters aus der in Österreich ratifizierten UN-Kinderrechtskonvention, in der ausdrücklich auf das Recht des Kindes auf regelmäßige persönliche Beziehungen und unmittelbare Kontakte zu beiden Elternteilen hingewiesen wird. Falls die Vaterschaft nicht feststeht, käme ein Besuchsrecht nur dann infrage, wenn es sich um eine wichtige Bezugsperson des Kindes handelt.

Das KindRÄG 2001 verankert ausdrücklich – seit 1. 7. 2001 – das **Besuchsrecht** als ein eigenes Recht des Kindes, das *gegen den Willen des über 14-Jährigen aber nicht festgesetzt werden darf*. Der über 14-Jährige hat sogar das Recht, ebenso wie Eltern, Großeltern oder Pflegeeltern, eine neutrale geeignete und bereite Person als Besuchsbegleitung zur Unterstützung des Besuchsrechts bei Gericht zu beantragen.

Von diesem Rechtsanspruch des Kindes ist aber die **Durchsetzbarkeit** zu unterscheiden. Was beim über 14-jährigen Minderjährigen gilt, dass nämlich kein Zwang zur Durchsetzung des Besuchsrechtes ausgeübt werden darf, das gilt auch gegenüber dem besuchsberechtigten Elternteil. Allerdings darf dieser dann den Pflichtteil des Kindes nicht mehr auf die Hälfte verringern (siehe Kap. XVII/A).

Gar nicht so selten lehnt ein Kind das Besuchsrecht ab. Gründe dafür sind:

- Solidarität mit dem Elternteil, bei dem es wohnt;
- Spannungen zwischen den Eltern;
- Angstgefühle;
- Das Kind hat am Wochenende etwas vermeintlich Besseres vor;
- ist vom Besuchsberechtigten enttäuscht;
- ist gegen den Besuchsberechtigten eingestellt, weil es von anderen aufgehetzt wurde;
- mag den Besuchsberechtigten wegen bestimmter Eigenschaften nicht;
- die Eingewöhnung des Kindes in die neue Familie;

- hat eine tief eingewurzelte heftige Abneigung gegen den Besuchsberechtigten, die derzeit nicht zu beseitigen ist;
- Gewaltausübung gegen das Kind.

Sofern es sich um ein unter vierzehn Jahre altes Kind handelt, rechtfertigen nur die letzten beiden Fälle die Versagung des Besuchsrechts.

Will ein normales Kind das Besuchsrecht zu dem Elternteil, bei dem es nicht wohnt, nicht wahrnehmen, so gilt dies in erster Linie als **Versäumnis oder Unfähigkeit des Elternteils** bei dem es wohnt, weil er das Kind offenbar nicht positiv darauf eingestimmt hat. Er verstößt damit gegen die Wohlverhaltensklausel (siehe Kapitel I/B), die ihn verpflichtetet, das Kind positiv auf den Besuchskontakt vorzubereiten. Außerdem ist die Erziehungsfähigkeit in Zweifel zu ziehen, wenn das Kind nicht dazu gebracht werden kann vernünftigen Anweisungen (z.B. zum Schul- oder Zahnarztbesuch) Folge zu leisten. Das könnte – wenn sonst nichts dagegenspricht – zur Übertragung der (Haupt-)Obsorge an den besuchsberechtigten Elternteil führen.

Dauert ein Besuchsrechtsverfahren länger als drei Monate (was leider sehr oft vorkommt und bei Sachverständigenbegutachtung der Normalfall ist) führt dies zu einer Entfremdung zum Kind, was bereits faktische Verhältnisse schaffen kann, weil das Besuchsrecht dann immer schwerer durchgeführt werden kann. In solchen Fällen wird es sinnvoll sein ein **vorläufiges Besuchsrecht** – unter Umständen mit Besuchsbegleitung – zu beantragen. Dabei ist das Gericht, vereinfacht ausgedrückt, nicht von der Wahrheit, sondern von der Wahrscheinlichkeit eines Sachverhalts (der relevanten Umstände) zu überzeugen, ohne dass dabei das Kindeswohl gefährdet wird.

B. Ausmaß des Besuchsrechts

Das Ausmaß des Besuchsrechts **richtet sich nach**

- dem Alter des Kindes;
- dem Willen des Kindes, sofern es die Bedeutung für das Kindeswohl einschätzen kann (siehe Wertigkeitspyramide IV/A);
- der bisherigen Gestaltung der Kontakte zum Berechtigten;

- den Umständen des Einzelfalls (z.B. Entfernung der Wohnsitze Besuchsberechtigter und Kind);
- Weiters soll der für die Obsorge maßgebliche hauptsächliche Aufenthalt bei einem Elternteil nicht dadurch unterlaufen werden, dass das Kind die Hälfte der Zeit beim anderen Elternteil verbringt. Dies würde der Kinder- und Jugendpsychologie widersprechen. Das heißt, wenn Eltern z.B. vereinbaren, dass das Kind fortlaufend jeweils eine Woche bei der Mutter und eine Woche beim Vater wohnen soll.

HINWEIS

Bei mehreren Geschwistern können je nach dem Kindeswohl der einzelnen Kinder verschiedene Besuchsrechtszeiten vereinbart werden, da bei älteren Kindern das Besuchsrecht ausgedehnter ist.

Obwohl das Besuchsrecht jeweils dem Einzelfall angepasst werden soll, ist im Zweifelsfall die **Tendenz** vorherrschend, das Besuchsrecht – bei entsprechendem Kindesalter – grundsätzlich **zwei Mal monatlich** am Wochenende (z.B. an jedem zweiten und vierten Wochenende des Monats) einzuräumen.

Richtlinien für die gerichtliche Besuchsrechtsfestsetzung sind:

- Bei **Kleinkindern bis zwei Jahre** ist in der Regel das Besuchsrecht zeitlich begrenzt, es kann von einigen Stunden bis zu einem halben Tag betragen.
- Für **Kinder bis etwa sechs Jahre** hat der OGH ausgesprochen, dass häufigere, jedoch kürzere Kontakte zu bevorzugen sind, weil oft schon Abstände von zwei Wochen zwischen den Besuchen zu einer Entfremdung führen können.
- **3- bis 6-jährige Kinder** werden – bei entsprechendem Kontakt – dem Besuchsberechtigten allein anvertraut für zwei Besuchstage im Ausmaß von je vier Stunden pro Monat.
- **Kinder über sechs Jahre** sind dem Berechtigten mitzugeben, etwa Freitag mittags bis Sonntag abends oder Samstag mittags

bis Montag früh. Bei einer besonders guten Beziehung kann das Besuchsrecht auch bei vorschulpflichtigen Kindern auch über das ganze Wochenende ausgeübt werden.

- **Ferienbesuchsrechte** sollten bei gutem Kontakt zwischen dem Besuchsberechtigten und dem Kind etwa ab dem 6. Lebensjahr ca. zwei bis drei Wochen im Sommer und eine Woche im Winter stattfinden.
- **Wichtige Feiertage** (z.B. Weihnachten) oder Geburtstag soll das Kind beim betreuenden Elternteil verbringen; der andere Elternteil sollte jedoch Gelegenheit haben die Geschenke zu übergeben.
- Mit **zunehmendem Alter** des Kindes wird das Besuchsrecht bei positivem Verlauf umfangreicher und ab dem **14. Lebensjahr** entscheidet das Kind selbständig.

HINWEIS

Die Anwesenheit eines neuen Partners bei der Besuchsrechtsausübung ist grundsätzlich kein Hinderungsgrund.

TIPP:

Eine genaue Festlegung des Besuchsrechts beugt Streitigkeiten vor und ist bei schlechtem Einvernehmen der Eltern anzuraten, allerdings wird damit die Flexibilität eingeschränkt.

Siehe detaillierte Besuchsrechtsregelung bei der einvernehmlichen Scheidung Seite 118.

C. Ersatzbesuchsrecht

Grundsätzlich besteht bei Verhinderung des Kindes (z.B. Krankheit, Urlaub) kein Anspruch auf ein Ersatzbesuchsrecht. Ein solches kann aber vereinbart werden. Das ist dann zweckmäßig, wenn der obsorgeberechtigte Elternteil dazu neigt, das Besuchsrecht zu vereiteln. Wenn zu viele Besuchsrechte vereitelt werden, sodass der regelmäßige Kontakt mit dem Kind wegen der langen Intervalle gefährdet ist und eine Entfremdung droht, sollte der Richter Anträgen auf Ersatzbesuchsrecht stattgeben.

D. Besuchsbegleitung

Bei zu **erwartenden Schwierigkeiten** des Besuchsrechts (z.B. hochstrittige Neu- bzw. Wiederanbahnung des Besuchsrechts, Besuchsberechtigter hat psychische Probleme oder sehr ängstlichem Kind), kann das Gericht, wenn es das Wohl des Kindes erfordert, auf Antrag eines Elternteils, des Kindes vertreten durch das Jugendamt oder von Amtswegen eine geeignete und dazu bereite Person zur Unterstützung der Ausübung des Besuchsrechts heranziehen. Der Besuchsbegleiter ist im Antrag namentlich anzuführen. Es muss vorher abgeklärt werden, wer die Kosten (ab ca. € 50,– pro Stunde) dafür trägt. In der Regel ist das der Elternteil, der das Besuchsrecht anstrebt. Bei niedrigen Einkommen gibt es staatliche Förderungen. In manchen Fällen wird es auch reichen, wenn die Besuchsbegleitung nur bei den Übergaben dabei ist, was billiger kommt.

Über einen Antrag auf Entfall der Besuchsbegleitung entscheidet das Gericht nach Abhaltung einer Tagsatzung mit Eltern, Besuchsbegleiter und Kind.

Als Besuchsbegleiter kommt eine **neutrale Person** in Betracht, z.B. gemeinsame Bekannte oder entfernte Familienangehörige. Wenn die finanziellen Mittel vorhanden sind, wären Personen mit fachlicher Eignung, wie Sozialarbeiter, Psychologen, Psychiater, Seelsorger, Mediatoren etc. heranzuziehen. Auskünfte erteilen das Pflegschaftsgericht und das Jugendamt.

Über die Besuchsbegleitung erlässt das Gericht einen Beschluss, worin der Ablauf der Besuchsbegleitung und die Aufgaben des Besuchsbegleiters in Grundzügen festzulegen sind.

Der **Ablauf** bei der Besuchsbegleitung erfolgt meist so, dass der Obsorgeberechtigte das Kind in ein Besuchsrechtscafé bringt. Der Besuchsberechtigte kommt ca. zehn Minuten später und verbringt in Anwesenheit eines Mitarbeiters der Betreuungseinrichtung die Zeit mit dem Kind. Danach wird das Kind vom Obsorgeberechtigten wieder abgeholt. Mitarbeiter berichten dem Gericht über den Verlauf.

Besuchscafés sind Einrichtungen mit diversem Kinderspielzeug und ausreichend Platzangebot, wo fachlich geeignete, neutrale Personen während der Ausübung des Besuchsrechts anwesend sind und unter Umständen auch bei einem Kontakt nach längerer Unterbrechung vermittelnd tätig werden. Sie achten darauf, dass der abwesende Elternteil nicht abgewertet wird und die Anliegen des Kindes während der Besuchszeit berücksichtigt werden.

TIPP:

Ein Besuchsbegleitbeschluss sollte angenommen werden, denn ein begleitetes Besuchsrecht ist besser als gar keines. Manche Elternteile (z.B. mit bestimmten psychischen Erkrankungen) könnten ohne Besuchsrechtsbegleitung keinen Kontakt mit ihren Kindern haben.

E. Antrag auf Besuchsrechtsregelung

Sollte etwa ein Elternteil dem anderen das Besuchsrecht unbegründet verweigern und ist er auch trotz nachhaltigem Ersuchen nicht zur Einräumung eines Besuchsrechts bereit, könnte man wie folgt vorgehen, ohne dass man einen Rechtsanwalt benötigt. Man muss jedoch in seinem Antrag das Ausmaß seines gewünschten Besuchsrechts konkret angeben. Deshalb wird es günstig sein, wenn man sich darüber vorher beim Bezirksgericht des Wohnsitzes des Kindes bzw. beim Jugendamt erkundigt.

Der Antrag auf Besuchsrechtsregelung kann, wie beim Obsorgeantrag dargestellt, schriftlich oder mündlich gestellt werden. Die Form des schriftlichen Antrags ist ähnlich wie jene des Antrags auf Obsorge (siehe Kapitel IX/D).

Muster eines Besuchsrechtsantrags (Kurzfassung)

An das Bezirksgericht ...
Wien, am ...

Pflegschaftssache: Minderjähriger Kurt Abt, geb. am ...

Antragsteller: Vor- und Zuname, Beruf, Anschrift, Tel.-Nr. ...

Antragsgegner: Vor- und Zuname, Beruf, Anschrift, Tel.-Nr. ....

wegen Besuchsrecht.

Zum Text des Antragsvorbringens siehe Seite 129 (kurze Schilderung der Vorgeschichte und der wesentlichen Umstände).

Schlussfolgerung: Die Mutter Eva Abt verweigert mir seit ... unbegründet den Kontakt zu meinem Kind. Ich beantrage daher folgenden

Beschluss

Dem Vater Horst Abt wird ein Besuchsrecht zu seinem minderjährigen Sohn Kurt, geb. ..., an jedem 1. und 3. Wochenende im Monat von Samstag 14.00 Uhr bis Sonntag 18.00 Uhr eingeräumt.

Die ersten drei Besuchskontakte haben in Begleitung von Herrn/ Frau ..., [Anschrift] zu erfolgen, der/die mit der Besuchsbegleitung einverstanden ist. Die Kosten der Besuchsbegleitung trägt ....

Außerdem wird dem Vater jährlich ein 21-tägiges Urlaubsbesuchsrecht, beginnend mit dem ersten Sonntag nach Schulschluss um 9.00 Uhr, eingeräumt, außerdem jedes Jahr am ersten Weihnachtsfeiertag und am Ostermontag (in der Zeit von ... Uhr bis ... Uhr).

Der Vater ist berechtigt, den Minderjährigen jeweils zu Beginn der Besuchszeiten von der Mutter abzuholen, und ist verpflichtet, ihn jeweils pünktlich zurückzubringen.

Die Mutter ist verpflichtet, die Minderjährigen jeweils am Beginn der Besuchstermine ausgehbereit dem Vater zu übergeben.

Sollte der Besuchsberechtigte das festgesetzte Besuchsrecht nicht binnen einer Stunde ab Besuchsbeginn ausüben, wird angenommen, dass er für diesen Tag bzw. auf das Urlaubsbesuchsrecht verzichtet.

……..............

2-fach Unterschrift

1 Halbschrift

F. Verfahren

Das Verfahren läuft so ab wie beim Obsorgeverfahren (siehe Kap. IX/D).

G. Durchsetzung des Besuchsrechts

Die Durchführung des Besuchsrechts hängt von den bisherigen Beziehungen der Eltern ab. Dies sollte schon bei der Scheidung bedacht werden.

Das **Problem** bei der Durchsetzung des Besuchsrechts besteht darin, dass das Gericht möglichst schnell entscheiden soll um eine Entfremdung zwischen dem besuchsberechtigten Elternteil und dem Kind zu verhindern, aber gleichzeitig Einwände des obsorgeberechtigten Elternteils, die bis zur Kindeswohlgefährdung gehen, berücksichtigen muss.

Gegenüber einem zumindest 14-Jährigen ist die Besuchsrechtsdurchsetzung unzulässig, ab dem 12. Lebensjahr hängt sie von der jeweiligen Reife ab. Das Gericht darf die Besuchsrechtsdurchsetzung nur bei Gefährdung des Kindeswohls verweigern (RS0047955). Außerdem darf **kein unmittelbarer Zwang** gegen das Kind zur Durchsetzung des Besuchsrechts angewendet werden, wohl aber eine Unterstützung durch das Jugendamt.

Sollte sich der obsorgeberechtigte Elternteil nicht an das gerichtlich festgesetzte oder genehmigte Besuchsrecht halten, bzw. seine Unterstützungspflicht für das Zustandekommen des Besuchsrechts vernachlässigen, indem er etwa fadenscheinige Ausreden für die Nichteinhaltung des Besuchsrechts vorbringt (das Kind soll selbst entscheiden, man könne es nicht zwingen), stehen für die Durchsetzung des Besuchsrechts Rechtsfolgen und „angemessene Zwangsmittel" zur Verfügung. Diese sind zum Beispiel:

- **Geldstrafen**: Beim ersten Verstoß 1/3 des Monatseinkommens (EF 113.015). Dass Geldstrafen den Unterhalt des Kindes gefährden, wurde vom OGH nicht anerkannt (1 Ob 67/10z); z.B. wurde bei einem Durchschnittseinkommen der Mutter eine Geldstrafe von € 300,– verhängt.
- **Beugehaft**: bis zur Gesamtdauer von einem Jahr, wenn eine Geldstrafe nichts brachte, bzw. wegen der Einkommens- oder Vermögenssituation sinnlos ist. Das erste Mal sollte die Beugehaft nur wenige Stunden betragen. Sie ist in einer Justizanstalt abzusitzen. Von dem Gerichtsbeschluss ist das Jugendamt zu verständigen, damit die Betreuung des Kindes sichergestellt werden kann.
  Zwangsmittel sind keine Strafe für die bisherige Verletzung des Besuchsrechts, sondern sollen künftig das Besuchsrecht ermöglichen. Wird gleichzeitig die bestehende Reglung geändert, gibt es nach der Rechtsprechung für die Verletzung des bestehenden Besuchsrechts keine Zwangsmittel. Nach der Regierungsvorlage zu § 110 AußStrG stehen aber Neuanträge für sich allein – im Gegensatz zu einem Teil der Rechtsprechung der Durchsetzung nicht entgegen, wenn sie wegen ungerechtfertigter Besuchsrechtsvereitlung notwendig wurden.
  Nach der Rechtsprechung sollen Zwangsmittel „ohne Zweifelsucht und Ängstlichkeit "angeordnet werden (RS0007203); das bedeutet, es soll rasch, ohne umfangreiches Verfahren, auch von Amtswegen **ohne vorheriges rechtliches Gehör** des Obsorgeberechtigten geschehen (RS0122436).
- **Informationsrecht** des Besuchsberechtigten ausdehnen (siehe Kap. XII);
- **Entziehung der Obsorge** und deren Übertragung auf eine andere Person (z.B. den Besuchsberechtigten) ist bei beharrlicher

Verweigerung des Besuchsrechts – in Sonderfällen, sofern das Kindeswohl nicht dagegen spricht – denkbar;

- **Ehegattenunterhaltsverwirkung** oder **Kürzung** bei Geschiedenen bei besonders hartnäckigen Besuchsrechtsvereitlungen (EF 122.526);
- **Kindesunterhalt** könnte zumindest im Erbfall durch Erbeinschränkung auf notwendigen Unterhalt verringert werden, wenn Pflichten zwischen Elternteil und Kind gröblich vernachlässigt wurden (§§ 540, 795 ABGB). Diese Pflichtteilsminderung (siehe Kapitel XVII/A) bewirkt, dass das Kind als Noterbe nicht den angemessen Unterhalt, sondern nur den notdürftigen Unterhalt bekommt;
- **Erbunwürdigkeit** bzw. Enterbbarkeit des betreuenden Elternteils, der das Besuchsrecht verhindert;
- **Schadenersatz** für Aufwendungen, die der besuchsberechtigte Elternteil für das bevorstehende Besuchsrecht hatte
  - Kosten für Eintrittskarten für Veranstaltungen, Transportkosten, Fahrtkosten (EF 63.237);
  - Kosten für Besuchsbegleitung, die aufgrund der Entfremdung durch vereitelte Besuche entstanden sind (Beck EF-Z 2010, 229);
  - Prozesskostenersatz für das Pflegschaftsverfahren, wenn der obsorgeberechtigte Elternteil schuldhaft oder absichtlich im Sinne des § 1295 Schaden zugefügt hat (RS124578)
- Außerdem gibt es bereits zivilrechtliche Entscheidungen, in denen der OGH Schadenersatzforderungen wegen **Gesundheitsschäden** von Besuchsberechtigten infolge von Besuchsrechtsverletzungen des obsorgeberechtigten Elternteils anerkannt hat. Schadenersatzforderungen sind in einem eigenen Zivilprozess geltend zu machen.

Muster für die Durchsetzung des Besuchsrechts (Kurzfassung)

An das Bezirksgericht ....   Aktenzeichen ...

Erster Absatz wie obiger Besuchsrechtsantrag.

Die Kindesmutter (Vor- und Zuname) verhindert seit ... mein, mit gerichtlich genehmigtem Vergleich vom .... Aktenzahl ... festgelegtes Besuchsrecht zu meinem mj. Sohn ..., sodass Entfremdung und Kontaktverlust zwischen mir und meinem Sohn droht. Sie hat gesagt, sie werde das Verfahren so lange verzögern, bis mich mein Sohn vergessen hat.

Ich stelle daher den

ANTRAG

mir umgehend zu meinem Besuchsrecht zu verhelfen bzw. mir für die Dauer des Verfahrens ein einstweiliges Besuchsrecht zuzuerkennen (allenfalls mit Besuchsbegleitung).

Tipps bei Besuchsrechtsvereitelung in schwierigen Fällen

- Sich genau an den gerichtlichen Vergleich oder die Gerichtsentscheidung halten.
- Sich nicht provozieren lassen. Sich bei Kontakten mit dem anderen Elternteil so ruhig und passiv verhalten, dass keine Beschimpfungen oder Gewalttätigkeit vorgeworfen werden kann.
- Bei Unterredungen, die strittige Fragen betreffen, Zeugen (gemeinsamer Bekannter, der gleiches Naheverhältnis zu beiden hat) mitnehmen und alles schriftlich festhalten.
- Alles Bedeutsame schriftlich (und wenn möglich mit Foto) dokumentieren um es dem Gericht, allfälligen Sachverständigen und dem Jugendamt vorlegen zu können und darauf achten, dass es Bestandteil des dortigen Akts wird. Man kann es auch

später, wenn das Kind fragt, warum man sich nicht gemeldet hat, seinem Kind präsentieren.

- Eventuell ein Privatgutachten einholen, insbesondere hinsichtlich Erziehungsfähigkeit und Verlässlichkeit des Besuchsberechtigten, falls das Kind nicht zur Verfügung steht. Wenn das Kind zur Begutachtung zur Verfügung steht, wäre das Kindeswohl Thema der Begutachtung. Dieses Gutachten hat zwar nicht dieselbe Beweiskraft wie ein gerichtlich bestelltes Gutachten, aber doch eine gewisse Wirkung mit der sich das Gericht auseinandersetzen muss.
- Nur als letzten Ausweg – sofern nicht das Kindeswohl dagegen spricht – kann man mit obigen Unterlagen bei Gericht den Antrag auf umgehende Durchsetzung des Besuchsrechts (mittels Beugestrafen) beantragen, weil durch den massiven Einfluss des Obsorgeberechtigten Entfremdung und faktische Vorwegnahme der Entscheidung droht.
- Falls das Gericht oder eine damit befasste Stelle wie der Jugendwohlfahrtsträger oder Sachverständige diese Unterlagen nicht annimmt, die Unterlagen mit dem Aktenzeichen des Pflegschaftsaktes versehen, in der Einlaufstelle des Gerichts gegen Empfangsbestätigung abgeben oder per Post senden. Auf diese Weise stellt man sicher, dass die Unterlagen Aktenbestandteile werden, mit denen sich das Gericht und allfällige Rechtsmittelinstanzen auseinandersetzen müssen.
- Achten Sie darauf auf welche Art sich Gerichtspersonen, der Sachverständige, oder die Jugendamtsmitarbeiter mit ihrem Antrag befassen. Bei offensichtlicher Einseitigkeit (Äußerungen wie: „Ein Kind gehört immer zur Mutter“) besteht die Möglichkeit der Ablehnung wegen Befangenheit. Dies sollte aber beim ersten deutlichen Anzeichen geschehen (siehe Kapitel I).
- Bei sonstigen Unzukömmlichkeiten gibt es noch die Aufsichtsbeschwerde bzw. die Vorsprache bei der Ombudsstelle des Oberlandesgerichts (siehe Kapitel I).
- Bei zu langer Verfahrensdauer stehen Säumnisbeschwerde und Fristsetzungsantrag zur Verfügung (siehe Kapitel I).

- Notfalls ist ein Verfahrenshilfeantrag wegen der Kosten des Sachverständigen-Gutachtens zweckmäßig (siehe Kapitel I).
- Im Übrigen könnten die oben angeführten weiteren Rechtsfolgen bei Besuchsrechtsverletzung geltend gemacht werden.
- Bei Abweisung des Antrags auf Durchsetzung des Besuchsrechts Rekurs erheben (siehe Muster oben).
- Für neue Anträge wegen Besuchsrechtsstreitigkeiten fällt nach ½ Jahr neuerlich eine Gerichtsgebühr von € 122,– an.

HINWEIS

Ein Zwangsmittel zur Durchsetzung gerichtlicher Regelungen darf ausschließlich durch Gerichtsorgane ausgeübt werden (§ 110 AußStrG).

In der Praxis versucht der Richter, den Obsorgeberechtigten von der Notwendigkeit des Besuchsrechts zu überzeugen und allfällige Bedenken zu zerstreuen.

Beispiel:

Ein Vater hat sein Besuchsrecht – trotz Möglichkeit – nie wahrgenommen. Nach zehn Jahren möchte er seinen Sohn nun doch besuchen. Dass der Vater sein Besuchsrecht nie wahrgenommen hat, ist grundsätzlich kein Versagensgrund, wenn er nun ernsthaft das Besuchsrecht anstrebt. Wenn er dann wieder säumig wird, kann der Obsorgeberechtigte das Gericht anrufen, das den Sachverhalt aus der Gesamtschau (Wohl des Kindes) prüft, ob das Besuchsrecht stattfinden soll.

Beharrliche Besuchsrechtsverweigerung durch ein Kind unter 14 Jahren

Der Wunsch des Kindes sollte ernst genommen und verstanden werden. Mit psychologischem Geschick gelingt es manchmal den Widerstand aufzulösen. Es ist genau abzuwägen, ob Zwangsmaßnahmen nicht zu einer Verfestigung des Widerstands führen und letztlich gegen das Kindeswohl verstoßen, sodass sie sich als unzulässig erweisen.

H. Einschränkung bzw. Entziehung des Besuchsrechts

Aus schwerwiegenden Gründen kann das Besuchsrecht – in Ausnahmefällen – eingeschränkt oder gänzlich untersagt werden.

Das Besuchsrecht kann z.B. eingeschränkt oder versagt werden, wenn das Kind

- ständig gegen den Obsorgeberechtigten aufgehetzt wird;
- vom Besuchsberechtigten schwerwiegend vernachlässigt wird;
- in seiner Beziehung zum Obsorgeberechtigten unerträglich gestört wird;
- durch das Besuchsrecht sexuell gefährdet ist.

Beispiel:

Aufhetzen: *Vater sagt dem Kind während des Besuchsrechts, dass es der Mutter nicht zu folgen brauche, da sie ohnedies alles falsch mache.*
Vernachlässigung: *Vater kümmert sich beim Besuchsrecht nicht um das Kind, sondern überlässt es Dritten und geht seinen Vergnügungen nach.*

Abstrakte Befürchtungen ohne konkrete Hinweise reichen aber für eine Einschränkung und schon gar nicht für eine Entziehung des Besuchsrechts nicht aus.

HINWEIS

Wenn das Besuchsrecht nicht mehr dem Kindeswohl entspricht oder das Kind sogar gefährdet, steht es dem Obsorgeberechtigten frei, das Kind nicht mehr dem Besuchsberechtigten herauszugeben und das Pflegschaftsgericht telefonisch oder schriftlich davon zu verständigen, sowie beim Richter vorzusprechen, der dann festlegt, was weiter geschehen soll.

Das Besuchsrecht kann auch nur für ein Kind eingeschränkt werden, das etwa eine krankhafte Abneigung gegen den Besuchsberechtigten hat, während dies bei den Geschwistern nicht der Fall ist.

Die durch das KindRÄG 2001 eingeführte **Wohlverhaltensklausel** soll auch für die Durchführung des Besuchsrechts ein praktikables Instrument sein. Demnach müssen alle Personen, denen Rechte und Pflichten im Bereich des Kindschaftsrechts zustehen, alles unterlassen, was das Verhältnis des Minderjährigen zu anderen nahestehenden Personen beeinträchtigt oder erschwert.

Das **Unterlassungsgebot** erfasst ein breites Spektrum an Verhaltensweisen, wie etwa herabwürdigende oder beleidigende Äußerungen oder gar Gewalttätigkeiten gegenüber dem anderen Elternteil, aber auch Vereinnahmungen, Aufwiegelungen oder gar Aufhetzen des Kindes, Versuche, über das Kind Einzelheiten des Privatlebens des anderen Elternteils oder der mit der Obsorge betrauten Person zu erfahren, auf diese Lebensverhältnisse gar Einfluss zu nehmen und Ähnliches.

Bei Verstoß gegen die Wohlverhaltensklausel soll der Richter informiert werden. Er lädt dann beide Eltern (eventuell auch das Kind zu Beweiszwecken) zu Gericht um das unrechtmäßige Verhalten festzustellen und Abhilfe zu schaffen. Bei unbefriedigendem Ergebnis kann auch das Besuchsrecht eingeschränkt oder untersagt werden.

I. Besuchsrecht Dritter

Auch **Großeltern** und Urgroßeltern haben ein Besuchsrecht mit eigenem Antragsrecht. Allerdings darf dieses Besuchsrecht nur so weit ausgeübt werden, als dadurch keine Störung der Beziehung zwischen Kind und erziehungsberechtigtem Elternteil eintritt.

Das KindRÄG 2001 brachte seit 2001 auch als eigenes Recht des Kindes das Besuchsrecht gegenüber anderen Personen als Eltern, Großeltern oder Pflegeeltern, wenn sie wichtige Bezugspersonen sind und das Kindeswohl sonst gefährdet wäre, z.B. Geschwister, andere Vertrauenspersonen, Tauf- und Firmpaten. Dazu kann auch der leibliche Vater, der die Vaterschaft nicht anerkannt hat, gehören.

Über ein Besuchsrecht von Geschwistern, die vielleicht mit dem Obsorgeberechtigten im Streit sind, entscheidet das Gericht, ob dies dem Wohl des Kindes dienen würde.

J. Kosten des Besuchsrechtsverfahrens

Siehe Kapitel I/C, Schlussteil.

XII. INFORMATIONS- UND ÄUSSERUNGSRECHT

Der nicht mit der Obsorge betraute Elternteil hat das Recht, von außergewöhnlichen Umständen, die die Person des Kindes betreffen, verständigt zu werden. Solche außergewöhnlichen Umstände sind z.B.:

- schwere Erkrankungen,
- Wohnsitzwechsel,
- erfolgreiche Beendigung einer Berufsausbildung, Berufswechsel
- Versagen in der Schule, Schulwechsel.

Weiters ist er von **beabsichtigten Maßnahmen** der gesetzlichen Vertretung in Kenntnis zu setzen, zu denen er, wäre er ebenfalls mit der Obsorge betraut, seine Zustimmung zu erteilen hätte.

Schließlich hat dieser Elternteil das Recht, sich zu derartigen sowie zu anderen wichtigen Maßnahmen in angemessener Frist zu äußern.

Äußerungen können telefonisch, mündlich oder bei wichtigen Angelegenheiten (wegen der Beweisbarkeit) schriftlich erfolgen. Wenn der Obsorgeberechtigte damit nicht einverstanden ist, kann jeder Elternteil das Gericht anrufen. Der nicht Obsorgeberechtigte kann die Gerichtsentscheidung begehren, dass sein Wunsch dem Wohl des Kindes besser entspricht.

Seine Äußerung ist zu berücksichtigen, wenn der darin ausgedrückte Wunsch dem Wohl des Kindes besser entspricht. Werden in wichtigen Angelegenheiten des Kindes Verständigungen beharrlich unterlassen oder dem Wohl des Kindes besser entsprechende Äußerungen nicht berücksichtigt, so kann der betreffende Elternteil – aber nur bei einer Gefährdung des Wohles des Kindes gemäß § 176 ABGB – eine entsprechende **Verfügung des Pflegschaftsgerichts beantragen.**

Umgekehrt kann das Verständigungs- oder Äußerungsrecht vom Gericht auch eingeschränkt oder entzogen werden, wenn diese Rechte das Wohl des Kindes ernstlich gefährden.

Beispiel:
Der nicht obsorgeberechtigte Elternteil verlangt bei chronischer Erkrankung des Kindes wöchentlich ärztliche Berichte über den aktuellen Gesundheitszustand des Kindes.

Das KindRÄG 2001 weitet die für die Informationspflicht und die Äußerungsrechte wichtigen Angelegenheiten behutsam aus, indem zu den bisherigen z.B. auch vermögensrechtliche Angelegenheiten, Schulwechsel, Sprachferien im Ausland oder längere Abwesenheit vom bisherigen Wohnort kommen. Auch soll ein Überblick über den Schul- und Ausbildungserfolg gewährleistet werden.

Wird der persönliche **Kontakt vereitelt,** erweitern sich die Informations- und Äußerungsrechte auch auf minderwichtige Angelegenheiten bzw. auf Übermittlung von Jahres- bzw. Ausbildungszeugnissen oder längere Abwesenheit vom Wohnort.

Die Einhaltung der hier genannten **elterlichen Mindestrechte** ist deshalb so bedeutsam, weil der andere Elternteil ohnedies das Vollrecht der Obsorge samt Unterhaltsberechtigung (zumindest für das Kind) hat. Es entspricht daher einem Gebot der Fairness – soweit es das Kindeswohl zulässt –, die Rechte und Pflichten nicht einseitig zu verteilen.

HINWEIS

Es ist die Gefahr zu berücksichtigen, dass jemand, dem seine Rechte verweigert werden, unberechenbar und „unterhaltszahlungsunwillig“ wird.

Relevante gesetzliche Bestimmungen: §§ 148, 154, 178 ABGB; §§ 137–283 ABGB; §§ 113, 113a, 113b JN; §§ 79, 104–111 AußStrG; Art 65, Abs. 2 B-VG; §§ 53, 54 PStG; NÄG

XIII. UNTERHALT

Für Nichtjuristen mag es überraschend sein, aber es gibt keine Gesetzesstelle, der zu entnehmen ist, wie viel Unterhalt für ein Kind tatsächlich zu bezahlen ist; es handelt sich vielmehr um **unbestimmte Gesetzesbegriffe** wie … „Eltern haben … nach Kräften anteilig beizutragen." Mangels präziser Gesetzesvorgaben wäre daher der Unterhalt nicht zu berechnen, sondern zu **bemessen**, was eher eine **Einzelfallgerechtigkeit** ermöglicht. Erst aufgrund der Rechtsprechung wurden entsprechende Bemessungskriterien geschaffen, die beispielsweise der jährlich erscheinenden ehe- und familienrechtlichen Sammlung (= EF mit Nr.) zu entnehmen sind.

Kinder (eheliche und uneheliche) haben unabhängig von ihrem Alter Anspruch auf Unterhalt, solange sie noch nicht selbsterhaltungsfähig sind. Die Selbsterhaltungsfähigkeit tritt unabhängig von der Volljährigkeit dann ein, wenn jemand in der Lage ist, seinen standesgemäßen Unterhalt selbst zu verdienen. Wenn das Kind einen geringen Verdienst (z.B. Lehrlingsentschädigung) hat, mindert sich der Unterhaltsanspruch entsprechend.

A. Unterhaltsanspruch von Kindern gegenüber den Eltern (§ 140 ABGB)

Der Unterhaltsanspruch richtet sich grundsätzlich gegen beide Elternteile. Diese haben zur Deckung der ihren Lebensverhältnissen angemessenen erlaubten Bedürfnisse des Kindes unter Berücksichtigung seiner Anlagen, Fähigkeiten, Neigungen und Entwicklungsmöglichkeiten nach ihren Kräften anteilig beizutragen. Vater und Mutter haben daher nicht unbedingt gleich viel Unterhalt zu leisten, sondern es hängt von der jeweiligen **wirtschaftlichen Leistungsfähigkeit** der Eltern ab, wie viel Unterhalt jeder zu leisten hat.

Beispiel:

Verdient der Vater doppelt so viel wie die Mutter, hat er 2/3 und die Mutter 1/3 Unterhaltszahlungen für das Kind zu leisten.

Außerdem gilt der Grundsatz, dass der Elternteil, der den Haushalt führt, in dem das Kind betreut wird, dadurch seinen Unterhaltsbeitrag leistet.

Wohnen beide Eltern mit dem Kind im gemeinsamen Haushalt, so wird der Unterhalt von beiden Teilen durch die Betreuung des Kindes sowie durch die unmittelbare Deckung seiner täglichen Bedürfnisse durch Naturalleistungen erbracht. Kommt ein Elternteil dieser Verpflichtung nicht nach, oder er wohnt mit dem Kind nicht im selben Haushalt, so muss er den Unterhalt entsprechend seiner wirtschaftlichen Leistungsfähigkeit – monatlich im Voraus – in Form von **Geldleistung** entrichten.

Falls ein Geldunterhaltspflichtiger seine Leistungen nicht (voll) erbringen kann, muss auch der betreuende Elternteil Geldleistungen erbringen.

Befindet sich ein Unterhaltsberechtigter **in Pflege Dritter**, müssen beide Elternteile nach ihrer Leistungsfähigkeit für ihn Unterhalt leisten. Lebt das Kind in einem Heim oder bei Pflegeeltern, steht ihm der doppelte Durchschnittsbedarf zu, bei wohlhabenden Eltern auch mehr; gleiches gilt für ein volljähriges Kind das berechtigt ausgezogen ist. Zieht ein Unterhaltsberechtigter ungerechtfertigt aus dem elterlichen Haushalt aus, ist der Unterhaltsanspruch ab diesem Zeitpunkt grundsätzlich verwirkt. Eine Internatsunterbringung zählt nicht als Pflege durch Dritte.

Nach der Rechtsprechung kann ein **volljähriges Kind**, das von zu Hause ausgezogen ist, Unterhalt in Form von Geldleistungen verlangen; es sei denn, dass die wirtschaftlichen Verhältnisse nur die Möglichkeit der Erfüllung der Unterhaltspflicht durch Naturalleistung zulassen oder es dem wohlverstandenen Interesse des Kindes (z.B. Trinker) dient, den Unterhalt in Natur zu erhalten.

Eine **Verringerung** des Unterhalts ist – nach überwiegender Rechtsprechung – dann möglich, wenn der geldunterhaltpflichtige Elternteil das Kind zumindest zwei Tage in der Woche betreut. Die Reduktion beträgt dann 10 % des Geldunterhalts. Für jeden weiteren Betreuungstag steht eine weitere Reduktion von 10 % zu.

Weiters kann bei langem Aufenthalt beim Besuchsberechtigten (etwa ab einem Monat) ein Abzug von der Geldunterhaltsleistung vorgenommen werden, etwa in der Höhe der Ersparnisse des betreuenden Elternteils, nach anderer Rechtsansicht nach dem Ausmaß der erheblichen Naturalleistung des geldunterhaltspflichtigen Elternteils.

Erlöschen des Geldanspruchs kann eintreten, wenn im Zuge einer gemeinsamen Obsorge nach der Scheidung kein Elternteil in zeitlicher Hinsicht und auf den Umfang der für das Kind getätigten Leistungen mindestens 2/3 der Betreuung erbringt; sofern das Einkommen der Eltern etwa gleich hoch ist und sie nicht nur die mit der Betreuung zusammenhängenden Kosten sondern auch die zusätzlichen Aufwendungen für Bekleidung und langjährigen Anschaffungen je zur Hälfte tragen. Als gleiches Einkommen der Eltern gilt, solange Einkommensunterschiede bis zu 1/3 zu vernachlässigen sind (EF-Z-2012/17).

HINWEIS

Zwingend ist eine Unterhaltsregelung für minderjährige Kinder bei einer einvernehmlichen Scheidung. Wenn ein zu geringer Kindesunterhalt für ein minderjähriges Kind vereinbart wird, darf dieser pflegschaftsgerichtlich nicht genehmigt werden.

B. Art der Unterhaltsleistung

Wenn eine Unterhaltsleistung in **Geld** besteht (siehe oben), darf der Unterhaltspflichtige grundsätzlich nicht Naturalleistungen wie Geschenke auf den Unterhalt anrechnen, ohne dass es mit dem anderen vereinbart wurde. Ebenso wenig mindern Auslagen anlässlich des üblichen Besuchsrechts (z.B. Ausflüge, Essengehen) den festgesetzten Geldunterhalt.

Ausnahmen für erhebliche **Naturalleistungen** sind möglich, wie die Anrechnung einer privaten Krankenversicherung oder die Mietkosten für eine zur Verfügung gestellte Wohnung auf die Unterhaltszahlungen.

Das Verfügungsrecht über die Unterhaltsleistungen für das Kind steht nur der obsorgeberechtigten Person nach ihrem pflichtgemäßen Ermessen zu. Die Unterhaltsbeträge sind zum Verbrauch und nicht zum Sparen zu verwenden. Der nicht obsorgeberechtigte Elternteil hat kein Mitspracherecht. Bedenken kann er im Rahmen seines Äußerungsrechts (Kapitel XII) an das Gericht herantragen.

Taschengeld

Kinder begreifen etwa ab dem 6. Lebensjahr, dass man für Geld arbeiten muss. Obwohl sie keinen Rechtsanspruch auf Taschengeld haben, sollte es gewährt werden.

Taschengeld für den Unterhaltsberechtigten mindert den Unterhaltsbetrag nicht, da es eine Art freiwillige regelmäßige Sonderleistung darstellt, durch die der Minderjährige mit dem Geld umgehen lernen soll und so seinem Wohl dient. Gesetzliche Bestimmungen dazu fehlen. Die Höhe des Taschengeldes richtet sich nach dem Alter und den Lebensumständen des Kindes (je älter das Kind, desto höher der Anspruch) sowie der Leistungsfähigkeit des Unterhaltspflichtigen.

Richtwerte für Taschengeld

Bis 7 Jahre	1 % des Unterhaltsanspruchs zahlbar	wöchentlich
7–10 Jahre	5 %	wöchentlich
10–14 Jahre	8 %	monatlich
14–18 Jahre	10 %	monatlich

Auch gut verdienende Eltern sollen nicht wesentlich mehr zahlen, damit sich die Kinder nicht an einen Lebensstil gewöhnen, der später unleistbar ist. Kinder sollen das Taschengeld für das ausgeben, was sie wollen, sofern es keine Gefährdung des Kindeswohls bedeutet (z.B. bestimmte Waffen).

Zahlenbeispiel für 2012:

Unter sechs Jahre: € 0,5; sechs bis sieben Jahre: € 1,50; acht bis neun Jahre: € 2,– bis € 2,50; zehn Jahre € 13; elf Jahre € 15; zwölf Jahre € 18; 13 Jahre: € 20; 14 Jahre: € 23; 15 Jahre: € 26; 16 Jahre: € 32.

C. Reihenfolge der Unterhaltspflichtigen bzw. der Unterhaltsberechtigten

Wenn **mehrere Unterhaltspflichtige** vorhanden sind, so haben diese – z.B. für die nichtselbsterhaltungsfähige 45-jährige Eva – theoretisch in folgender Reihenfolge zu zahlen, bzw. gilt Folgendes für die Unterhaltsbedeckung:

1. Erträgnisse des Vermögens des Kindes, unabhängig vom Alter;
2. der Ehegatte während der Ehe;
3. ein unterhaltspflichtiger früherer Ehegatte (die Verpflichtung kann sich nur aus einer Gerichtsentscheidung oder einer Vereinbarung ergeben);
4. Wahleltern, wenn Eva adoptiert wurde;
5. bei minderjährigen Unterhaltsberechtigten wären auch Unterhaltsvorschüsse bezüglich der Unterhaltsleistungen der Wahleltern zu berücksichtigen;
6. leibliche Eltern anteilig;
7. bei minderjährigen Unterhaltsberechtigten wären auch Unterhaltsvorschüsse bezüglich der Unterhaltsleistungen leiblicher Eltern zu berücksichtigen;
8. Stamm des Vermögens des Kindes;
9. leibliche Großeltern;
10. bei minderjährigen Kindern wären auch Unterhaltsvorschüsse bezüglich der Unterhaltsleistungen leiblicher Großeltern zu berücksichtigen;
11. Adoptivkinder;
12. zum Adoptionszeitpunkt minderjährige Kinder des Adoptivkindes;
13. leibliche Kinder;
14. leibliche Enkelkinder.

Die Zahlungspflicht des „nachrangigen Zahlers“ kommt nur zum Tragen, wenn der „vorrangige Zahler“ ausfällt.

Nur wenn die oben genannte Eva noch minderjährig wäre, wäre noch der „Unterhaltsvorschuss“ (siehe Kapitel XIII/J) als Sonderfall in die Reihenfolge aufzunehmen. In der Praxis sind meist nur die Punkte 6, 7 und 9 von Bedeutung.

Lebensgefährten und Geschwister sind gesetzlich weder unterhaltspflichtig noch unterhaltsberechtigt gegenüber dem Partner.

HINWEIS

Nur Personen, die dazu im Stande sind, brauchen Unterhalt leisten. Das gilt natürlich auch für Kinder und Adoptivkinder.

Wenn **mehrere Unterhaltsberechtigte** vorhanden sind, sind sie in folgender Reihenfolge zu berücksichtigen:

1. Nachkommen und Ehegatten gleichrangig;
2. unter den Nachkommen gehen die Kinder den Enkelkindern vor;
3. unterhaltsberechtigter früherer Ehegatte;
4. Adoptiveltern;
5. leibliche Eltern;
6. leibliche Großeltern.

Siehe Beispiel auf übernächster Seite mit zwei Kindern und einer Exgattin.

D. Unterhaltshöhe (Prozentsätze/Familienbeihilfeanrechnung)

Die Höhe des Unterhalts, der für ein Kind bezahlt werden muss, ist ebenso wie bei Ehegattenunterhalt ziffernmäßig im Gesetz nicht festgelegt. Er richtet sich nach

- den **Bedürfnissen** des Kindes
- dem **Einkommen** sowie

- sonstigen **Unterhaltsverpflichtungen** des „Zahlers“ andererseits.

Dabei hat die Rechtsprechung folgende Grundsätze entwickelt: Grundsätzlich hat der Unterhaltspflichtige als angemessenen Unterhalt einen Betrag zu bezahlen, der den folgenden **Prozentsätzen** seines **monatlichen Nettoeinkommens** entspricht:

Übersicht über die Höhe des Prozentsatzes bei Unterhaltspflicht für ein Kind		
Alter des Kindes	Unterhaltspflicht = Prozentsatz des monatlichen Nettoeinkommens	Beispiel: Monatliches Nettoeinkommen = € 2.000,–
für ein Kind bis zum 6. Lebensjahr	16%	€ 320,–
für ein Kind zwischen sechs und zehn Jahren	18%	€ 360,–
für ein Kind zwischen zehn und 15 Jahren	20%	€ 400,–
für ein Kind ab dem 15. Lebensjahr bis zur Selbsterhaltungsfähigkeit.	22%	€ 440,–

- Hat der Unterhaltspflichtige aber neben seiner Sorgepflicht für ein Kind **noch andere Sorgepflichten,** so darf er sich von den oben genannten Prozentsätzen
- für jedes weitere Kind unter zehn Jahren 1%,
- für jedes weitere Kind über zehn Jahren 2%,
- für eine Ehegattin (je nachdem, ob sie voll, wenig oder nichts verdient) zwischen 0% und 3%

abziehen.

Bei **Wiederverheiratung** der geschiedenen Frau erlischt ihr Unterhaltsanspruch gegen den Exgatten. Der Exgatte, der aber für das gemeinsame Kind unterhaltspflichtig ist, darf dann beim Kindesunterhalt nicht mehr zwischen 1% und 3% abziehen; er muss daher mehr für das Kind zahlen.

Beispiel:
Peter P. ist für seine Kinder im Alter von vier und elf Jahren, die bei der Mutter leben, sowie für seine nicht berufstätige geschiedene Gattin unterhaltspflichtig.

Kind	Unterhaltspflicht vom monatlichen Nettoeinkommen	Berechnung	Betrag in Euro
Monatliches Nettoeinkommen des Unterhaltspflichtigen			2.000,–
4-jähriges Kind	11%	16% vom Nettoeinkommen – 2% für das weitere Kind über zehn Jahren – 3% für die nicht berufstätige geschiedene Gattin	– 220,–
11-jähriges Kind	16%	20% – 1% für das weitere Kind bis zum 10. Lebensjahr; 3% für die nicht berufstätige geschiedene Gattin	– 320,–
Ehegattin, nicht berufstätig	25%	laut Unterhaltsvereinbarung 33% minus 4% für jedes Kind	– 500,–
Peter P. verbleibender Betrag nach Abzug der Unterhaltspflichten			960,–

Zu berücksichtigen ist, dass diese Unterhaltssätze nur angewendet werden, wenn das Einkommen des Unterhaltspflichtigen nicht außergewöhnlich ist. Nach der Rechtsprechung gibt es eine Obergrenze **(„Playboygrenze“)** an Unterhalt, die sinnvollerweise nicht überschritten werden soll, da Unterhaltszahlungen ausschließlich zum Verbrauch und nicht zur Bildung von Ersparnissen dienen und exzessiver Unterhalt pädagogisch schädlich ist.

Diese Grenze liegt

- bei jüngeren Kindern (bis ca. zehn Jahren) beim zweifachen Durchschnittsbedarf
- bei Kindern ab dem 10. Lebensjahr beim zweieinhalbfachen Durchschnittsbedarf eines Kindes (siehe Seite 184 f.).

Es gibt allerdings auch neuere, gegenteilige Gerichtsentscheidungen, nach denen keine absolute Obergrenze besteht.

Bei **sehr niedrigen Einkommen** oder **vielen Sorgepflichten** reduziert die Rechtsprechung die Unterhaltsbeträge. So orientiert sich bei geringem Arbeitslosenentgelt oder Notstandshilfe der Unterhalt bisweilen an der Höhe der Durchschnittsbedarfssätze. Ein gesetzlich festgelegter Anspruch des Kindes auf einen Mindestunterhalt besteht nicht.

Sehr niedrige Einkommen sind derzeit etwa solche an die € 800,–; viele Sorgepflichten sind etwa mehr als fünf. Es kommt aber auf den Zusammenhang zwischen Einkommen und Sorgepflichten an. Für jemanden, der € 8.000,– monatlich verdient, sind auch sieben Sorgepflichten keine außerordentliche Belastung.

Beispiel:

Auszug aus einer Entscheidung des Landesgerichts für Zivilrechtssachen Wien bei sehr niedrigem Einkommen: „Ausgehend von einem monatlichen Nettoeinkommen von knapp über € 800,– und einer Sorgepflicht für drei in ihrem Haushalt lebenden Kindern unter zehn Jahren kann der Mutter eine Unterhaltsleistung für ihren zwölf Jahre alten Sohn, der nicht in ihrem Haushalt lebt, nicht zugemutet werden.“

E. Steuerliche Entlastung durch die Familienbeihilfe

Lebt ein Kind nicht im gemeinsamen Haushalt mit dem Unterhaltspflichtigen, sind die an den betreuenden Elternteil ausbezahlte **Familienbeihilfe** und der **Kinderabsetzbetrag** auf den Geldunterhaltsanspruch des Kindes bei höheren Einkommen des Unterhaltspflichtigen teilweise **anzurechnen** (Judikatur des VfGH und OGH).

Die erstaunlich komplizierten Berechnungsmethoden werden in der Praxis durch Berechnungsformeln erleichtert. Neben anderen Formeln erfolgt die steuerliche Entlastung nach neuerer Rechtsprechung (EF 119.472) meist nach der der Formel:

Unterhaltsanspruch = Prozentunterhalt wie bisher – (Prozentunterhalt x Grenzsteuersatz x 0,004) + Unterhaltsabsetzbetrag.

Unabhängig davon, ob Sie die in der Folge dargestellten Berechnungen der Höchstgerichte nachvollziehen können, genügt es, die angeführten Beträge in die Formel einzusetzen und die Berechnung durchzuführen. Dann wissen Sie ob, bzw. um wie viel weniger Sie Unterhalt zahlen müssen.

PRAXISTIPP: WIE GEHE ICH VOR?

Sie berechnen nach der Prozentformel den Prozentunterhalt und setzen ihn in obige Formel ein.

Innerhalb der Klammer setzen Sie wieder den Prozentunterhalt ein.

Entnehmen Sie z.B. dem jährlichen Steuerbuch, das unentgeltlich bei den Finanzämtern aufliegt, die den Einkommensteuerstufen zugeordneten **Grenzsteuersätze** für ihr Einkommen (derzeit bis € 11.000,– **0**%; über € 11.000,– bis € 25.000,– **36,5**%; über € 25.000,– bis € 60.000,– **43.214286**%; über € 60.000,– **50**%. Ebenso können Sie dem Steuerbuch die **Unterhaltsabsetzbeträge** für das Jahr 2012 entnehmen, das sind monatlich für das erste Kind € 29,20, für das zweite Kind € 43,80 und für das dritte und jedes weitere Kind € 58,40. Für die Berechnung des Nettomonatseinkommens gilt die unten angeführte Formel.

Setzen Sie alle in der Formel angeführten Positionen ein und rechnen Sie das Ergebnis aus.

Beispiel:
Ein Unterhaltsschuldner mit einem Monatseinkommen von € 3000,– hat eine Sorgepflicht für sein 6-jähriges Kind. Nach dem Prozentunterhalt würden die altersgemäßen 16% monatlich € 480,– ausmachen.
Nach obiger Formel würde die Rechnung lauten:
480 € – (480 x 43,214286 x 0,004) + 29,20 = 426,23
*Das Ergebnis von 426,23 ist vom Prozentunterhalt von € 480,– abzuziehen, sodass der Unterhaltspflichtige **pro Monat um € 53,77** weniger, somit € 426,23 zu zahlen hat.*

Näheres zur Anrechnung der Familienbeihilfe siehe Kapitel XIII/T.

TIPP FÜR UNTERHALTSBEMESSUNG:

Kontrolle für obiges Beispiel mittels Unterhaltsrechner (www.jugendwohlfahrt.at/unterhaltsrechner.asp). Das Ergebnis muss nicht genau übereinstimmen, soll aber für die Orientierung der Unterhaltshöhe dienen.

Beachte auch Durchschnittssätze des Regelbedarfs (Kapitel XIII/G).

Wie berechnet man das Monatsnettoeinkommen?

Zur Berechnung des Monatsnettoeinkommens bedient man sich der **„Bemessungsgrundlage“.**

Diese setzt sich aus allen maßgeblichen Einkünften des Unterhaltspflichtigen für das Jahr zusammen und diese bilden die Grundlage für die Festlegung des Unterhalts.

Bei Unselbständigen

Zur Berechnung zieht man das Jahresnettoeinkommen heran. Das ist die Summe aller Einkünfte minus gesetzlicher Abzüge wie Steuern, Sozialversicherungsbeiträge und dergleichen, die durch zwölf geteilt wird.

All diese Daten können einer Kopie des Jahreslohnzettels des Dienstgebers für das Finanzamt entnommen werden

Berechnungsformel für das monatliche Nettoeinkommen

Monatlicher Nettobezug x 12 + Sonderzahlungen : 12

Wenn sich innerhalb des Jahres wesentliche Änderungen ergeben, die weiter bestehen bleiben werden (z.B. Arbeitslosigkeit des Unterhaltsverpflichteten), erfolgt die Berechnung erst ab Eintritt dieser Änderung.

Beispiel:
Unterhaltspflichtiger verdient im Jänner und Februar € 3.000,–. Dann wird er entlassen und verdient ab März, für voraussichtlich längere Zeit, nur mehr € 2.000,–. Es ist bei der Unterhaltsbemessung von einem monatlichen Verdienst von € 2.000,– auszugehen.

- **Zur Gänze** sind bei der Bemessung Bezüge **einzubeziehen**, denen keine konkreten finanziellen Mehraufwendungen gegenüberstehen, also beispielsweise:
  - Urlaubs- und Weihnachtsgeld,
  - sonstige Sonderzahlungen,
  - Entschädigungen für nicht konsumierte Urlaube,
  - Überstundenentgelt,
  - Provisionen, Prämien
  - Nachtdienstzulage,
  - Sonntagszulage,
  - Schlechtwetterzulage,
  - Auslandszulagen,
  - Gefahren- und Verwendungszulage,
  - Trinkgelder,
  - Rückzahlungen des Finanzamtes,
  - Invaliditätspension,
  - Arbeitslosenunterstützung,
  - Notstandshilfe,
  - Sozialhilfeleistungen,

- Ausgleichszulage,
- Karenzurlaubsgeld,
- Haushalts- und Kinderzulage sowie auch
- Naturalbezüge (z.B. Firmenwohnung, Firmen-Pkw, Anrechnung mit den Beträgen, die sich der Unterhaltspflichtige erspart),
- Krankengeld,
- Bilanzgeld,
- Jubiläumsgeld,
- Abfertigungen werden grundsätzlich auf so viele Monate aufgeteilt, wie sie Vielfaches von Monatsbezügen sind. Dazu kommt noch das Arbeitslosengeld. Hohe Abfertigungen („golden handshakes") sind nach Möglichkeit so aufzuteilen, dass sich die Bemessungsgrundlage gegenüber der Berufstätigkeit nicht ändert.

Wenn jemand **„pfuschen"** geht und ihm dies nachgewiesen werden kann, ist bei der Unterhaltsbemessung zumindest von dem Betrag, den er nachweislich durch „Pfuschen" verdient hat, auszugehen. Wenn aber die sonstigen Voraussetzungen vorliegen, ist er „anzuspannen" (siehe Kapitel XIII/I).

- **Zur Hälfte** sind bei der Bemessung folgende Bezüge **einzubeziehen**, weil zusätzliche Aufwendungen angenommen werden:
  - Erschwerniszulage,
  - Schmutzzulage,
  - Trennungsgebühren,
  - Tages- und Nächtigungsgelder,
  - Diätenpauschale,
  - pauschale Aufwandsentschädigungen.
    (Werden die Aufwendungen konkret belegt, sind sie allerdings zur Gänze auszuscheiden.)
- **Auszuscheiden** aus der Bemessung sind:
  - Pflegegeld (für pflegebedürftige Personen),

- Kilometergeld,
- konkrete Reise- und Verpflegungskosten,
- Schmerzensgeldansprüche.

- **Abziehbar** aus der Bemessung sind:
  - Laufende Lohnsteuer und Sozialversicherungsbeiträge,
  - Kreditrückzahlungskosten sind abzugsfähig, soweit sie zur Erhaltung der Existenz, der Erwerbsfähigkeit und zur Schaffung von existenznotwendigem Wohnraum notwendig waren,
  - Unabwendbare lebensnotwendige Ausgaben, wie medizinische Behandlungskosten.
- **Nicht abzugsfähig** von der Bemessung sind:
  - Steuerliche Absetzbeträge,
  - diverse Versicherungsprämien,
  - Kosten beruflicher Fortbildung,
  - Auslagen für Fahrtkosten zum Arbeitsplatz,
  - Steuerschulden,
  - Gewerkschaftsbeiträge,
  - Wohnungserhaltungskosten,
  - allgemeine Wohnungsanschaffungs- und Einrichtungskosten.

Beispiel:

Jemand bekommt € 3.000,– monatlich ausbezahlt. Darin sind enthalten:

€ 100,–	*Überstundenpauschale; zählt voll für die Berechnung des Unterhalts*
€ 100,–	*Provisionen; zählt voll für die Berechnung des Unterhalts*
€ 50,–	*Erschwerniszulage; zählt zur Hälfte für die Berechnung des Unterhalts*
€ 50,–	*Diätenpauschale; zählt zur Hälfte für die Berechnung des Unterhalts*
€ 100,–	*Kilometergeld; zählt gar nicht für die Berechnung des Unterhalts*

Berechnung:
3.000,–
– 100,– für Überstundenpauschale
– 100,– für Provisionen
– 25,– für Erschwerniszulage
– 25,– für Diätenpauschale
= 2.750,–
Es ist daher bei der Unterhaltsbemessung von einem Betrag von € 2.750,– auszugehen

Bei Selbständigen

Hier zählt nicht der steuerliche Reingewinn laut Einkommensteuerbescheid, sondern der **tatsächlich verbleibende Reingewinn**, der sich aus der Summe der Einnahmen minus Betriebsausgaben, sowie einkommens- und betriebsgebundenen Steuern und öffentlichen Abgaben ergibt. Übersteigen die **Privatentnahmen** (= alle nichtbetrieblichen Bar- und Naturalentnahmen wie etwa Verwendung des Firmenautos für private Zwecke) den Gewinn, sind diese Grundlage für die Unterhaltsbemessung. Vermögensentnahmen, die nicht privaten Zwecken dienen, sondern der Sicherung der wirtschaftlichen Existenz des Betriebes, bleiben unbeachtet.

Selbständige haben verschiedene Gestaltungsmöglichkeiten zum Nachteil von Unterhaltsberechtigten; sie können etwa Investitionen vorziehen, private Aufwendungen mit betrieblichen vermischen oder Angehörige zum Schein anstellen; all das mindert den Gewinn des Unternehmens. Daher bedarf es privaten Wissens des Unterhaltsberechtigten über die Lebensumstände des Unterhaltsverpflichteten und eines erfahrenen Sachverständigen, der in einem Gutachten über die letzten drei Betriebsjahre aufzeigt, inwieweit die Steuerbemessungsgrundlage nach unterhaltsrechtlichen Grundsätzen zu berichtigen ist.

TIPP FÜR UNTERHALTSBERECHTIGTE:

Die Lebensumstände des Unterhaltsverpflichteten erforschen (Ausgaben für Kfz, Reisen, Hobbys, Reitpferd; Wohnsituation; Geschenke; Privatstiftung). Zusatzeinkommen prüfen: Kapitalerträgnisse (scheinen in Steuererklärung nicht auf); Vermietung, Verpachtung; Unfallrente usw.; erfahrenen Sachverständigen beantragen, der in keinem Naheverhältnis zum Unterhaltsverpflichteten steht.

TIPP FÜR UNTERHALTSVERPFLICHTETE:

Den obigen Tipp für Unterhaltsberechtigte bei den Dispositionen berücksichtigen.

Vermögen des Unterhaltverpflichteten ist für die Unterhaltsbemessung nur dann relevant, wenn er einkommenslos ist. Es könnte dann eine zumutbare (teilweise) Verwertung des Vermögens verlangt werden bzw. der Unterhaltsanspruch nach dem fiktiven Erlös berechnet werden.

Privatstiftung: Hat der Unterhaltspflichtige sein Vermögen in eine Privatstiftung eingebracht, ohne, dass ihm Erträge zufließen, ist der Unterhalt aufgrund der Erträgnisse zu berechnen, die er nach der Höhe seines eingebrachten Vermögens beziehen könnte, hätte er das Vermögen nicht in die Stiftung eingebracht.

Die Selbsterhaltungsfähigkeit

Selbsterhaltungsfähigkeit ist nicht gleichbedeutend mit Volljährigkeit, sondern besagt, dass jemand in der Lage ist, auch außerhalb des elterlichen Haushalts seine standesgemäßen **Lebensbedürfnisse** – *gemessen am Standard der Eltern* – **selbst zu decken**, sei es durch eine zumutbare Beschäftigung oder aus seinen Vermögenserträgnissen (z.B. eines geerbten Zinshauses). Die Selbsterhaltungsfähigkeit kann vor oder nach der Volljährigkeit eintreten.

Ein Kind, das ausreichend erwerbsfähig wäre und seine Möglichkeiten nicht nützt, verliert seinen Unterhaltsanspruch; es gilt dann für das Kind der Anspannungsgrundsatz (siehe Kapitel XIII/H).

Bei einfachen Lebensverhältnissen, das ist, wenn der Prozentunterhalt etwa dem Regelbedarf entspricht (Regelbedarfssätze Kapitel XIII/F) ist die Selbsterhaltungsfähigkeit dann gegeben, wenn jemand ein **Einkommen** bezieht, das sich an der Höhe des Ausgleichszulagenrichtsatzes orientiert (= gesetzliche ASVG-**Mindestpension**). Diese Mindestpension ändert sich jährlich. Sie beträgt derzeit € 814,82. Liegt das gesamte Eigeneinkommen des Kindes unter diesem Betrag, ist vom Unterhaltsberechtigten ein Restunterhalt zu leisten.

Die Ausgleichszulage fällt 14 Mal jährlich an, ist aber im Unterhaltsrecht auf 12 Mal jährlich umzurechnen. Vom Ergebnis sind noch die (derzeit) 5,1 % Krankenversicherungsbeiträge abzuziehen.

Ob ein **Präsenzdiener** als selbsterhaltungsfähig anzusehen ist, richtet sich nach den Lebensverhältnissen der Eltern. Bezieht er Unterhaltszahlungen in der Höhe des Regelbedarfs, gilt er als selbsterhaltungsfähig, sind die Unterhaltszahlungen höher, ist dies nicht der Fall. Nach anderer Rechtsprechung ist der Unterhalt von Präsenzdienern auf die Hälfte des Regelbedarfs einzuschränken. Die Rechtsprechung für Präsenzdiener kann auch als Orientierung für Zivildiener gelten, obwohl diese keine Wohnversorgung erhalten.

Eigene **regelmäßige Einkünfte** des unterhaltsberechtigten Kindes vermindern seinen Unterhaltsanspruch, außer bei kurzfristiger Tätigkeit. Die Lehrlingsentschädigung z.B. ist zur Hälfte auf den Unterhalt anzurechnen, was auch für andere Einkünfte angewendet werden kann.

Weiters sind **Erträgnisse** (Zinsen) aus dem Vermögen des Kindes zu berücksichtigen, nicht hingegen Schüler- und Studienbeihilfe oder Schmerzensgeld.

Die **Familienbeihilfe** gilt nicht als eigenes Einkommen des Kindes.

Je nach den Lebensverhältnissen der Eltern (einfach – durchschnittlich – überdurchschnittlich) gibt es nach der Rechtsprechung verschiedene Formeln:

- Zur Berechnung des Unterhaltsanspruchs eines unterhaltsberechtigten Kindes mit Eigeneinkünften wendet die Rechtsprechung bei durchschnittlichen Lebensverhältnissen bisweilen folgende Formel an:

(Mindestpensionshöhe – minus Eigeneinkünfte des Kindes x Regelbedarf) / Mindestpensionshöhe.

(Zum Regelbedarf siehe Kapitel XIII/F)

Beispiel:

Ein 17-jähriger Hilfsarbeiter bezieht ein Einkommen von € 550,– (Sonderzahlungen sind bereits eingeschlossen).

Berechnung (gerundet), weil es eigentlich eine Bemessung ist:

€ 902,–	*(= der Betrag der gesetzlichen Mindestpension von monatlich 814,82 + 13. und 14. Bezug dividiert durch zwölf Monate – 5,1 % Sozialversicherungsabgaben)*
–	*€ 550,– (= Eigeneinkommen des Kindes)*
x	*€ 412,– (Regelbedarf)*
:	*€ 902,– (= Mindestpensionshöhe)*
=	***€ 160,82 gerundet € 160,–.***

Diesen Betrag hat der Unterhaltspflichtige, falls seine Leistungsfähigkeit ausreicht, für seinen Sohn mit einem Eigeneinkommen von € 550,– zu bezahlen.

- Bei überdurchschnittlichen Einkünften des Unterhaltspflichtigen lautet die Formel:
  Kindeseinkommen x Geldunterhaltsanspruch nach der %-Methode dividiert durch die Summe aus Geldunterhaltsanspruch (nach der %-Methode) + die Differenz zwischen Mindestpensionshöhe und Regelbedarf.

Nach der Matura ist dann keine Selbsterhaltungsfähigkeit anzunehmen, wenn ein Kind die Fähigkeit und die Zielstrebigkeit für ein Studium zeigt. Ob die Eltern studiert haben, ist in diesem Zusammenhang bedeutungslos. Als Beurteilungskriterium dient die Durchschnittsdauer des jeweiligen Studiums. Der Anspruch eines Studenten auf Unterhalt lebt wieder auf, wenn er die zum Abschluss des Studienabschnittes erforderlichen Prüfungen erfolgreich nachgeholt hat.

Ein **Studienwechsel** ist dann zu genehmigen, wenn er nach nicht allzu langer Dauer des Erststudiums erfolgt und das Ausbildungsziel dem Wohl des Kindes besser entspricht.

Nach **abgeschlossener Berufsausbildung** und einem angemessenen Zeitraum für die Arbeitssuche (etwa ½ Jahr) gilt man als selbsterhaltungsfähig (EF 83.711, 68.492). Wer die Aufnahme einer zumutbaren Erwerbstätigkeit unterlässt, verliert seinen Unterhaltsanspruch. Eine bloß vorübergehende Einkommensminderung bewirkt nicht den Verlust der bereits eingetretenen Selbsterhaltungsfähigkeit und das Wiederaufleben der Unterhaltspflicht (EF 83.729).

Zum **Wiederaufleben des Unterhaltsanspruchs** kann es kommen, wenn ein Kind nach Eintritt der Selbsterhaltungsfähigkeit nicht in der Lage ist, den Beruf auszuüben (Arbeitslosigkeit, Krankheit, unvermeidbare Fortbildung) und keine ausreichende sozialrechtliche Absicherung besteht.

F. Durchschnittsbedarfssätze (Regelbedarf)

Neben den grundsätzlich maßgebenden Prozentsätzen hat die Rechtsprechung als weitere Entscheidungshilfe die **Durchschnittsbedarfswerte** für Kinder nach Altersgruppen festgelegt. Es handelt sich dabei um jenen Bedarf, den jedes Kind einer bestimmten Altersstufe in Österreich ohne Rücksicht auf die tatsächlichen Lebensverhältnisse der Eltern hat.

Der Regelbedarf ist eine zusätzliche Orientierungshilfe zur Unterhaltsbemessung für das Gericht. Der Unterhalt wird nach herrschender Rechtsprechung grundsätzlich im Rahmen der Prozentsätze, die wesentlich sind, weil sie die Leistungsfähigkeit des Unterhaltspflichtigen berücksichtigen, bemessen. Da im Gesetz nicht genau angeführt ist, wie der Unterhalt zu berechnen ist (§ 140 ABGB meint sinngemäß, dass die Eltern nach ihren Kräften den für die Kinder angemessenen Unterhalt leisten sollen), **bleibt die Unterhaltsbemessung den einzelnen Gerichten überlassen.**

Regionale Unterschiede in der Unterhaltsbemessung kann auch der OGH kaum vereinheitlichen, weil dieser in Unterhaltsfragen im Normalfall nicht angerufen werden darf. Es ist auch zulässig, sowohl den statistisch erhobenen Durchschnittsbedarf von Personen gleicher Altersgruppe wie auch eine bestimmte prozentuelle Berechnung von Nettoeinkommen des Unterhaltspflichtigen zu berücksichtigen und in diesem Rahmen den Unterhalt auszumessen (zweiseitig vergleichende Unterhaltsbemessung nach Bedarf der Kinder und Leistungsfähigkeit der Eltern). Keinesfalls kann aber neben dem Unterhalt nach Prozentsätzen Unterhalt nach dem Regelbedarf zusätzlich gefordert werden.

Der Regelbedarf betrifft Nahrung, Kleidung, Wohnung und weitere Bedürfnisse wie Sport, Kultur und sonstige Freizeitgestaltung und Urlaub.

Diese Durchschnittsbedarfssätze werden in jährlichen Abständen vom Bundesministerium für Justiz der Preissteigerungsrate angepasst und im „Österreichischen Amtsvormund“ veröffentlicht. Sie betragen seit dem 1. 7. 2011:

Altersgruppe	**Regelbedarf**
0 bis 3 Jahre	€ 186,–
3 bis 6 Jahre	€ 238,–
6 bis 10 Jahre	€ 306,–
10 bis 15 Jahre	€ 351,–
15 bis 19 Jahre	€ 412,–
19 bis 28 Jahre	€ 517,–

G. Sonderbedarf

Zusätzlich zum Unterhaltsanspruch aufgrund der Prozentsätze bzw. der Regelbedarfssätze kann ein Kind in Sonderfällen einen darüber hinausgehenden Sonderbedarf fordern. Sonderbedarf liegt vor, wenn etwa für die Gesundheit, Persönlichkeitsentwicklung, Ausbildung oder Talentförderung des Kindes **außergewöhnliche und dringliche Ausgaben** in unregelmäßiger Höhe anfallen, die durch den Unterhalt nicht gedeckt sind und öffentliche Leistungen wie Krankenkassen und Sozialversicherungen etc. dafür nicht aufkommen. Sonderbedarf besteht auch für die Vergangenheit.

Eine Überschreitung der Prozentberechnung ist aber nur bei **existenznotwendigem Sonderbedarf** gerechtfertigt. Jedenfalls begrenzt die finanzielle Leistungsfähigkeit des Verpflichteten den Sonderbedarf. Bei sehr hohen Einkommen des Unterhaltspflichtigen ist die Rechtsprechung bei der Zuerkennung eines Sonderbedarfs großzügiger. Liegt die Unterhaltsleistung aber erheblich über dem Durchschnittsbedarf, wird kein Sonderbedarf angenommen. Jedenfalls ist die Rechtsprechung zum Sonderbedarf sehr einzelfallbezogen und lässt sich nur schwer verallgemeinern.

Wird ein Kind von einem Elternteil betreut, so hat dieser den Bedarf der für den Betreuungsbereich anfällt (Kindergarten, Tagesmutter, Hort etc. selbst zu tragen, während der übrige Sonderbedarf grundsätzlich zu Lasten des geldunterhaltspflichtigen Elternteils geht. Ist dieser dazu nicht in der Lage, haben beide Elternteile nach ihrer Leistungsfähigkeit beizutragen. Gleiches gilt, wenn ein Kind nicht in häuslicher Betreuung, sondern in Drittpflege ist.

Als Sonderbedarf kommen in Frage: Kosten medizinisch notwendiger Behandlung, die die Krankenkasse nicht trägt (Zahnregulierung, Psychotherapie); Spitalskosten; Computer oder Sprachferien, wenn dies für den Schulerfolg wichtig ist; Privatschule bei gehobenen Lebensverhältnissen, wenn gewichtige Gründe gegen den Besuch der öffentlichen Schule sprechen, z.B. die Entfernung; außerhäusliche Aktivitäten (Aufenthalte bzw. Schulungen im notwendigen Kindesinteresse); notwendige Prozesskosten.

Keinen Sonderbedarf stellen z.B. dar: Kosten für Brillen und die übliche ärztliche Behandlung (zahlt Krankenkasse); der übliche Schulbedarf; Kosten für Musikunterricht, Tennis, Judokurs und Reitstunden; Schulskikurse, Schulsportwochen oder Maturareise; Kinderfahrrad; Sportausrüstung; Berufskleidung; Festkleidung; Theaterbesuche; übliches Taschengeld.

HINWEIS

Da im Gesetz nichts darüber steht und der OGH in Fragen des Sonderbedarfs nicht angerufen werden darf, hat sich durch die verschiedenen regionalen Rechtsmittelgerichte eine unterschiedliche Rechtsprechung zum Sonderbedarf entwickelt.

Muster einer Vereinbarung für die Regelung von Sonderbedarf

Vereinbarung Sonderbedarf

Die Eltern der mj. Eva X, geb. ..., vereinbaren für diese eine homöopathische Behandlung (genaue Angabe der Art der Behandlung).

Die von der Krankenkasse dafür nicht bezahlten Kosten werden von den Eltern je zur Hälfte getragen.

Variante: Die Kosten trägt der Vater/die Mutter.

H. Was geschieht, wenn ein Unterhaltspflichtiger absichtlich zu wenig verdient?

Wenn ein Unterhaltspflichtiger absichtlich erheblich weniger verdient, als er nach seiner Ausbildung und seinen Fähigkeiten verdienen könnte, wird bei der Unterhaltsberechnung nicht von seinem tatsächlichen Einkommen ausgegangen, sondern von dem Betrag, den er zumutbar verdienen könnte (z.B. vom Kollektivvertragslohn des freiwillig aufgegebenen Berufs).

Bei **Arbeitslosigkeit** wird die Arbeitslosenunterstützung als Bemessungsgrundlage herangezogen. Der Arbeitslose erhält zusätzlich noch einen Familienzuschlag, wenn er zum Unterhalt zumindest einer Person wesentlich beiträgt und für die Angehörigen ein Anspruch auf Familienbeihilfe besteht und diese kein Arbeitseinkommen erzielen, das im Monat die Geringfügigkeitsgrenze übersteigt.

Die Familienbeihilfe wird gesondert, zusätzlich zum Unterhalt, von jenem Elternteil bezogen, bei dem sich das Kind befindet.

Dieser **„Anspannungsgrundsatz“** gilt sowohl für den Unterhalt des Kindes als auch für den Unterhalt des Ehegatten. Wenn der Unterhaltsleistende zumindest die Durchschnittsbedarfssätze zahlt, wird der Anspannungsgrundsatz selten angewendet.

Beispiel:
Ein unterhaltspflichtiger Facharbeiter arbeitet nicht in seinem Beruf, sondern nur halbtags als Badewärter, wobei er monatlich € 1.000,– verdient. Da er in seinem Beruf laut Kollektivvertrag € 1.700,– verdienen könnte und dort auch Arbeit finden würde, wird der Unterhalt so bemessen, als würde er monatlich € 1.700,– verdienen. Entscheidend ist dabei, ob er so viel für das Kind an Unterhalt zahlt, wie er in seinem Beruf verdienen könnte. Wenn dies der Fall ist, kann er auch „pfuschen" gehen – dies hat mit der Unterhaltspflicht nichts zu tun.

Wenn der Unterhaltspflichtige mit der Unterhaltszahlung, die vereinbarungsgemäß am Monatsbeginn im Vorhinein zu leisten ist, auch nur einmal in **Rückstand** ist, kann bei Gericht ein Unterhaltsantrag im Außerstreitverfahren gestellt werden. Das bedeutet, dass der Unterhalt mit Beschluss festgesetzt und bei nicht rechtzeitiger Zahlung durch Exekution (Pfändung) hereingebracht wird. Zu einem solchen Antrag ist der Obsorgeberechtigte selbst, sein Anwalt oder das Jugendamt mit Zustimmung des Obsorgeberechtigten legitimiert. Der Volljährige kann selbst den Antrag stellen.

I. Wie kommt man schneller zu Unterhaltsleistungen?

Da Gerichtsverfahren lange dauern können, gibt es gesetzliche Möglichkeiten, schneller zu seinem Unterhalt zu kommen.

Vorläufiger Unterhalt

Für Minderjährige, die nicht im gemeinsamen Haushalt mit dem Unterhaltspflichtigen leben, gilt: Sofern noch kein Unterhaltstitel (Beschluss oder Unterhaltsvergleich) besteht und ein Unterhaltsverfahren eines Minderjährigen bei Gericht anhängig ist oder gleichzeitig ein Unterhaltsantrag eingebracht wird, besteht die Möglichkeit ab Antragstag, nicht aber für die Vergangenheit, einen vorläufigen Unterhalt zu begehren (§ 382a EO). Diesem Antrag ist grundsätzlich **ohne weiteres Verfahren** und ohne den Antragsgegner zu hören stattzugeben, wenn sich aus dem Pflegschaftsakt nichts Gegenteiliges ergibt.

Der Unterhaltsbetrag, der als vorläufiger Unterhalt bis zum Abschluss des Unterhaltsverfahrens zu gewähren ist, darf nur bis zur **Höhe der Familienbeihilfe** bewilligt werden. Daneben bleibt die Möglichkeit bestehen durch eine einstweilige Verfügung einen einstweiligen Unterhalt nach § 382 Abs. 1 Z 8a EO zu beantragen, der nicht mit der Höhe der Familienbeihilfe beschränkt ist (siehe unten).

Der in Anspruch genommene Elternteil kann jedoch die Aufhebung oder Einschränkung des vorläufigen Unterhalts und Ersatz verlangen, wenn sich später herausstellt, dass er zu Unrecht verpflichtet worden ist. Der vorläufige Unterhalt kann auch nach dem Unterhaltsvorschussgesetz (siehe unten) bevorschusst werden.

Einstweiliger Unterhalt

Als einstweilige Verfügung kann im Zuge einer strittigen Ehescheidung oder eines Unterhaltsstreits zwischen Ehegatten – in einer Art **„Schnellverfahren“** als vorläufige Entscheidung – ein einstweiliger Unterhalt für minderjährige und volljährige Kinder beantragt werden (§ 382 Abs. 1 Z 8a EO). Dieser gilt so lange, bis im üblichen Gerichtsverfahren die Sache z.B. durch ein Sachverständigengutachten gründlich geprüft und eine endgültige Entscheidung gefällt wird, die aber auch anders ausfallen kann. Zum Unterschied zum vorläufigen Unterhalt ist dieser nicht durch die Höhe der Familienbeihilfe begrenzt und die Kinder können auch im Haushalt des Unterhaltsverpflichteten leben. Für die Vergangenheit kann ein solcher Unterhalt nicht verlangt werden.

In diesem „**Schnellverfahren**“ gelten besondere gesetzliche Bestimmungen: Die Parteien müssen den von ihnen behaupteten Sachverhalt nicht – wie sonst grundsätzlich üblich – „beweisen“, sondern die antragstellende Partei hat lediglich Grund und Höhe der Unterhaltsforderung sowie die Verletzung der Unterhaltspflicht ohne Gefahrennachweis zu bescheinigen bzw. „**glaubhaft machen**“. Das heißt, der Richter muss die Umstände nicht für wahr, sondern nur für wahrscheinlich halten. Der Unterhalt wird nur ungefähr bemessen und die inhaltlichen Voraussetzungen dafür nicht streng geprüft. Nach neuerer Rechtsprechung wird auch einstweiliger Unterhalt in voller Höhe zugesprochen (OGH 1 Ob 235/11g). Selbst wenn sich nachträglich herausstellt, dass der einstweilige Unterhalt überhöht war, braucht der Begünstigte nur Beträge zurückzuzahlen für die ihm „Schlechtgläubigkeit" nachgewiesen wird. Da dieses Verfahren sehr schnell gehen soll, sind nur solche Beweismittel zulässig, die eine **sofortige Beweisaufnahme** zulassen (z.B. Urkunden, die bereits zu Gericht mitgebracht werden wie Lohnzettel, Rechnungen über lebensnotwendige Ausgaben, frühere Unterhaltszahlungen sowie Zeugen, die sofort vernommen werden können).

In dringenden Fällen – **bei Gefahr im Verzug** – kann hier sogar eine Gerichtsentscheidung gefällt werden, ohne dass der Antragsgegner vorher gehört wird.

Mit dieser Entscheidung über den einstweiligen Unterhalt kann, ohne die Rechtskraft abzuwarten, sofort Exekution geführt werden, auch wenn der Gegner dagegen ein Rechtsmittel erhebt. Auch ein Antrag auf Unterhaltsvorschuss ist möglich.

Zuständig für die vorläufige Entscheidung ist grundsätzlich das Gericht, das auch für die endgültige Entscheidung zuständig ist.

HINWEIS

Um einstweiligen Unterhalt zu bekommen, muss man bei Gericht im Außerstreitverfahren entweder selbst am Amtstag vorsprechen oder durch einen Anwalt den Antrag auf einstweiligen Unterhalt stellen. Am Einfachsten, man nimmt Kontakt mit dem zuständigen Jugendamt auf, damit dieses den Antrag stellt.

Der **Vergleich vorläufiger Unterhalt – einstweiliger Unterhalt** ergibt im Regelfall, dass ersterer rascher zu erreichen, mit weniger Unsicherheitsfaktoren belastet ist und billiger kommt, aber hinsichtlich der Unterhaltshöhe mit der Familienbeihilfenhöhe begrenzt ist. Hingegen ermöglicht der einstweilige Unterhalt einen höheren Unterhaltsbetrag, mit der Chance auch einen überhöhten Unterhalt mangels

„Schlechtgläubigkeit“ nicht zurückzahlen zu müssen; das Verfahrensrisiko ist aber bezüglich Kosten (bei Anwaltsvertretung) und Dauer höher; allerdings kann der Einzelfall auch anders gelagert sein.

Tipp für Unterhaltspflichtige

Kein Verhalten setzen, das den Gegner zu einer einstweiligen Unterhaltsverfügung berechtigt, da man sonst ohne genauere Überprüfung zu höheren Unterhaltzahlungen verurteilt werden kann als sich letztlich ergibt, diese Beträge aber meist schwer zurückbekommt.

Muster für Antrag auf vorläufigen Unterhalt

An das Bezirksgericht ....

Antragsteller und Antragsgegner wie Muster Kapitel XIII/M

wegen: vorläufiger Unterhalt (382a EO)

Erster und zweiter Absatz wie Muster Kapitel XIII/M

Beschluss

Dem Antragsgegner (geb. am ..., Vor- und Zuname ..., Beruf ..., Anschrift ...) wird als Vater des minderjährigen (Vor- und Zuname ... geb. ...) aufgetragen, ab dem Tag dieses Antrags einen vorläufigen Unterhalt in der Höhe des Grundbetrages der Familienbeihilfe für das jeweilige Alter des Kindes, zu Handen der obsorgeberechtigten Mutter (Vor- und Zuname) am ersten eines jeden Monats im Voraus und erstmals sofort nach Zustellung dieses Beschlusses bei sonstiger Exekution zu bezahlen; die bis zur Zustellung diese Beschlusses fälligen Beträge sind binnen 14 Tagen zu leisten.

Muster für Antrag auf einstweiligen Unterhalt

Grundsätzlich wie oben, außer dass bei „wegen“ „einstweiliger Unterhalt (§ 382 Abs. 1 Z 8 lit a EO)“ einzusetzen ist und man den Beschluss-Antrag als Schlussabsatz etwa formulieren könnte:

„Dem Antragsgegner werde aufgetragen, dem Antragsteller vertreten durch die obsorgeberechtigte Mutter (Vor- und Zuname) vom Tag der Antragstellung einen monatlichen Unterhaltsbetrag (der sich nach den angeführten Prozentsätzen orientiert und nicht durch die Höhe der Familienbeihilfe beschränkt ist!) von .... (den geforderten Betrag einsetzen) zu bezahlen; die bis zur Zustellung des Beschlusses fälligen Beträge jeweils am 1. jeden Monats im Vorhinein".

Unterhaltsvorschuss

Nach dem Unterhaltsvorschussgesetz **zahlt der Staat** einen Vorschuss auf den gesetzlichen Unterhalt von Kindern, wenn Schwierigkeiten bei der Hereinbringung des Unterhalts bestehen. Voraussetzungen sind, u.a. dass es sich beim Unterhaltsberechtigten um ein minderjähriges Kind eines EU-Bürgers, eines Staatenlosen, eines Schweizers oder eines türkischen Staatsangehörigen handelt, sofern ein Elternteil in Österreich erwerbstätig ist oder Arbeitslosenunterstützung bezieht und das Kind nicht im gemeinsamen Haushalt mit dem Unterhaltsschuldner oder Pflegeeltern lebt und nicht im Heim untergebracht ist.

Bevorschusst werden

- Unterhaltschulden, die trotz Vorliegen eins vollstreckbaren Titels nicht zur Gänze geleistet werden, wenn das Kind glaubhaft macht einen Exekutionsantrag gestellt zu haben;
- wenn die Exekution aussichtslos erscheint;
- schon die Festsetzung des Unterhalts aus Gründen die dem Schuldner zuzurechnen sind nicht gelingt oder weil der Unterhaltschuldner in Haft ist.

Die **Höhe** der Unterhaltsvorschüsse entspricht grundsätzlich den Unterhaltsbeträgen, die durch Vereinbarung vor dem Jugendwohlfahrtsträger oder durch gerichtliche Entscheidungen festgesetzt wurden, jedoch nur bis zur Höchstgrenze nach dem **ASVG-Richtsatz für pensionsberechtigte Halbwaisen**.

Verhindert der Unterhaltspflichtige die Unterhaltsfestsetzung, kann ein **reduzierter Unterhaltsvorschuss** – abgestuft nach dem Alter des Kindes – gewährt werden. Auch bei einer Strafhaft des Unterhaltspflichtigen von über einem Monat kann Anspruch auf Unterhaltsvorschuss bestehen.

Unterhaltsvorschüsse sind **nur auf Antrag** und längstens **für die Dauer von fünf Jahren** zu bewilligen. Die Abwicklung der Vorschussleistung erfolgt durch den Jugendwohlfahrtsträger (Jugendamt), der ab Bewilligung der Vorschussgewährung als besonderer Vertreter für das anspruchsberechtigte Kind tätig ist.

HINWEIS

Bevor die fünf Jahre, für die Unterhaltsvorschuss gewährt wurden, abgelaufen sind, sollte man rechtzeitig beim zuständigen Jugendamt vorsprechen, damit dieses bei weiterem Bedarf bei Gericht entsprechend tätig wird.

Bei **Änderung der Voraussetzungen** für die Gewährung des Unterhaltsvorschusses (z.B. der Unterhaltsschuldner zahlt wieder seine Unterhaltsbeiträge), ist dies unverzüglich dem Gericht mitzuteilen. Wer dies unterlässt, muss ebenso wie jener, der unrichtige Angaben macht, mit der Rückforderung der zu Unrecht bezogenen Vorschüsse rechnen.

Es kommt immer wieder vor, dass ein Unterhaltspflichtiger ein Monat zahlt, dann wieder nicht, oder dass er **nicht vollständig zahlt.** Auch hier besteht die Möglichkeit, entweder um Vorschuss anzusuchen oder Exekution zu führen.

Das Pflegschaftsgericht entscheidet im Außerstreitverfahren darüber, wer, wann, wie viel vom geleisteten Unterhaltsvorschuss zurückzahlen soll.

J. Unterhaltsverzicht & Schad- und Klagloshaltung

Ein **Unterhaltsverzicht** sowohl des minderjährigen als auch des volljährigen Kindes ist grundsätzlich unwirksam. (Ausnahme: Ein Teil der Rechtsprechung sieht einen teilweisen Unterhaltsverzicht des volljährigen Kindes als rechtswirksam an.)

Das heißt: Nach rechtsgültig angenommenem Teilunterhaltsverzicht kann der Unterhaltspflichtige dies einwenden und braucht nicht mehr den vollen, sondern nur den notdürftigen Unterhalt bezahlen.

Rechtswirksam ist jedenfalls die Verpflichtung eines Elternteils, dem anderen für Unterhaltsbeträge, die das Kind oder ein Dritter (z.B. der Jugendwohlfahrtsträger) gegen ihn geltend macht, **„schad- und klaglos zu halten“**.

Beispiel:

Ein Kind befindet sich bei der wohlhabenden obsorgeberechtigten Mutter. Nach der Scheidung vereinbart die Mutter mit dem auf die schiefe Bahn geratenen Vater, dass dieser kein Besuchsrecht ausübt, um das Kind nicht moralisch zu gefährden, wenn die Mutter ihn für allfällige Unterhaltsansprüche des Kindes schad- und klaglos hält. Das bedeutet, das Kind hat zwar weiterhin Unterhaltsansprüche gegen den Vater; die Beträge, die der Vater zahlt, bekommt dieser jedoch von der Mutter rückerstattet. Diese Vereinbarung ist nur zwischen Vater und Mutter wirksam, das Kind ist davon nicht betroffen. Der Unterhalt ist jedoch zu zahlen, wenn das Jugendamt oder das Kind, vertreten durch einen Kurator, trotzdem Unterhalt vom Vater verlangen.

Mustervereinbarung einer Schad- und Klagloshaltung

Vereinbarung

Die Mutter [Name] verpflichtet sich, dem Vater [Name] hinsichtlich der Unterhaltsansprüche des/r Kindes/r ... [Name/n, Geburtsdatum/en] bis [Datum] ... hinsichtlich eines monatlich € ... übersteigenden Betrages schad- und klaglos zu halten.

Diese Regelung bezieht sich auch/nicht auf einen allfälligen Sonderbedarf.

K. Verwirkung/Verringerung der Unterhaltsansprüche

Eine Verwirkung des Kindesunterhalts ist im Gesetz nicht vorgesehen. Die Rechtsprechung nimmt eine **Verringerung** des Unterhalts vom angemessenen auf den notwendigen Unterhalt an, wenn ein Kind ein Verhalten gesetzt hat, das die Entziehung des Pflichtteils rechtfertigt (siehe Kapitel XVIII/A).

L. Geltendmachung des Unterhaltsanspruchs bzw. Zuständigkeit

Wohnt das Kind nicht mit den Eltern im gemeinsamen Haushalt, sollte dafür gesorgt werden, dass die monatlichen Unterhaltsbeträge rechtzeitig gezahlt werden.

Auch wenn Einvernehmen über die Unterhaltszahlung zwischen Eltern herrscht, besteht die Möglichkeit, vor dem Jugendamt oder dem Bezirksgericht, in dessen Sprengel das Kind seinen gewöhnlichen Aufenthalt hat, eine **Vereinbarung** über die Höhe des zu zahlenden Unterhalts zu treffen. Kommt eine solche Vereinbarung nicht zustande, kann die Festsetzung (Bemessung) des geschuldeten Unterhalts für das minderjährige Kind beim Pflegschaftsgericht beantragt werden.

Es steht dem gesetzlichen Vertreter des minderjährigen Kindes frei, sich selbst um die Durchsetzung des Unterhalts für das Kind zu kümmern oder mit seiner schriftlichen Zustimmung das **Jugendamt** mit dieser Aufgabe zu betrauen. Das Jugendamt (Jugendwohlfahrtsträger siehe Kapitel XV) stellt bei Gericht – genauso wie ein Rechtsanwalt – die nötigen Anträge und tritt als Vertreter des Kindes auf. Besonders bei schwierigen Unterhaltsfällen (Unterhaltsschuldner ist trickreich oder befindet sich im Ausland) kann diese Unterstützung hilfreich sein.

Auch wenn das Kind und beide Eltern zusammenwohnen, sodass beiden Elternteilen die Obsorge zukommt, kann bei Verletzung der Unterhaltsleistung durch einen Elternteil vom anderen Elternteil allein für das Kind ein **Geldunterhaltsfestsetzungsverfahren** eingeleitet werden, ohne dass vorher die Obsorge auf den antragstellenden Elternteil allein übertragen oder dieser zum Sachwalter bestellt werden muss.

Ist ein Kind bereits **volljährig,** so muss es seinen Unterhalt selbst mit einem Antrag im Außerstreitverfahren (bis 31. 12. 2004 mit einer Klage) gegen den in Anspruch genommenen Elternteil geltend machen (siehe Kapitel I/C). Zuständig ist das Bezirksgericht, in dessen Sprengel das Kind seinen Wohnsitz oder gewöhnlichen Aufenthalt hat.

Beweislast: Sowohl im Unterhaltsverfahren als auch im Verfahren um einstweiligen Unterhalt gilt der Grundsatz, dass jede Partei die für ihren Rechtsstandpunkt günstigen Tatsachen zu behaupten und zu beweisen (bzw. bei einstweiligem Unterhalt zu bescheinigen) hat. Eine Verschiebung der Beweislast ist auf Ausnahmefälle beschränkt, in der die Nähe zum Beweis den Ausschlag für die Zuteilung der Beweislast gibt; etwa wenn Tatfragen zu klären sind, die tief in die Sphäre einer Partei hineinführen; z.B. eine Partei hat unverhältnismäßige Beweisschwierigkeiten mangels genauer Kenntnis der Tatumstände, während es für den Gegner leicht möglich und nach Treu und Glauben zumutbar ist. Beweisnotstand reicht aber nicht (OGH 6 Ob 198/10a).

Muster eines Unterhaltsantrags

2-fach

An das Bezirksgericht…

Pflegschaftssache: mj. Heinz Pit, geb. am …

Antragsteller: mj. Heinz Pit, Schüler,

vertreten durch die obsorgeberechtigte Mutter Eva Pit, Angestellte, Anschrift …

Antragsgegner: Franz Pit, Landwirt, Anschrift …

wegen Kindesunterhalt.

Aus meiner geschiedenen Ehe mit Franz Pit stammt der 16-jährige Heinz, der in meiner Obsorge verblieb. Er besucht die 6. Klasse AHS mit gutem Erfolg. Bisher hat der Antragsgegner freiwillig monatlich € 300,– bezahlt. Nun stellte er die Unterhaltszahlungen ein, weil er vermeint nichts mehr zahlen zu müssen, da der Sohn über das Pflichtschulalter hinaus sei und er – wie sein Vater – weder Matura noch Studium brauche. Der Vater behauptet, er könne wegen seiner nunmehrigen Eheschließung und seiner zwei weiteren Kinder nichts mehr zahlen.

Heinz ist sehr begabt und will Ingenieur werden. Ich verdiene als Angestellte monatlich durchschnittlich € 1.200,– netto. Die finanziellen Verhältnisse des Antragsgegners sind nicht so schlecht wie er behauptet. Als Landwirt bewirtschaftet er ca. 40 ha Eigengrund und nach seinem Lebensstandard zu schließen wirft die Landwirtschaft gute Erträgnisse ab, sodass er zumindest € 420,– Unterhaltsbeitrag (= aufgerundeter Regelbedarf) für Heinz leisten kann, ohne seinen eigenen Unterhalt zu gefährden.

Beweis: meine und des Antragsgegners Einvernahme, allenfalls Gutachten über Einkommensverhältnisse des Antragsgegners

Ich beantrage nachstehenden

Beschluss

Franz Pit, geb. …, Landwirt, ist als Vater des am … geborenen Heinz Pit schuldig, zu dessen Unterhalt, beginnend mit …, einen monatlichen Unterhaltsbeitrag von € 420,– bis zur Selbsterhaltungsfähigkeit des Kindes zu Handen des jeweiligen Vertreters, derzeit zu Handen der Mutter Eva Pit, Angestellte, Anschrift …, zu zahlen.

Die bis zur Rechtskraft dieses Beschlusses aufgelaufenen Unterhaltsrückstände sind binnen 14 Tagen, die künftig fällig werdenden Unterhaltsbeträge am Ersten eines jeden Monats zu leisten.

Weiden, am … Eva Pit e.h.

Muster für eine Unterhaltsvereinbarung

Die Eltern Theresia B., Beruf ..., wohnhaft ... und Peter B., Beruf ..., wohnhaft ... schließen hinsichtlich ihrer gemeinsamen Kinder nachstehende

Unterhaltsvereinbarung

Der Vater, Peter B., verpflichtet sich, zum Unterhalt der Kinder ab 1. 1. 2012 bis zu deren Selbsterhaltungsfähigkeit einen monatlichen Unterhaltsbeitrag von € ... (in Worten ...) für den minderjährigen Heinz P., geb. am ..., und € ... (in Worten ...) für die minderjährige Eva P. geb. am ..., zu Handen der Mutter, Theresia B., bei Exekution zu bezahlen.

Die bis zum Eintritt dieser Vereinbarung fällig gewordenen Beträge sind binnen vierzehn Tagen, die weiteren Beträge am Ersten eines jeden Monats im Vorhinein auf ein von der Mutter bekanntzugebendes Bankkonto kostenfrei zu überweisen.

Die Familienbeihilfe wird von Theresia B. gesondert bezogen. Ausgangspunkt für die Unterhaltsvereinbarung ist ein monatliches Nettoeinkommen des Peter B. von € ... (in Worten ...), wobei Theresia B. einkommenslos ist. Beide haben weder weitere Sorgepflichten noch anrechenbare Schuldenrückzahlungen.

Variante bei Unterhaltsrückstand:

Festgestellt wird, dass mit heutigem Tag ein Unterhaltsrückstand für den minderjährigen [Name, Geburtsdatum] von € ... für den Zeitraum von ... bis ... besteht. Der Vater verpflichtet sich, diesen Unterhaltsrückstand in monatlichen Raten von € ... bei sonstiger Exekution zu bezahlen.

....

Datum Unterschrift

HINWEIS

Die Vereinbarung bedarf zu ihrer Rechtswirksamkeit der pflegschaftsbehördlichen Genehmigung.

M. Unterhaltsanspruch gegenüber Großeltern

Sind die Eltern nach ihren Kräften zur Leistung des Unterhalts nicht im Stande (z.B. wirtschaftlich leistungsunfähig oder tot), so treten an deren Stelle die Großeltern des (ehelichen oder unehelichen) Kindes. Jeder Großelternteil hat nur insoweit Unterhalt zu leisten, als er dadurch bei Berücksichtigung sonstiger Sorgepflichten den eigenen Unterhalt nicht gefährdet und der Enkel nicht selbst über Vermögen verfügt, welches für seinen Unterhalt herangezogen werden kann (§ 141 ABGB).

Nach der Rechtsprechung tritt die Unterhaltspflicht der Großeltern statt der erwerbsfähigen Eltern nicht schon dann ein, wenn diese nur faktisch der Unterhaltspflicht nicht entsprechen, weil sie unbekannten Aufenthalts sind oder nur die exekutive Hereinbringung des geschuldeten Unterhalts auf Schwierigkeiten stößt.

Abgesehen von diesen Einschränkungen entspricht die Unterhaltspflicht der Großeltern jener der Eltern des Kindes.

Zwischen den vier Großelternteilen gibt es keine Rangfolge, sie haben untereinander anteilsmäßig zum subsidiären (= aushilfsweisen) Unterhalt des Enkelkindes beizutragen.

Wenn nur gegen einen Großelternteil ein Unterhaltsantrag des Kindes gestellt wird, wird dieser einwenden, dass auch alle übrigen Großelternteile anteilsmäßig heranzuziehen sind. Auf diese wird dann das Gerichtsverfahren ausgedehnt. Wenn ein Großelternteil das Kind betreut, erbringt er dadurch seine Unterhaltsleistung und braucht keinen Unterhalt zu zahlen. Die übrigen Großelternteile müssen aber anteilsmäßig zahlen.

Reihenfolge der Unterhaltsdeckung

1. Erträgnisse eines Vermögens des Kindes
2. Unterhaltsleistung der Eltern (Unterhaltsvorschüsse)
3. Stamm des Vermögens des Kindes
4. Unterhaltsleistung der Großeltern (Unterhaltsvorschüsse).

N. Unterhaltsanspruch für die Vergangenheit bzw. Verjährung

Es sind drei Kriterien zu beachten:

- Unterhaltsforderungen für Kinder verjähren grundsätzlich nach drei Jahren;
- einstweiliger oder vorläufiger Kindesunterhalt kann nur ab Antragstellung geltend gemacht werden, somit nicht für die Vergangenheit;
- Unterhalt, den ein Dritter, der nicht primär unterhaltspflichtig ist, erbracht hat, verjährt unter den in Kapitel XIII/P beschriebenen Voraussetzungen erst nach 30 Jahren.

Zahlt ein Unterhaltspflichtiger nicht pünktlich und vollständig, so empfiehlt sich, die Unterhaltsforderungen möglichst sofort geltend zu machen, weil Aktuelles leichter beweisbar ist und einstweilige Verfügungen für die Vergangenheit nicht zulässig sind.

Beispiel:
Die Mutter kommt drauf, dass der unterhaltspflichtige Vater im letzten Jahr mehr verdient hat, als er angegeben hat. In diesem Fall wäre eine Neubemessung des Unterhalts für den entsprechenden Zeitraum zu stellen.

ACHTUNG

Jedenfalls sind rückständige Unterhaltsbeträge spätestens innerhalb von drei Jahren geltend zu machen. Was länger zurückliegt, ist verjährt.

O. Änderung der Verhältnisse bzw. Umstandsklausel

Die vereinbarte oder durch das Gericht festgelegte Unterhaltsverpflichtung ist nicht unabänderlich. Ändern sich die für die Unterhaltsfestsetzung wesentlichen Umstände nicht unbedeutend, so kann eine **Neubemessung** des Unterhalts verlangt werden, selbst wenn eine vom Pflegschaftsgericht genehmigte Vereinbarung oder ein Beschluss entgegensteht. Dies bezeichnet man als „**Umstandsklausel**".

Solche **wesentlichen Änderungen** sind z.B.: Einkommensänderung um 10%; Änderung bestimmter Altersstufen des Kindes (Kapitel XIII/D) oder der Sorgepflichten; Aufnahme einer Berufstätigkeit des Unterhaltsberechtigten; Wegfall der Anspannungsvoraussetzungen; unverschuldete Notlage des Unterhaltsverpflichteten; Elternteil zieht mit Kind in ein anderes Land mit wesentlich höheren oder niedrigeren Lebenserhaltungskosten; wahre Einkommensverhältnisse werden erst nachher bekannt; Änderung der Rechtslage oder wesentliche Änderung der Rechtsprechung.

Es steht z.B. dem Unterhaltsberechtigten (durch seinen gesetzlichen Vertreter) frei, einen **Antrag auf Unterhaltserhöhung** zu stellen, wenn sich etwa das Einkommen des Unterhaltspflichtigen wesentlich erhöht hat oder die Bedürfnisse des Unterhaltsberechtigten wesentlich steigen (z.B. Krankenkosten, die die Kasse nicht übernimmt).

Es kann jedoch auch der Unterhaltsschuldner eine **Herabsetzung des Unterhalts** begehren, wenn sich seine finanzielle Situation unverschuldet verschlechtert hat.

Eine Unterhaltsneubemessung kann innerhalb der dreijährigen Verjährungsfrist auch rückwirkend erfolgen.

Beweislastpflichtig ist, wer sich auf individuelle Veränderungen der Leistungsfähigkeit oder der Kindesbedürfnisse beruft; allgemeine Veränderungen fallen in die amtswegige Ermittlungspflicht des Gerichts.

Beim Kindesunterhalt kann auf die Umstandsklausel nicht verzichtet werden, wohl aber beim Ehegattenunterhalt; aber selbst dort kann das Beharren auf den Verzicht auf die Umstandsklausel im Extremfall sittenwidrig sein, wenn es zur Existenzvernichtung führen würde.

Beispiel:
Die Ehefrau verzichtet bei der Scheidung auf Unterhalt, geht in der Folge in Konkurs und klagt den Mann auf Unterhalt. Hier hat der OGH in einer nicht unproblematischen Entscheidung das Beharren des Mannes auf den Unterhaltsverzicht der Frau nicht anerkannt.

Eine Wertsicherungsklausel oder **Indexklausel** (Anpassung an den Index der Verbraucherpreise), die im Wirtschaftsleben häufig vorkommt, ist beim Kindesunterhalt unüblich, weil die Umstandsklausel automatisch in jeder Vereinbarung des Kindesunterhalts enthalten ist. In Sonderfällen könnte jedoch eine Wertsicherungsvereinbarung schon früher zu einer Neuberechnung des Kindesunterhalts führen, weil darin auch Änderungen des Einkommens von unter zehn Prozent zum Tragen kommen.

Die aktuellen Indexzahlen erfährt man beim Statistischen Zentralamt in Wien, derzeit unter 01/711287643 oder unter www.statistik.at.

Formel für Indexklausel

(alter Unterhalt x neuer Index) / alter Index

Beispiel:
Eine Unterhaltsvereinbarung über € 400,– wurde im Februar 2002 geschlossen. Ausgangsbasis für die Indexsicherung war die Indexzahl für Februar 2002, das waren 103,7 Punkte. Im April 2004 betrug die Indexzahl 107,4 Punkte. Daher errechnet sich der neue Unterhalt für April 2004 nach folgender Formel:
(€ 400,– x 107,4 [Index April 2004]) / 103,7 [= Index Februar 2002] = € 414,27

Aus Zweckmäßigkeitsgründen wird bei der Indexsicherung oft vereinbart, dass **Schwankungen** bis zu fünf Prozent zunächst unberücksichtigt bleiben und sich erst dann auswirken, wenn die Fünf-Prozent-Marke überschritten ist. Dabei ist zu berücksichtigen, dass die fünf Prozent noch nicht erreicht sind, wenn der Basisindex um fünf Prozent gestiegen ist.

Z.B. bedeutet die Indexziffer 180,8 noch keine fünfprozentige Schwankung gegenüber der Indexziffer 175,8. Erst die Indexziffer 184,6 würde diese Schwankung auslösen.

Dazu die Formel: (Basisindex x 105) / 100

P. Unterhaltsleistung durch Dritte

Beispiel:

Der Vater geht keiner Arbeit nach und leistet keinen Unterhalt für sein Kind. Er wohnt bei seiner Freundin, die ihn – in Kenntnis dieses Umstandes – erhält. Die Mutter leistet den gesamten Unterhalt für das Kind.

In diesem Fall steht der Mutter (oder jedem Dritten, der ohne Verpflichtung Unterhalt geleistet hat) gewöhnlich ein Rückforderungsanspruch gegenüber dem Vater zu (§ 1042 ABGB); dies gilt für alle Unterhaltsbeträge (bis zu der Höhe, die für den Vater angemessen waren), die an Stelle des Vaters gezahlt wurden.

Seit Unterhalt auch für die Vergangenheit gefordert werden kann, steht dieser Rückforderungsanspruch nur mehr dann zu, wenn die Mutter (oder der Dritte) seine Leistung nicht deshalb erbracht hat, um den zum Unterhalt verpflichteten Vater zu entlasten, sondern mit einer „**Rückforderungsabsicht**" gezahlt wurde um sich das Geld vom Vater zurückzuholen, was im Zweifel anzunehmen ist. Dafür, dass die Voraussetzungen für diesen Rückersatz nicht vorliegen, ist der Unterhaltsverpflichtete behauptungs- und beweispflichtig (EF 69.147).

Der Dritte (die Mutter) können Rückersatz nur fordern, wenn der Unterhaltspflichtige von seiner Schuld gegenüber dem Kind befreit wurde. Verwendet der Drittschuldner (die Mutter) das Geld nicht zum Nutzen des unterhaltspflichtigen Vaters, sondern gleichsam als Vorschuss für das Kind, in der Absicht den Unterhaltsanspruch nicht zum Erlöschen zu bringen, bestehen von ihnen keine Rückforderungsansprüche gegen den Vater und dieser hat weiter an das Kind das Geschuldete zu zahlen (JBl. 1991, 309). Ob die Mutter oder das Kind forderungsberechtigt sind, ist auch deshalb von großer Bedeutung, weil für das Kind eine dreijährige Unterhaltsverjährung gilt, die bereits abgelaufen sein kann, während für die Mutter (oder einen Dritten) eine 30-jährige Rückforderungsverjährung besteht.

Außerdem steht der Mutter gegenüber der Freundin des Vaters ein Anspruch nach dem Unterhaltsschutzgesetz (siehe XIII/R) zu.

Q. Vererblichkeit der Unterhaltspflicht

Die Unterhaltspflicht eines Elternteils geht bis zum Wert der reinen Verlassenschaft auf Erben über, außer der Nachlass ist überschuldet. Dabei werden aber Zuwendungen durch den Verstorbenen (z.B. eine Lebensversicherung) und diverse öffentlich-rechtliche und privatrechtliche Leistungen berücksichtigt. Reicht der Wert des Nachlasses nicht aus, um dem Kind den Unterhalt bis zum voraussichtlichen Eintritt der **Selbsterhaltungsfähigkeit** zu sichern, mindert sich der Anspruch des Kindes entsprechend (§ 142 ABGB).

Unter „Wert des **reinen Nachlasses**" versteht man den Wert der Nachlassaktiven abzüglich der Schulden des Verstorbenen und der Erbfallsschulden (= Schulden, die sich aus dem Erbfall u.a. des Verlassenschaftsverfahrens ergeben), ausgenommen sind jedoch die Pflichtteile und die aus den letztwilligen Verfügungen entstehenden Lasten (siehe Kapitel XIII/A).

R. Unterhaltsexekution und Belastbarkeitsgrenzen

Bei der Berechnung einer Exekutionsführung ist zu beachten:

Nach § 291a EO steht jedem Verpflichteten ein **unpfändbares Existenzminimum** in der Höhe des Ausgleichszulagenrichtsatzes für alleinstehende Personen gemäß § 293 Abs. 1 lit a ASVG zu. Dieser Richtsatz wird periodisch veröffentlicht und beträgt für das Jahr 2012 **€ 814,–**; er wird als **allgemeiner Grundbetrag** bezeichnet.

Nach diesem allgemeinen Grundbetrag errechnen sich die bei der Exekutionsführung weiteren Werte. Es gilt der **erhöhte allgemeine**

Grundbetrag, bei Einkommen ohne Sonderzahlungen wie z.B. 13. und 14. Bezug. Berechnung: Allgemeiner Grundbetrag plus 1/6.

Weiters gilt der **Unterhaltsgrundbetrag**, wenn der Verpflichtete noch für weitere Personen Unterhalt leistet; pro weiterer Person plus 20 %, höchstens jedoch 100 %.

Übersteigt die Berechnungsgrundlage den allgemeinen bzw. erhöhten allgemeinen Grundbetrag sowie den Unterhaltsgrundbetrag, müssen dem Verpflichteten 30 % des Mehrbetrages (allgemeiner Steigerungsbetrag) plus 10 % des Mehrbetrages für jede Person, der der Verpflichtete Unterhalt gewährt, höchstens jedoch 50 %, verbleiben (= **Unterhaltssteigerungsbetrag**).

Der Teil der Berechnungsgrundlage, der das **4-fache des Ausgleichszulagenrichtsatzes** übersteigt, ist jedenfalls pfändbar (§ 291a EO).

Es gelten folgende **Privilegien für Unterhaltsexekutionen** (§ 291b EO):

- Dem Unterhaltschuldner verbleiben grundsätzlich nur **75 %**, also ¾ des Existenzminimums (= allgemein unpfändbarer Freibetrag). Da bedeutet, dass Unterhaltsgläubigern in Konkurrenz mit anderen Gläubigern deren 25 % zukommen können.
- Dem Unterhaltschuldner gebührt kein Unterhaltsgrundbetrag und Unterhaltssteigerungsbetrag für jene Personen, die Unterhaltsexekution führen.
- Wenn die laufende Unterhaltsforderung trotzdem nicht hereingebracht werden kann, kann das Existenzminimum um mehr als 75 % unterschritten werden.

In **Sonderfällen** kann es vorkommen, dass die Belastbarkeitsgrenze des Unterhaltsschuldners trotz reduziertem Existenzminimum überschritten würde. In diesem Fall bleibt nur die Lösung, die Unterhaltsansprüche für alle im gleichen Verhältnis zu kürzen bzw. andere Unterhaltsquellen heranzuziehen.

Es kann sich somit ergeben, dass das Kind nicht den gesamten im Vergleich oder in der Gerichtsentscheidung festgesetzten Betrag vom Unterhaltspflichtigen bekommt. Allerdings besteht nach dem Unterhaltsvorschussgesetz die Möglichkeit, den restlichen Unterhaltsbetrag bevorschusst zu bekommen (siehe Kapitel XIII/J).

Da die Durchsetzung von Unterhaltsansprüchen zur Aufgabe des Jugendwohlfahrtträgers gehört, steht es dem obsorgeberechtigten Elternteil frei diesem mit der Exekution zu betrauen.

Siehe auch allgemeine Ausführungen zur Exekution Kapitel I/C.

S. Besonderer Unterhaltsschutz

Außerstreitgesetz

Personen, deren Einkommen oder Vermögen für die Entscheidung über den gesetzlichen Unterhalt zwischen in gerader Linie verwandten Personen von Belang ist, haben dem Gericht hierüber Auskunft zu geben und die Überprüfung von deren Richtigkeit zu ermöglichen.

Das Gericht kann auch das Arbeitsmarktservice, die in Betracht kommenden Träger der Sozialversicherung und andere Sozialleistungen gewährende Stellen um Auskunft über Beschäftigungs- oder Versicherungsverhältnisse oder über das Einkommen von Personen ersuchen, wenn deren Einkommen für die Entscheidung über den gesetzlichen Unterhalt zwischen in gerader Linie verwandten Personen von Belang ist. Kommt jemand diesen Pflichten nicht nach, so kann auch dessen Dienstgeber um Auskunft ersucht werden.

Steht die Unterhaltspflicht dem Grund nach fest und kann das Gericht die Höhe des Unterhalts nicht auf andere Weise feststellen, so kann es auch die Finanzämter um Auskunft ersuchen.

Unterhaltsschutzgesetz

Nach dem zivilrechtlichen Unterhaltsschutzgesetz haftet:

Wer einem Unterhaltspflichtigen ohne gesetzliche Verpflichtung freiwillig Unterhalt gewährt (z.B. eine Freundin), obwohl er weiß, dass dieser absichtlich keinem Erwerb nachgeht, um kein Geld für Unterhaltszahlungen zu haben, haftet dem Unterhaltsberechtigten als Bürge und Zahler für alle Unterhaltsschulden, die auf die Zeit der Unterhaltsgewährung entfallen (§ 1 UschG).

Beispiel:
Eine Freundin gewährt einem für zwei Kinder unterhaltspflichtigen Mann Unterhalt, sodass er nicht arbeiten muss. Es kann daher gegen sie ein Antrag auf Zahlung des Unterhalts für die zwei Kinder gestellt werden. Die Freundin muss daher Unterhaltsbeträge in der Höhe zahlen, die ihr Freund nach dem Anspannungsprinzip (siehe Kapitel XIII/H) zahlen müsste.

Verschleiertes Entgelt

Erbringt ein Unterhaltsschuldner einem Dritten laufend Arbeitsleistungen, die üblicherweise vergütet werden, ohne oder gegen geringe Gegenleistung, so gilt im Verhältnis zwischen Unterhaltsberechtigten und dem Dritten ein angemessenes Entgelt als geschuldet (§ 292e EO). Damit erhält der Unterhaltsgläubiger die Möglichkeit gegen den Dritten Drittschuldnerexekution zu führen und auf dieses fiktive Arbeitsentgelt zu greifen.

Strafgesetzbuch

Die **Vernachlässigung des Unterhalts** für ein Kind stellt auch einen gerichtlich strafbaren Tatbestand dar. Die strafgerichtliche Verfolgung ist manchmal ein wirksames Mittel, um die Unterhaltsleistungen zu erzwingen. Die Verfolgung wird durch eine entsprechende Mitteilung an die Staatsanwaltschaft (beim zuständigen Straflandesgericht) eingeleitet.

Nach den Bestimmungen des § 198 StGB ist mit einer Freiheitsstrafe bis zu sechs Monaten zu bestrafen, wer seine im Familienrecht begründete Unterhaltspflicht, z.B. durch Unterlassung einer zumutbaren Erwerbstätigkeit, gröblich verletzt und dadurch bewirkt, dass der Unterhalt und die Erziehung des Berechtigten gefährdet ist oder ohne Hilfe von anderer Seite gefährdet wäre. Bei Rückfall oder schwerwiegenden Folgen ist eine Strafverschärfung bis zu drei Jahren vorgesehen.

Für die Beurteilung, ob eine Unterhaltsverletzung „gröblich" ist, sind die Dauer der Unterhaltsverletzung, die Höhe der Beträge und die Gründe der Nichtleistung maßgeblich.

Beispiel:
Nach der Scheidung stellt der zum Unterhalt verurteilte Vater seine Unterhaltszahlungen an seine einkommenslose Exfrau und seine beiden Kleinkinder ein; er gibt unbegründet seinen Posten auf.

Bei der strafrechtlichen Ahndung einer Unterhaltsverletzung geht das Gericht zumeist so vor, dass es bei der zweiten Verletzung eine bedingte **Freiheitsstrafe** von mehreren Wochen und bei der dritten Verletzung eine unbedingte Freiheitsstrafe verhängt.

T. Unterhalt und Steuern

Unterhaltszahlungen sind auch bei geschiedener Ehe nur dann Steuerabzugsposten, wenn sie Kosten ersetzen, die beim Unterhaltsempfänger **außergewöhnliche Belastungen** darstellen (z.B. Krankheitskosten, Brillen oder Zahnregulierungen) und zusätzlich zu den laufenden Unterhaltszahlungen geleistet werden.

Kinderbetreuungskosten können seit 1. 1. 2009 als außergewöhnliche Belastung ohne Selbstbehalt bis zu € 2.300,– pro Jahr und Kind (bis zum zehnten Lebensjahr) geltend gemacht werden, wenn die Betreuung in Kinderbetreuungsinstitutionen (z.B. Kindergärten) oder durch pädagogisch qualifizierte Personen erfolgt.

Nach der Rechtsansicht des **Verfassungsgerichtshofs** ist ein Elternteil, der Unterhalt zahlt, aber das Kind nicht betreut, zumindest mit der **Hälfte der Unterhaltsleistung steuerfrei** zu stellen. Wenn bei besser verdienenden Unterhaltspflichtigen der von ihm bezogene Unterhaltsabsetzbetrag und der vom anderen Elternteil bezogene Kinderabsetzbetrag dazu nicht ausreicht, ist die **Familienbeihilfe** auf den Unterhalt anzurechnen und dieser nach folgender Berechnungsformel zu kürzen:

Der Unterhalt nach der Prozentmethode wird durch zwei dividiert und dieser Betrag mit dem verminderten Grenzsteuersatz multipliziert und der Unterhaltabsetzbetrag abgezogen.

Der Grenzsteuersatz ist der höchste auf das Einkommen des jeweiligen Unterhaltspflichtigen anwendbare Steuersatz. Zu dessen Feststellung siehe später. Er ist für folgendes Berechnungsbeispiel um ein Fünftel zu kürzen, das heißt

- statt 50 % sind 40 %,
- statt 41 % sind 33 % und
- statt 31 % sind 25 % anzusetzen.

Da sich durch die letzte Steuerreform nur die Grenzsteuersätze (derzeitige Werte siehe Kapitel XIII/D) und die Einkommensstufen verändert haben, ist das folgende Rechenmodell des OGH zur Veranschaulichung noch brauchbar.

Anrechnung von Transferleistungen wie Familienbeihilfe und Kinderabsetzbetrag ist nach neuerer Rechtsprechung von **Amts wegen** zu berücksichtigen, ohne dass es eines Antrags bedarf, wenn der Unterhaltspflichtige einen Unterhaltsbegehren entgegentritt (EF 113.681).

Voraussetzung ist, dass der Unterhaltsschuldner und das unterhaltsberechtigte Kind nicht im gemeinsamen Haushalt wohnen und die Familienbeihilfe an die betreuende Person bzw. das Kind ausbezahlt wird.

Beispiel eines Rechenmodells des OGH (3 Ob 141/02 k):

Ein sehr gut verdienender geschiedener Vater hat ein Jahresnettoeinkommen von EUR 62.880,–. Für seine drei Kinder zahlt er je nach Alter

	Unterhalt pro Monat	*Unterhalt pro Jahr*
1. Kind	*€ 400,–*	*€ 4.800,–*
2. Kind	*€ 500,–*	*€ 6.000,–*
3. Kind	*€ 600,–*	*€ 7.200,–*
Summe:		*€ 18.000,–*

Zunächst wird errechnet, wie viel Steuer der Mann für diese € 18.000,– bezahlen müsste. Dabei wendet der OGH folgende Methode an:
Er geht von den obersten Einkommensteilen aus und ermittelt, welcher Steuersatz darauf anzuwenden ist. Er kürzt den jeweiligen Grenzsteuersatz um ein Fünftel um zu berücksichtigen, dass Unterhalt auch aus steuerbegünstigten Einkommen geleistet wird (z.B. 13. und 14. Gehalt).

In dieses Beispiel fallen
€ 12.000,00 in die höchste Progressionsstufe (50 % – 1/5 = 40 %),
€ 6.000,00 in die zweithöchste Progressionsstufe (41 % – 1/5 = 33 %).
Laut dem Verfassungsgerichtshof muss die Hälfte der Unterhaltszahlung steuerfrei sein, also:
€ 12.000,00 ´ 0,5 ´ 40 % = € 2.400,–
€ 6.000,00 ´ 0,5 ´ 33 % = € 990,00
Summe: € 3.390,00
Mit dem Unterhaltsabsetzbetrag monatlich
€ 25,50 für das erste Kind,
€ 38,20 für das zweite Kind,
€ 50,90 für das dritte Kind,
werden jährlich jedoch nur € 1.375,20 steuerfrei gestellt.
Jetzt steuerfrei: € 1.375,20
Differenz: € 2.014,80
Diese Differenz ist der Betrag um den die Unterhaltszahlung gekürzt werden muss.
Jahresunterhalt alt: € 18.000,–
minus Kürzungsbetrag € 2.014,80
Jahresunterhalt neu: € 15.985,20 Der gekürzte Unterhalt ist zu gleichen Anteilen wie der ursprüngliche auf die Kinder zu verteilen. Das ergibt:

NEU	*Unterhalt pro Monat*	*Unterhalt pro Jahr*
1. Kind	*€ 355,27*	*€4.263,25*
2. Kind	*€ 443,99*	*€5.327,87*
3. Kind	*€532,84*	*€6.394,08*
Summe:		*15.985,20*

Neben der Familienbeihilfeanrechnungsformel des VfGH
Geldunterhalt x Grenzsteuersatz vermindert – Unterhaltsabsetzungsbetrag / 2

gibt es inzwischen mehrere andere verschiedene Formeln zur Berechnung jenes Betrages um den der Geldunterhalt zu kürzen ist, wenn dem betreuenden Elternteil Familienbeihilfe und Kinderabsetzbetrag zukommen.

Nach überwiegender Rechtsprechung des OGH (EF 119.472 sowie EF-Z 2009/90 – Gitschthaler) lautet die maßgebliche Formel, auch nach der Steuerreform 2009, für die Anrechnung der Familienbeihilfe:

Prozentunterhalt – (Prozentunterhalt x Grenzsteuersatz x 0,004) + Unterhaltsabsetzbetrag (siehe Kapitel XIII/D).

Weiters gibt es vereinfachte Anrechnungsformeln gemäß Schwimann/Kolmasch, Unterhaltsrecht 108 ff. für Jahreseinkommen in € von über:

11.000 und einen Grenzsteuersatz von 36,5 %: Ug = U x 0,85 + UAB + 4;

25.000 und einen Grenzsteuersatz von 43,2 %: Ug = U x 0,83 + UAB + 5;

60.000 und einen Grenzsteuersatz von 50 %: Ug = U x 0,8 + UAB + 6.

Abkürzungen: U = Unterhalt, Ug = gekürzter Unterhalt, UAB = Unterhaltsabsetzbetrag.

Der Grenzsteuersatz ließ sich bis 2004 durch Einsicht in den Lohnzettel bzw. Einkommensteuerbescheid feststellen. Seit 2005 muss er nach Formeln rückgerechnet werden. Für die einzelnen Klassen wie folgt:

Division der Höchststeuer aus der Klasse durch den Umfang der Klasse, nämlich für die Steuerklasse über € 10.000,– bis € 25.000,– mit € 5.750,– dividiert durch € 15.000,– = 0,38333 gerundet 38,33 % und für die Steuerklasse € 25.000,– bis € 51.000,– sind das € 11,335: € 26.000,– = 0,435961 gerundet 43,6 % sowie über € 51.000,– unverändert 50 % (EF 116.691 für die der Steuerreform 2009 vorangehenden Periode).

Maßgeblich ist steuerpflichtiges Einkommen nach § 33 Abs. 1 EStG und nicht das Bruttojahreseinkommen ohne Urlaubs- und Weihnachtsgeld, weil steuerpflichtige Einkommen sowohl Sonderbesteuerung von Urlaubs- und Weihnachtsgeld als auch von Unterhaltspflichtigen geleistete Sozialversicherungsbeiträge berücksichtigen (EF 119.475).

Graphische Form des **Einkommensteuertarifs** (Steuerbuch 2012)

Einkommen in €	**Einkommensteuer in € vor Absetzbeträgen**	**Grenzsteuersatz**
bis 11.000	0	0
11.000 bis 25.000	(Einkommen – 11.000) x 5.110	36,5%
	14.000	
25.000 bis 60.000	5.110 + (Einkommen – 25.000) x 15.125	43.21%
	35.000	
Über 60.000	20.235 + (Einkommen – 60.000) x 0,5	50%

Keine Anrechnung der Familienbeihilfe:

- Wenn Kürzungsbetrag zu geringfügig ist, z.B. € 1,82 (JBl. 2003, 443);
- bei Unterhaltsfestsetzung für die Vergangenheit (ÖA 2003, 45);
- bei nicht in Österreich Steuerpflichtigen (EF 107.532).

Unter bestimmten Voraussetzungen steht geschiedenen Personen, die in Hausgemeinschaft mit ihren Kindern leben, ein **Alleinerzieherabsetzbetrag** zu. Bisweilen können auch **Sonderausgaben** für diese Kinder geltend gemacht werden. Einen **Alleinverdienerabsetzbetrag** kann jemand beantragen, der mit einem nicht voll erwerbstätigen Ehegatten oder Lebensgefährten seit mehr als sechs Monaten in einer Haushaltsgemeinschaft lebt. Ein geschiedener Ehegatte, der keinen Anspruch auf Familienbeihilfe hat und für ein nicht in seinem Haushalt lebendes Kind unterhaltspflichtig ist, kann einen **Unterhaltsabsetzungsbetrag** geltend machen. Gemeinsam mit der Familienbeihilfe wird auch ein **Kinderabsetzbetrag** ausbezahlt, sofern sich das Kind nicht ständig im Ausland aufhält. Neu eingeführt wurde ein **Kinderfreibetrag.** Anders als der Kinderabsetzbetrag wird er vor Anwendung des Steuertarifs vom Einkommen abgezogen.

U. Unterhaltsansprüche gegenüber Kindern (§ 143 ABGB)

Eltern und Großeltern eines Kindes, die sich nicht selbst erhalten können, haben einen angemessenen (= mehr als nur den notwendigen) Unterhaltsanspruch gegenüber ihren ehelichen und unehelichen Kindern. Dieser Anspruch ist aber nur dann gegeben, wenn nicht andere Einkünfte, z.B. Pensionen oder Unterhaltspflichten eines Ehegatten oder geschiedenen Ehegatten des Unterhaltsberechtigten, den Unterhaltsanspruch abdecken; weitere Voraussetzung ist, dass sie das Kind bzw. Enkelkind nicht gröblich vernachlässigt haben.

Der Ehegatte ist vor den Kindern, und die Kinder sind vor den Enkelkindern unterhaltspflichtig (EF 33.462).

Außerdem hat ein Kind nur so viel an Unterhalt zu leisten, dass – unter Berücksichtigung seiner sonstigen Sorgepflichten – der eigene angemessene Unterhalt nicht gefährdet ist. Mehrere Kinder haben den Unterhalt anteilig nach ihren Kräften zu leisten. Leistet ein Kind mehr als seinem Anteil entspricht, kann es den Mehrbetrag von den anderen Kindern zurückverlangen.

Der Unterhalt bezweckt die Absicherung der materiellen Lebensgrundlagen, sei es in Geld oder Naturalleistung (Wohnung, Nahrungsmittel) durch die nächsten Verwandten. Er gehört damit zu den wichtigsten Teilen des Kindschaftsrechts. Wer, wann, wem, was und wie viel an Unterhalt zu leisten hat bzw. was zu geschehen hat, wenn er nicht (rechtzeitig) geleistet wird, hat das Gericht festzustellen.

Relevante gesetzliche Bestimmungen: §§ 140–142, 166, 182a, 212, 214, 1042, 1480 ABGB; §§ 101–103 AußStrG; §§ 49 Abs. 2 Z 2, 65, 109 JN; §§ 291b, 382 Z 8 lit a, 382a EO; UVG; § 198 StGB

XIV. WAS DÜRFEN NEUE PARTNER DER GESCHIEDENEN ELTERN?

In die elterlichen Rechte dürfen Dritte – gleichgültig, ob es sich um Lebenspartner des obsorgeberechtigten oder des nicht obsorgeberechtigten Elternteiles handelt – nur insoweit eingreifen, als ihnen das

- von den Eltern selbst,
- unmittelbar aufgrund des Gesetzes oder
- durch eine behördliche Verfügung gestattet ist.

Seit 2010 ist ausdrücklich im Gesetz (FamRÄG 2009) festgeschrieben, dass in **Patchworkfamilien,** das ist, wenn Kinder mit dem neuen Partner eines Elternteils zusammenleben Folgendes gilt:

- Eheliche Beistandspflicht für die Unterstützung des Ehepartners bei der Obsorge für dessen Kinder.
- Der Stiefelternteil ist berechtigt den leiblichen Elternteil in Obsorgeangelegenheiten des täglichen Lebens zu vertreten, wenn es die Umstände erfordern; Voraussetzung ist in beiden Fällen, dass dem Ehegatten des Stiefelternteils die Obsorge zumindest zum Teil zukommt und der Stiefelternteil den ausdrücklichen oder mutmaßlichen Willen des Ehepartners befolgt.
- Wer mit dem leiblichen Elternteil und dessen minderjährigem Kind im gemeinsamen Haushalt zusammenlebt und in einem familiären Verhältnis zu dem Elternteil steht, hat alles Zumutbare zu tun, um das Kindeswohl zu schützen.

Fälle der Ausübung elterlicher Rechte durch Nichteltern

Einem Elternteil, der mit der Pflege und Erziehung betraut ist, steht es frei, diese **Befugnis** an eine andere geeignete Person zu **übertragen.**

Wenn der andere Elternteil dagegen ist, weil er diese Person für ungeeignet hält (z.B. für zu unerfahren in der Kinderbetreuung) kann er das Gericht (mündlich am Amtstag oder schriftlich oder durch einen Anwalt) anrufen und seine Bedenken äußern. Das Gericht entscheidet im

Außerstreitverfahren nach dem Kindeswohl. Eine weitere Möglichkeit ist, sich an das Jugendamt zu wenden, das die Bedenken prüft und sich auch an das Gericht wenden kann.

Beispiel:
Ein Elternteil überträgt die Betreuung des Kindes an eine Tagesmutter, Kindergarten, Internat, Großelternteil oder an seinen neuen Lebenspartner.

Es können selbst ohne ausdrückliche Vereinbarung bestimmte **Aufsichts-, Pflege- oder Anleitungsrechte** an Dritte übertragen werden. Solche Verfügungen sind immer widerruflich. Fügt sich der Lebenspartner dem Widerruf nicht, so ist dies ein unzulässiger Eingriff eines Dritten in die Familienautonomie.

Bei einer solchen Störung der elterlichen Obsorge kann beim Zivilgericht Unterlassung und Schadenersatz und beim Strafgericht allenfalls Kindesentziehung (§ 195 StGB) geltend gemacht werden.

Falls aber ein Lebenspartner (z.B. die mit dem obsorgeberechtigten Vater in weiterer Ehe verheiratete oder in Lebensgemeinschaft lebende Stiefmutter, anstelle des ganztags berufstätigen Vaters), die Pflege und Erziehung des Kindes besorgt, hat sie die **Rechtsstellung eines Pflegeelternteils** mit allen im Kapitel über Pflegeltern angeführten Rechten und Pflichten. Sie könnte, wenn es das Kindeswohl erfordert, vom Pflegschaftsgericht sogar mit der Obsorge betraut werden.

Unmittelbar durch das Gesetz steht dem neuen Lebenspartner, sowie auch jedem anderen Dritten ein **Anregungsrecht** auf Erlassung einer Verfügung beim Pflegschaftsgericht zu, wenn Eltern oder sonstige Obsorgeberechtigte das Wohl eines Kindes gefährden.

Beispiele:
Misshandlung, mangelnde Pflege oder Erziehung, bestimmte, das Kind gefährdende Tätigkeiten, wie gefährliches Mitfahren in Kraftfahrzeugen, gefährliche Sportarten, gefährliches Spielen mit Tieren, ungerechtfertigter Besuch von Veranstaltungen oder nächtliche Gasthausbesuche.

Durch behördliche Verfügung kann dem neuen Lebenspartner – bei getrenntem Aufenthalt – ein **Besuchsrecht** zuerkannt werden, wenn ohne ein solches Besuchsrecht das Wohl des Kindes gefährdet wäre. Dies ist der Fall, wenn eine besonders enge Beziehung zwischen dem Kind und dem Lebenspartner besteht. In Sonderfällen (siehe oben), ist auch ein Zuspruch der Obsorge an den Lebenspartner denkbar.

Relevante gesetzliche Bestimmungen: §§ 90, 137, 137a, 148, 176 ABGB

XV. DIE ROLLE DER JUGENDWOHLFAHRT (JUGENDAMT)

Jugendwohlfahrt besteht aus einem weit gefächerten Hilfsangebot für Erziehungsberechtigte und Kinder durch den Jugendwohlfahrtsträger.

Jugendwohlfahrtsträger ist das **Jugendamt** des jeweiligen Bezirkes (Bezirksjugendamt) als Landesbehörde; doch die einzelnen Bundesländer können durch Landesgesetze daneben auch andere Einrichtungen vorsehen (z.B. Jugendvereine).

A. Welche Aufgaben hat die Jugendwohlfahrt?

Die Jugendwohlfahrt kommt allen Minderjährigen zugute, die sich in Österreich aufhalten. Da Pflege und Erziehung in erster Linie der Familie zustehen, schreitet der Staat nur ein, wenn der Erziehungsberechtigte es wünscht oder unabhängig davon, wenn es notwendig ist (z.B. zum Schutz eines Kindes vor Gewalt oder Leid).

Bei Gefahr im Verzug kann der Jugendwohlfahrtsträger die erforderlichen Maßnahmen der Pflege und Erziehung als Sachwalter (interimistische Notsachwalterschaft) vorläufig bis zur gerichtlichen Entscheidung selbst treffen, wenn er innerhalb von acht Tagen die erforderliche gerichtliche Verfügung beantragt.

> ***Beispiel:***
> *Gefahr ist im Verzug bei abnormalem und schädigendem Verhalten von Erziehungsberechtigten, langem Alleinlassen eines Säuglings, schwerer Kindesmisshandlung, sexuellem Missbrauch.*

Beratungsangebot der Jugendwohlfahrt

- Sicherstellung der Betreuung und Förderung von Kindern ab der Zeugung;
- Betreuung der Eltern und Pflegepersonen;
- Beratung und Unterstützung der Familie (z.B. in Unterhaltsfragen, Erziehungsfragen etc.).

Über die Beratung hinausgehende Hilfe

Mit schriftlicher, jederzeit widerrufbarer Zustimmung des Erziehungsberechtigten wird der Jugendwohlfahrtsträger **Unterhaltssachwalter** des Kindes u.a. für folgende Angelegenheiten:

- Anträge zur Festsetzung des Unterhalts;
- Abschluss von Unterhaltsvereinbarungen;
- Stellen von Unterhaltserhöhungsanträgen;
- Beantragung von Unterhaltsvorschüssen;
- Aufnahme von Vaterschaftsanerkenntnissen;
- Vaterschaftsfeststellungen.

Mit seiner Zustimmung kann der Jugendwohlfahrtsträger auch als **Vermögenssachwalter** für Minderjährige bestellt werden.

Das Bundesgesetz zum Schutz vor Gewalt in der Familie berechtigt den Jugendwohlfahrtsträger als besonderen Sachwalter bei den Organen der öffentlichen Sicherheit **Anträge auf Ausweisung gewalttätiger Familienangehöriger** (z.B. Vater, Stiefvater, Lebensgefährte der Mutter) aus der gemeinsamen Wohnung und deren unmittelbarer Umgebung zu stellen und deren Rückkehr innerhalb einer bestimmten

Frist zu verbieten, wenn der gesetzliche Vertreter (z.B. die Mutter) dies aus Angst nicht tut.

B. Welcher Mittel bedient sich die Jugendwohlfahrt?

Vorsorge durch soziale Dienste

Der Jugendwohlfahrtsträger bietet seine Hilfe in Form von sozialen Diensten an, z.B.:

- Familienberatung- und -therapie,
- Mutterberatung,
- Kinderschutzzentren,
- Pflegeplätze in Familien und Heimen,
- Kinderkrippen für Ein- bis Dreijährige, Kindergärten für Drei- bis Sechsjährige, Kindergruppen für Zwei- bis Sechsjährige,
- Wohnungsangebote,
- Tagesmütter für Ein- bis Vierjährige,
- Hilfe für bedürftige und kinderreiche Familien,
- Ferienheime,
- Kinder- und Jugendanwaltschaft.

Erziehungshilfe

Wenn Erziehungsberechtigte das Wohl des Minderjährigen nicht gewährleisten, z.B. weil Erziehungsberechtigte zur Erziehung nicht (mehr) in der Lage sind, für Minderjährige die Familiensituation unerträglich ist, der Minderjährige Straftaten begangen hat, ein Fall von sexuellem Missbrauch vorliegt, Gewalttätigkeiten in der Familie üblich sind, dann schreitet das Jugendamt ein.

Es besteht für eine Reihe von Personen (z.B. Ärzte, Beamte, Schul- und Sicherheitsbehörden etc.) die gesetzliche Verpflichtung, solche Umstände mitzuteilen, darüber hinaus hat jede private Person dieses Recht.

Erziehungshilfe kann geleistet werden durch:

- **Unterstützung der Erziehung** durch Beratung, Förderung und Betreuung, wobei das Kind in der bisherigen Umgebung belassen wird; oder
- **volle Erziehung,** worunter die Pflege und Erziehung in einer Pflegefamilie, in einem Heim oder einer sonstigen Fürsorgeeinrichtung zu verstehen ist. Pflegefamilien haben bei Säuglingen und Kleinkindern Vorrang (siehe Kapitel XVI).

Erziehungshilfe kann erfolgen als:

- freiwillige Erziehungshilfe durch eine schriftliche Vereinbarung zwischen den Erziehungsberechtigten und dem Jugendwohlfahrtsträger, wobei das Kind ab dem zehnten Lebensjahr unbedingt und unter zehn Jahren tunlichst in geeigneter Weise zu hören ist;
- Erziehungshilfe gegen den Willen des Erziehungsberechtigten durch Stellen eines entsprechenden Antrags bei Gericht.

Die **Kosten** der Erziehungshilfe streckt der Jugendwohlfahrtsträger vor. Er kann sie vom Minderjährigen und den Unterhaltspflichtigen für die letzten drei Jahre rückfordern. Der Unterhaltsanspruch des Minderjährigen geht diesbezüglich auf den Jugendwohlfahrtsträger über.

Pflegekinderwesen

Pflegekinder unter sechzehn Jahren dürfen nur mit Bewilligung des Jugendwohlfahrtsträgers in Pflege und Erziehung gegeben werden.

Heime und ähnliche Einrichtungen

Die Inanspruchnahme von solchen Einrichtungen, die ganzjährig betrieben werden, bedarf der Bewilligung des Jugendamts.

Adoption

Die Vermittlung von Adoptionen ist auch Aufgabe der Jugendwohlfahrt.

TIPP:

Wenn Sie einschlägige Probleme haben, nehmen Sie Kontakt mit Sozialarbeitern auf, um ihre Angebote kennenzulernen und zu nutzen (z.B. Beratung, Vermittlung von Kinderbetreuung).

Falls mit dem zuständigen Referenten Schwierigkeiten bestehen, kann gemeinsam mit dem Amtsleiter über einen Wechsel beraten werden.

Relevante gesetzliche Bestimmungen: Bundesgesetz zum Schutz vor Gewalt in der Familie; §§ 211–215 ABGB; §§ 27–29, 33, 34 JWG

WEITERE OBSORGE-FÄLLE

XVI. ÜBERTRAGUNG VON ELTERN-RECHTEN (OBSORGE) AN NICHT-ELTERN

A. Pflegeeltern

Pflegeverhältnis

Pflegeeltern sind Personen, die die Pflege und Erziehung eines Kindes ganz oder teilweise besorgen, wobei ein dem leiblichen Eltern-Kind-Verhältnis nahekommendes Verhältnis hergestellt werden soll. Dies verlangt eine weitgehende Eingliederung in den Lebenslauf der Pflegeeltern sowie gefühlsmäßige Bindungen, z.B. Verwandte oder Stiefeltern, die das Kind nach dem Tod der Eltern aufnehmen.

Keine Pflegeelternschaft liegt vor, wenn ein Kind bei nur urlaubs-, berufs- oder krankheitsbedingter Abwesenheit der Eltern aufgenommen wird, ebenso wenig bei Tagesmüttern oder Internatsbetreuung.

Wenn ein Kind bei Pflegeeltern untergebracht ist, wird diese Beziehung unter bestimmten Voraussetzungen mit besonderen Rechtswirkungen ausgestattet. Diese können so weit gehen, dass den Pflegeeltern die Obsorge für das Kind übertragen wird.

Begründung eines Pflegeverhältnisses

Ein Pflegeverhältnis kann begründet werden durch:

- eine grundsätzlich jederzeit widerrufbare Ermächtigung durch den Erziehungsberechtigten (z.B. Eltern);
- eine Ermächtigung durch den Jugendwohlfahrtsträger;

- eine gerichtliche Verfügung der Entziehung der Elternrechte wegen Missbrauchs und Übertragung auf Verwandte oder dem Kinde nahestehende Personen.

Wenn ein Kind durch eine Scheidungs- oder Trennungssituation seiner Eltern **besonders belastet** oder gefährdet wird, kann dies von jedermann dem Pflegschaftsgericht oder dem Jugendamt mitgeteilt werden. Im Extremfall könnte verfügt werden, das Kind (vorübergehend) wo anders unterzubringen.

Beteiligte

Am Geschehen beteiligt sind:

- **die Pflegeeltern:** Dabei kann es sich auch um eine Einzelperson handeln. Neben der Eignung sollte auch ein Altersunterschied bestehen, der dem zwischen leiblichen Eltern und Kindern entspricht, und Umstände erfüllt sein, die eine Eltern-Kind-Beziehung erwarten lassen.
- **das Pflegekind:** Dabei handelt es sich um einen unter 18-Jährigen, der von anderen Personen als den Großeltern, Urgroßeltern, Geschwistern und deren Ehegatten, Onkeln, Tanten, oder Wahleltern gepflegt und erzogen wird.
- **die leiblichen Eltern,**
- **das Jugendamt** und allenfalls weitere Erziehungsberechtigte, die die Erziehung tatsächlich ausüben (z.B. Großeltern).

Wirkung

Welche Rechte und Pflichten den jeweiligen Pflegeeltern im Einzelfall zukommen, hängt von den Umständen bzw. vom Inhalt der gerichtlichen Verfügung ab.

Antragsrechte und die Obsorge durch Pflegeeltern

Pflegeeltern haben das Recht, in Pflegschaftsverfahren des Pflegekindes Anträge zu stellen. Dies kann so weit gehen, dass den Pflegeeltern die Obsorge für das Pflegekind übertragen wird.

Für den Fall, dass zwischen dem Kind und den leiblichen Eltern keine oder wenig Beziehung besteht und sich zu den Pflegeeltern eine Eltern-Kind-Beziehung entwickelt hat, können den Pflegeeltern, auf ihren Antrag hin, alle oder einzelne aus den familienrechtlichen Beziehungen zwischen Eltern und minderjährigen Kindern erfließenden rein persönlichen Rechte und Pflichten übertragen werden.

Die **Voraussetzungen** für diese Übertragung im Einzelnen sind:

- Es muss die Absicht bestehen, zwischen den Pflegeeltern und dem Kind eine dem Verhältnis zwischen leiblichen Eltern und Kindern nahekommende Beziehung herzustellen. Jedenfalls ist zu fordern, dass Pflegeeltern und Pflegekinder in ständiger häuslicher Gemeinschaft leben und ein der emotionalen Beziehung zwischen Eltern und Kind entsprechendes Verhältnis besteht. Dies setzt auch – je nach Alter des Kindes – voraus, dass das Pflegeverhältnis bereits eine gewisse Zeit gedauert hat.
- Das Pflegeverhältnis muss für eine nicht nur vorübergehende Dauer beabsichtigt sein. Auf welche Dauer das Pflegeverhältnis eingerichtet wird, ergibt sich in der Regel aus der Vereinbarung zwischen den Pflegeeltern und den Erziehungsberechtigten bzw. dem Jugendwohlfahrtsträger, oder den Begründern der gerichtlichen Verfügung. Daneben sind alle Umstände des Einzelfalls, insbesondere auch das Alter des Kindes, zu berücksichtigen.
- Die Übertragung der Rechte und Pflichten auf die Pflegeeltern muss dem Wohl des Kindes entsprechen.

Diese Übertragung soll den Pflegeeltern im Interesse des Kindes eine raschere und einfachere Abwicklung seiner Angelegenheiten ermöglichen sowie das Kind noch mehr als vorher in die Pflegefamilie integrieren. Den Eltern bleiben aber die Mindestrechte.

Die Übertragung aller aus den familienrechtlichen Beziehungen zwischen Eltern und minderjährigen Kindern erfließenden rein persönlichen Rechte und Pflichten sollten jedenfalls sehr eingeschränkt gehandhabt werden und nur als letztes Mittel angesehen werden. Wenn dem Wohl des Kindes auch durch die Übertragung bloß einzelner Rechte und Pflichten – z.B. Pflege und Erziehung – entsprochen werden kann, kommt diese Maßnahme nicht in Betracht.

Aufhebung der Obsorge durch Pflegeeltern

Bei der Beurteilung der Frage, ob eine Obsorge von Pflegeeltern aufzuheben ist, kommt es darauf an, ob das Kind bei den Pflegeeltern oder bei denjenigen Personen, denen die Obsorge im Fall der Aufhebung überlassen wird, bessere Entwicklungsmöglichkeiten findet; dies müssen ja nicht in allen Fällen die leiblichen Eltern sein. Auch die Neigungen des Kindes, sofern sich bereits solche ausgeprägt haben, sind – neben den anderen für das Kindeswohl maßgeblichen Umständen – von Bedeutung. Die Dauer des Pflegeverhältnisses spielt nur insofern eine Rolle, als diese einen Beitrag dazu leistet, das Kind gefühlsmäßig an seine Pflegeeltern zu binden und – unter Umständen – gegenüber seinen leiblichen Eltern zu entfremden. Wenn aber enge Besuchskontakte oder – bei älteren Kindern – ein enger Brief- und Telefonkontakt bestanden hat, so kann es durchaus sein, dass auch bei einem länger dauernden Pflegeverhältnis das Kind gefühlsmäßig noch immer an seinen leiblichen Eltern hängt. Es darf in jedem Fall aber nicht außer Acht gelassen werden, dass ein Kind, das in sehr jungem Alter zu Pflegeeltern gekommen ist und dort sehr lange betreut wurde, sich nur schwer von seinen Pflegeeltern trennen kann und in seine Herkunftsfamilie eingegliedert werden kann.

Wie bei allen tiefgreifenden Veränderungen in der Betreuung eines Kindes sind daher die bisherige Lage des Kindes sowie die Vor- und Nachteile, die die Veränderung für das Kind bringen könnten, umfassend zu beachten.

Relevante gesetzliche Bestimmungen: §§ 186, 186a bzw. 176, 211–215 ABGB; Bundesgesetz zum Schutz vor Gewalt in der Familie; §§ 27–29, 33, 34 JWG; §§ 140–142, 166, 182a, 212, 214, 1042, 1480 ABGB; §§ 101–103 AußStrG; §§ 49 Abs. 2 Z 2, 65, 109 114 JN; §§ 291a, 291b, 382 Z 8 lit a, 382a EO; UVG; § 198 StGB

B. Obsorge anderer Personen bzw. Kuratoren

Das KindRÄG 2001 ersetzte die Vormundschaft sowie die Sachwalterschaft für Minderjährige (nicht für Volljährige) durch die Obsorge. Seit 1. 7. 2001 gibt es daher

- die neue Obsorge für Minderjährige,
- die Sachwalterschaft wegen psychischer Krankheit oder geistiger Behinderung ausschließlich für Volljährige und
- die Kuratel (= Kurator für Sonderfälle z.B. bei Interessenwiderstreit Pflegebefohlener oder für Ungeborene).

Es gibt – neben dem Jugendwohlfahrtsträger als Spezialfall – zwei Gruppen von Obsorgeberechtigten:

- Eltern, Großeltern und Pflegeeltern, für die großzügigere Regelungen gelten und
- andere Personen.

Das Gericht hat geeignete Personen mit der Obsorge zu betrauen, wenn weder Eltern, noch Großeltern oder Pflegeeltern in Frage kommen. Dies gilt auch für die nur teilweise Entziehung der Obsorge, nicht jedoch, wenn ein nicht voll geschäftsfähiger Elternteil von der Vermögensverwaltung und Vertretung ausgeschlossen ist oder bei Findelkindern. Dies gilt auch, wenn das Kind **durch die Scheidungssituation besonders gefährdet** wird.

Beispiel:

Eine Frau verlässt ihren berufstätigen Mann mit Kleinkind. Dieser hat keine Möglichkeit für eine adäquate Betreuung des Kindes zu sorgen, da er zu wenig verdient und keine Verwandten hat, die einspringen könnten. Hier können das Jugendamt und das Gericht Maßnahmen treffen, um das Kindeswohl zu wahren. Wenn keine geeigneten Verwandten zur Kindesbetreuung vorhanden sind, könnte das Kind bei einer Pflegefamilie untergebracht werden.

Der Reihenfolge nach ist zu prüfen, ob Eltern, Großeltern oder Pflegeeltern die Obsorge zu übertragen ist. Wenn dies nicht in Frage kommt, kommen Verwandte, sonst nahestehende oder andere Personen in Betracht, die geeignet und bereit sind. Dann der Jugendwohlfahrtsträger, sofern er nicht ohnedies dem Gesetz nach, wie bei Findelkindern, vorgesehen ist.

Unter „besonders geeignet“ können auch spezielle Fachkenntnisse, z.B. ein Hausverwalter für die Verwaltung des Miethauses eines Kindes, als teilobsorgeberechtigt in Frage kommen. Es könnte auch dem Jugendwohlfahrtsträger für einen speziellen Bereich eine Teilobsorge übertragen werden.

Auswahlgrundsätze für die Obsorgebetrauung sind in erster Linie das Kindeswohl und dann erst die Wünsche des Kindes und der Eltern oder desjenigen, der Vermögen zuwendet, ohne dass das Gericht an die Vorschläge gebunden ist.

Ein **Kurator** (= Sachwalter) ist ein gesetzlicher Vertreter für Personen (minderjährig oder volljährig), die aus irgendeinem Grund ihre Angelegenheit nicht selbst besorgen können. Zum Unterschied von der Obsorge ist der Wirkungskreis des Kurators immer inhaltlich und oft auch zeitlich beschränkt. Das bedeutet in der Praxis, dass eine Kuratel nur dann anzuordnen ist, wenn die Notwendigkeit zur Erledigung einer einzelnen Angelegenheit (z.B. ein dringender Antrag auf Passausstellung, an dem der Obsorgeberechtigte nicht mitwirken kann) oder einer Reihe von Angelegenheiten besteht.

Der Wirkungskreis der Obsorge ist im Gesetz festgelegt, während jener des Kurators in einem gerichtlichen Bestellungsbeschluss bestimmt wird.

Unmittelbare Obsorge des Jugendwohlfahrtsträgers

Aufgrund des Gesetzes wird unmittelbar der Jugendwohlfahrtsträger mit der Obsorge betraut:

- Wenn kein Elternteil verwaltungs- oder vertretungsbefugt für den Minderjährigen ist. Das ist dann der Fall, wenn entweder beide Eltern oder die uneheliche Kindesmutter nicht voll geschäftsfähig sind. Das Kind muss überdies die österreichische Staatsbürgerschaft besitzen, oder, wenn es staatenlos oder ein Flüchtling ist, den gewöhnlichen Aufenthalt oder Wohnsitz in Österreich haben.

- Für alle in Österreich entdeckten Findelkinder.

Obsorgebestellung durch das Gericht

Diese erfolgt immer dann, wenn keiner der Obsorgeberechtigten auch nur beschränkt vertretungsbefugt ist (weil er z.B. zu jung oder geistig behindert ist) und keine andere Person wie Großeltern, Pflegeltern oder geeignete Dritte in Frage kommen.

Zu beachten ist, dass der Jugendwohlfahrtsträger, je nach den Umständen, entweder gesetzlicher Obsorgeberechtigter oder auch vom Gericht betrauter Obsorgeberechtigter sein kann.

Aufgabenbereich

Der Aufgabenbereich der Obsorge kann entweder die **gesamte Obsorge** (gesetzliche Vertretung, Vermögensverwaltung und Pflege und Erziehung) oder nur Teile davon erfassen **(Teilobsorge).** Der Jugendwohlfahrtsträger als Obsorgeberechtigter darf die Ausübung an Dritte übertragen.

Beendigung der Obsorge

Diese tritt mit der Volljährigkeit oder dem Tod des Minderjährigen ein. Die Obsorge des Jugendwohlfahrtsträgers endet, wenn der Umstand, der die Eltern von der Ausübung der Obsorge ausgeschlossen hat, weggefallen ist, z.B. die minderjährige alleinerziehende Mutter des Mündels wird volljährig.

Ein neuer Obsorgeberechtigter ist zu betrauen, wenn der bisherige stirbt oder abberufen wird oder das Wohl des minderjährigen Kindes es erfordert, etwa weil die mit der Obsorge betraute Person ihre Pflichten nicht ordnungsgemäß erfüllt.

Kuratoren oder Sachwalter

So heißen jene gesetzlichen Vertreter, die nicht Obsorgeberechtigte sind. Dazu gehören:

- Behindertensachwalter;
- Kollisionskurator bei widerstreitenden Interessen zwischen gesetzlichem Vertreter und dem Kind
- Abwesenheitskurator: Dieser ist für Abwesende zuständig, wenn durch ihre Abwesenheit ihre oder die Rechte Dritter gefährdet sind (ein minderjähriges abwesendes Kind erbt z.B. zusammen mit den Eltern);
- Kurator für die Leibesfrucht: Dieser wird zur Wahrung der Rechte des gezeugten aber noch nicht geborenen Kindes bei der künftigen Erbschaft bestellt. Bedingung für die Erbschaft ist jedoch immer die Lebendgeburt.

Gesetzliche Verweisungen

Für andere Obsorgeberechtigte als Eltern, Großeltern und Pflegeeltern gelten strengere gesetzliche Bestimmungen. Sie bedürfen bei vielen Angelegenheiten, in denen Eltern, Großeltern oder Pflegeeltern weisungsfrei gestellt sind, der gerichtlichen Genehmigung und sie werden bei der Verwaltung des Vermögens Minderjähriger strenger gerichtlich überwacht. Nur soweit keine besonderen Regelungen für sie bestehen, wird auf die Vorschriften der Obsorge für Eltern, Großeltern oder Pflegeltern analog verwiesen. In der Abstufung der Stärke der Rechte liegen Obsorgeberechtigte, die nicht Eltern, Großeltern oder Pflegeeltern sind, hinter jenen Obsorgeberechtigten, die diese Eigenschaften haben, aber vor Kuratoren, die nur für eine Teilbereich der Obsorge oder nur vorübergehend eingesetzt sind.

Relevante gesetzliche Bestimmungen: §§ 187–189 bzw. 145b, 145c, 216, 229 ABGB; § 9 IPRG

XVII. WEITERE RECHTLICHE ANSPRÜCHE ZWISCHEN KINDERN UND ELTERN

A. Erbrecht

HINWEIS

Zum Erbrecht siehe auch ausführlich den Ratgeber „Erben & Vererben“, Manz Verlag 2010, 9. Auflage von *Maurer.*

Es gibt – nach der Stärke des Erbeinsetzungsgrundes gereiht – drei Möglichkeiten, etwas zu erben:

- durch Erbvertrag (nur zwischen Ehegatten, eingetragenen gleichgeschlechtlichen Partnern und Brautleuten möglich; er darf nur drei Viertel der Erbschaft erfassen);
- durch letztwillige Verfügung (Testament);
- durch gesetzliche Erbfolge (wenn keine letztwillige Verfügung vorhanden ist, oder nur über Teile des Vermögens verfügt wurde).

ACHTUNG

Die Scheidung der Eltern hat auf das Erbrecht zwischen Eltern und Kinder keinerlei Einfluss.

Jeder hat das Recht, durch letztwillige Verfügung sein ganzes Vermögen oder Teile davon entweder den gesetzlichen Erben oder anderen zu vererben.

Folgende Arten von Erbschaft sind möglich:

- **Alleinerbe** = der Gesamtrechtsnachfolger des Verstorbenen, der alles erbt.
- **Miterben** = mehrere Personen sind vom Verstorbenen als Erben bestimmt worden.

- **Ersatzerbe** = derjenige, der vom Verstorbenen für den Fall als Erbe bestimmt wird, dass der in erster Linie eingesetzte Erbe wegfällt.
- **Nacherbe** = eine Person, die erst Erbe wird, nachdem ein andere Person (der Vorerbe) für einen gewissen Zeitraum Erbe war.
- **Vorerbe** = eine Person, die über die Erbschaft nicht frei verfügen kann, weil diese aufgrund der Verfügung des Verstorbenen auf den Nacherben übergehen soll.

Die gesetzliche Erbfolge

Diese regelt, an welche gesetzlichen Erben, das sind die Verwandten, der Ehegatte des Erblassers und der eingetragene gleichgeschlechtliche Partner, das hinterlassene Vermögen vererbt wird, wenn keine letztwillige Verfügung des Verstorbenen vorliegt.

Die Erbschaft erfolgt in folgender Reihenfolge (Linien oder Parentelen):

- Ehegatte, eingetragener gleichgeschlechtlicher Partner und Kinder (eheliche, uneheliche, Adoptivkinder, Enkel, Urenkel, nicht aber Stiefkinder), wobei die Kinder den Enkeln und diese den Urenkeln vorgehen;
- Eltern und deren Nachkommen (Geschwister, Nichten, Neffen), wobei die Erstgenannten den Letztgenannten vorgehen;
- Großeltern und ihre Nachkommen (Onkeln, Tanten, Cousins, Cousinen), wobei die Onkeln und Tanten den Cousins und Cousinen vorgehen;
- Urgroßeltern ohne Nachkommen.

Fällt ein Erbe aus (durch Tod oder Erbunfähigkeit), so geht dessen Teil an seine Erben **(= Eintrittsrecht).**

Die vier Linien kommen in der Weise zum Zug, dass erst nach Ausschöpfung der vorangehenden Linie die Angehörigen der nächsten Linie erben können. Eine Ausnahme bildet das Ehegattenerbrecht und eingetragene gleichgeschlechtliche Partner.

Kinder erben neben dem Ehepartner oder/und dem gleichgeschlechtlichen Partner des Verstorbenen zwei Drittel des Nachlasses zu gleichen Teilen. Wenn kein Ehegatte oder gleichgeschlechtlicher eingetragener Partner vorhanden ist, erben die Kinder zu gleichen Teilen den gesamten Nachlass. Ist ein Kind vor dem Erblasser verstorben (= vorverstorben), erben die Kinder des vorverstorbenen Kindes (= Enkelkinder des Verstorbenen) seinen Teil.

Der Ehegatte oder eingetragene gleichgeschlechtliche Partner erbt neben den Kindern ein Drittel, neben Eltern und Großeltern zwei Drittel, in allen anderen Fällen den gesamten Nachlass. In jedem Fall gebührt dem Ehegatten oder eingetragenen gleichgeschlechtlichen Partner außerdem das Wohnrecht in der Ehewohnung und der Hausrat (der sogenannte „**Voraus**").

HINWEIS

Wenn ein Minderjähriger zu Vermögen kommt, verwaltet – unter Aufsicht des Gerichts bis zur Volljährigkeit – der gesetzliche Vertreter das Vermögen.

Beispiel:

Hat der Verstorbene neben seiner Gattin noch zwei Kinder hinterlassen, von denen eines vorverstorben ist und ebenfalls zwei Kinder hinterlassen hat, also Enkelkinder, so erhält die Gattin des Verstorbenen ein Drittel, das noch lebende Kind ein Drittel und die beiden Enkelkinder (Kinder des vorverstorbenen Kindes) je ein Sechstel der Erbschaft.

Erbfähigkeit

Ein Baby, ja selbst ein gezeugtes, aber noch nicht geborenes Kind kann zum Erben eingesetzt werden und ist unter der Voraussetzung, dass es lebend geboren wird, erbfähig. Es gibt aber Fälle, in denen der Bedachte nicht erben darf (Erbunfähigkeit).

Erbunfähig gegenüber dem Verstorbenen ist:

- wer gegen ihn eine vorsätzliche, mit mehr als einjähriger Freiheitsstrafe bedrohte strafbare Handlung begangen hat;
- wer einen Angriff auf den letzten Willen des Verstorbenen unternommen hat (z.B. versucht hat, das Testament zu fälschen); sowie
- Eltern, die die Pflege und Erziehung des Erblassers gröblich vernachlässigt haben.

Erbverzicht

Ein solcher wird durch einen Vertrag mit dem Erblasser (zu dessen Lebzeiten) vollzogen, in dem jemand seinen Verzicht auf das Erbrecht erklärt. Dieser ist nur gültig, wenn er in Notariatsaktsform oder durch Gerichtsprotokoll geschieht. Im Unterschied dazu ist die Erbsausschlagung eine Erklärung des vorgesehenen Erben, nach dem Tod des Erblassers die Erbschaft nicht anzutreten.

HINWEIS

Bei Kindern geschiedener Eltern kann der obsorgeberechtigte gesetzliche Vertreter mit Zustimmung des Gerichts auf ein Erbrecht des Kindes verzichten (§ 154 Abs. 3 ABGB). Der andere Elternteil ist davon zu informieren.

Letztwillige Verfügung

Durch eine letztwillige Verfügung wird die gesetzliche Erbfolge (mit Ausnahme des Pflichtteils; siehe unten) ausgeschlossen. Es kann sich dabei handeln um ein:

- **Testament:** hier werden ein oder mehrere Personen als Erben eingesetzt;
- **Kodizill:** hier werden ohne Erbseinsetzung Verfügungen getroffen (es wird z.B. jemand enterbt oder es wird jemandem, ohne ihn zum Erben einzusetzen, als Anerkennung ein bestimmter Gegenstand oder Geldbetrag als Vermächtnis, heißt auch Legat, vermacht).

> ***Beispiel:***
> *Der verwitwete Bernd erklärt in seinem Testament: „Zu meinen Erben bestimme ich meine Söhne Karl und Kurt. Meine Freundin Eva soll das Auto, Marke XXX und € 9.000,– als Vermächtnis bekommen.“*
> *Das bedeutet, dass Karl und Kurt beim Ableben von Bernd als Erben, mit Ausnahme des Autos und der € 9.000,–, alles je zur Hälfte bekommen, was Bernd hinterlassen hat. Sie werden Gesamtrechtsnachfolger. Das heißt, nicht nur alle Rechte (z.B. Forderungen) sondern auch alle Pflichten (z.B. Schulden) fallen ihnen zu. Hingegen ist die Freundin nicht Erbin, sondern Vermächtnisnehmerin (auch Legatarin genannt) und braucht sich um die Schulden des Verstorbenen nicht zu kümmern.*

Solch eine letztwillige Verfügung ist jederzeit abänderbar oder aufhebbar.

Es gibt folgende Arten der letztwilligen Verfügungen:

- **Öffentliche Testamente** sind solche, die vor Gericht oder einem Notar schriftlich oder mündlich errichtet werden. Minderjährige zwischen dem 14. und 18. Lebensjahr können – außer dem Nottestament – nur öffentliche Testamente errichten.
- **Private Testamente** sind alle nicht öffentlichen Testamente. Dabei unterscheidet man:
  - das eigenhändig schriftliche Testament, das handschriftlich geschrieben und unterschrieben werden muss. Zeugen sind dabei nicht erforderlich.
  - das fremdhändig schriftliche Testament ist ein solches, das nicht eigenhändig handschriftlich, sondern z.B. mit der Schreibmaschine geschrieben wird und vom Erblasser vor drei fähigen Zeugen unterschrieben werden muss, wovon zwei gleichzeitig anwesend sein müssen.
  - das mündliche oder schriftliche Nottestament, wobei der Erblasser in Anwesenheit vor zwei fähigen Zeugen seinen letzten Willen ernstlich kundtut. Diese Testamente können zulässigerweise nur in Notsituationen errichtet werden und verlieren drei Monate nach dem Ende der Notsituation ihre Gültigkeit. Nottestamente dürfen von Personen ab dem 14. Lebensjahr errichtet werden.

Pflichtteil

Hat der Verstorbene ein Testament hinterlassen, in dem die nächsten Angehörigen (gesetzlichen Erben) nicht oder nicht genügend bedacht worden sind, dann steht diesen trotzdem der sogenannte Pflichtteil zu. Pflichtteilberechtigt sind die sogenannten Noterben: Ehegatten, eingetragene gleichgeschlechtliche Partner, Nachkommen (z.B. Kinder) und – wenn keine Nachkommen da sind – die Vorfahren (z.B. Eltern). Der Pflichtteil beträgt die Hälfte (bei Verfahren ein Drittel) des gesetzlichen Erbteils und muss vom Testamentserben in Geld ausbezahlt werden.

Beispiel:
Der Verstorbene hat seiner Freundin den ganzen Nachlass vermacht und seinen Sohn und die beiden Enkelkinder seiner verstorbenen Tochter übergangen. Als Pflichtteilsberechtigten stehen seinem Sohn 1/4 und den beiden Enkelkindern seiner verstorbenen Tochter je 1/8 des Nachlasses zu, sodass für die Freundin die Hälfte des Nachlasses bleiben.

Der **Pflichtteil** kann demjenigen **entzogen** werden (§ 768 ABGB),

- der den Erblasser im Notstand hilflos gelassen hat;
- der wegen einer mit Vorsatz begangenen strafbaren Handlung zu einer mindestens 20-jährigen Freiheitsstrafe verurteilt worden ist;
- der beharrlich ein gegen die öffentliche Sittlichkeit verstoßendes Leben führt (z.B. der Prostitution nachgeht); oder
- der die Beistandspflicht gegenüber dem Ehegatten oder eingetragenen gleichgeschlechtlichen Partner vernachlässigt hat.

Das Vorliegen der aufgezählten Umstände ist vom Erben zu beweisen, anderenfalls muss der Pflichtteil geleistet werden.

Auf den Pflichtteil sind bestimmte Zuwendungen (z.B. Geschenke) und der „Voraus“ (siehe Seite 231) auf Verlangen eines Erben oder weiterer Pflichtteilsberechtigter anzurechnen.

Minderung des Pflichtteils

Bestand zwischen einem Elternteil und seinem ehelichen oder außerehelichen Kind nie ein Naheverhältnis, wie es zwischen Eltern und Kindern gewöhnlich besteht, so kann der Erblasser anordnen, dass der Pflichtteil auf die Hälfte verringert wird.

Beispiel:

Kurt ist mit Eva verheiratet. Bei einem Kuraufenthalt hatte er ein intimes Verhältnis mit einer Frau, aus dem Thomas hervorging. Er hatte zwar die Vaterschaft von Thomas anerkannt und für ihn Unterhalt bezahlt, aber nie zu ihm Kontakt.
Der gesetzliche Erbteil von Thomas würde neben der Ehefrau Eva, der 1/3 des Nachlasses zustehen, 2/3 betragen. Der Pflichtteil ist die Hälfte davon, also 1/3. Diesen Pflichtteil kann Kurt – weil er nie Kontakt zu seinem unehelichen Sohn hatte, auf die Hälfte, das ist 1/6, verringern. In diesem Fall bleiben für Eva 5/6 des Nachlasses.

HINWEIS

Das KindRÄG 2001 beseitigt das Recht der Pflichtteilsminderung, wenn der Erblasser das Besuchsrecht grundlos abgelehnt hat. Dies gilt sowohl im Verhältnis des Elternteils als Erblasser zum Kind, als auch umgekehrt.

B. Ausstattung

Unter den Ehepakten waren im bürgerlichen Gesetzbuch auch Verträge über das Heiratsgut und die Ausstattung angeführt.

Das **FamRÄG 2009** hat mit 31. 12. 1009 das „**Heiratsgut**" (= jenes Vermögen, das dem Mann von der Frau oder einem Dritten zur Erleichterung des Eheaufwands überlassen wird, **abgeschafft**.

Weitgehend unverändert, nur geschlechtsneutral gefasst, verblieb die Rechtseinrichtung der **Ausstattung,** das ist der Rechtsanspruch des verheirateten Kindes (Frau oder Mann) auf **Starthilfe für die Eheschließung**.

Auch ein Kind, das eine eingetragene Partnerschaft für **gleichgeschlechtliche Paare** gründet, hat gegen Eltern (ersatzweise Großeltern) einen Ausstattungsanspruch.

Verfügt ein Kind über **kein ausreichendes Vermögen** für eine angemessene Ausstattung, sind die Eltern (ersatzweise auch die Großeltern) verpflichtet, dem Kind (Enkelkind) eine solche Ausstattung zu geben. Dieses Heiratsgut kann nach erfolgter Eheschließung binnen drei Jahren gefordert werden.

Der **Umfang** der Ausstattung richtet sich nach den Vermögensverhältnissen der Eltern des Kindes. Die *Rechtsprechung* erachtet allgemein einen Satz von **25 % bis 30 % des Jahresnettoeinkommens der Eltern der Kindes** als angemessene Höhe der Ausstattung.

Die Berechnung des Jahresnettoeinkommens siehe Kapitel XIII/E.

Beispiel:

Bei einem Jahresnettoeinkommen der zahlungspflichtigen Eltern von rund € 40.000,– ist daher eine Ausstattung von ca. € 10.000,– gerechtfertigt.
Besitzen die Eltern wenig Einkommen aber viel Vermögen ist dieser Berechnungsschlüssel ungeeignet und es muss nach den konkreten Umständen des Einzelfalls nach Billligkeit entschieden werden.

Auf eine Ausstattung besteht **kein Anspruch**, wenn die Eltern (Großeltern) die Heirat „missbilligen" und tatsächlich schwerwiegende Gründe für eine Ablehnung der Heirat vorliegen. Als beachtliche Gründe, die Heirat zu missbilligen, hat der Oberste Gerichtshof z.B. gerichtliche Vorstrafen, Arbeitsscheu und zu großen Altersunterschied angesehen.

Beispiel:

Die noch nicht einmal 19-jährige Renate F. hat den bereits 60-jährigen Robert N. geehelicht. Das Verhältnis der beiden begann schon bei noch aufrechter erster Ehe des Robert N. Durch das Verhältnis der beiden hat Renate F. ihr Studium vernachlässigt. Der Oberste Gerichtshof wies vor allem darauf hin, dass im Falle einer Nachkommenschaft die Kinder einen Vater hätten, der ihr Urgroßvater sein könnte. Die Missbilligung der Heirat durch die Eltern der Braut war daher gerechtfertigt.

Anders als vorher kann nur mehr das ausstattungsberechtigte Kind selbst und nicht mehr der Ehegatte binnen drei Jahren ab Eheschließung Ansprüche auf Ausstattung geltend machen.

Ein Ausstattungsanspruch besteht nur für die erste Ehe, nicht aber für weitere Eheschließungen. Er kann nur während der Ehe geltend gemacht werden. Wenn Ausstattungsberechtigte auf die Ausstattung verzichtet haben, erlischt der Ausstattungsanspruch.

Relevante gesetzliche Bestimmungen: §§ 531–824, 1219, 1220, 1222, 1231 ABGB; Anerbengesetz; §§ 143–185 AußStrG; Kärntner Erbhofgesetz; Tiroler Höfegesetz; § 14 WEG

XVIII. EXKURS

A. Mediation

Mediation ist ein modernes außergerichtliches Verfahren, in dem die Konfliktparteien mit Hilfe eines geschulten, nicht beteiligten Dritten (des Mediators) die Lösung des Konflikts selbst versuchen. Dieser leitet die Parteien an, ihre Position verständlich zu machen und Verständnis für den Gegner zu entwickeln. Im Stress einer solchen Sitzung sind die Parteien von ihrem Vorbringen oft so abgelenkt, dass sie dem Gegner meist nicht genau zuhören. Dabei empfiehlt es sich auch die Parteien wechselweise als Anwalt der Gegenpartei deren Vorbringen argumentieren zu lassen.

Mediation ist Erfolg versprechend, wenn beide Partner die Trennung wollen, aber keinen Aufteilungsschlüssel finden. In etwa fünf bis acht Sitzungen, die je eineinhalb bis zwei Stunden dauern, werden mit den Beteiligten Grundprobleme ermittelt und Lösungsansätze gesucht. Die Wahrscheinlichkeit einer Einigung beträgt etwa 75 %, die Kosten werden nach Zeitaufwand berechnet, derzeit ab ca. € 100,– pro Stunde plus USt.

Die Vorteile der Mediation: Die Parteien **gewinnen die Chance:**

- einem Gerichtstreit zu entgehen, wobei der Zeitverlust im Vergleich zum Gerichtstreit nicht ins Gewicht fällt und außerdem zu berücksichtigen ist, dass Pflegschaftsstreitigkeiten bezüglich des Kindes bis zu dessen 18. Lebensjahr auftreten können;
- ihren Konflikt unter Anleitung selbst zu lösen, ohne dass ihnen etwas von Dritten aufgezwungen wird;
- das Mediationsverfahren jederzeit ohne Angabe von Gründen beenden zu können;
- in der Mediation – im Hinblick auf die Verschwiegenheitspflicht des Mediators – Sachen zu erörtern, die man dem Richter, bei Scheitern der Verhandlung besser nicht sagen sollte, die aber für eine faire Entscheidung sehr wichtig sein können;
- ein Machtungleichgewicht (z.B. Informationsvorsprung einer Partei) in einem geschützten Rahmen auszugleichen;
- auf einen nicht nur neutralen, sondern einen „allparteilichen" Verhandlungsleiter (Berater). Während der Richter in seiner Neutralität distanziert gegenüber den Parteien auftritt, sollte ein Mediator deutliche Wertschätzung und Empathie beiden Parteien gegenüber vermitteln und dafür sorgen, dass sie den Leidensdruck aushalten. Er soll versuchen beide Standpunkte zu verstehen und zu argumentieren; ist es doch nur allzu verständlich, wenn z.B. beide Elternteile bezüglich des Kindes ausreichend Kontakt wollen. Den Ausschlag wird geben, wie gut man das Kindeswohl in diesem Zusammenhang berücksichtigt.

Ganz wichtig ist es, dass bei der Auswahl des Mediators Einvernehmen zwischen den Parteien besteht und der Mediator von beiden Parteien als objektiv empfunden wird.

Die Mediation ist im Zivilrechts-Mediations-Gesetz aus dem Jahr 2003 (BGBl. I 2003/39) verankert. Auch die EU unterstützt die Mediation insbesondere durch die Richtlinie 2008/52 EG des Europäischen Parlaments und des Rates vom 21. 5. 2008 über bestimmte Aspekte der Mediation (Mediationsrichtlinie).

B. Mediation PLUS

Mediation PLUS ist eine Weiterentwicklung des oben beschriebenen Mediationsverfahren durch den Autor in der Weise, dass dann, wenn die oben beschriebene Mediation zu keinem Erfolg führt, **auf Wunsch beider Parteien** der von ihnen dargelegte Sachverhalt vom Mediator rechtlich bewertet wird, bzw. der Mediator selbst rechtlich fundierte Vorschläge macht, den Parteien rät diese anzunehmen und beim Formulieren hilft. Infolge des zweigliedrigen Verfahrens, erst Mediation und als zweite Stufe Mediation PLUS erhöht sich die Einigungsquote, laut Statistik des Autors, auf über 90 %, sofern es sich bei den Streitparteien um keine medizinischen Therapiefälle handelt.

(Näheres mit praktischen Fällen siehe dazu *Maurer,* Mediation-PLUS zur Gerichtsentlastung, Richterzeitung 2007, Seite 43 sowie Ehe und Scheidung 8. Auflage, S 244, Verlag Manz).

ANHANG

XIX. KOSTENLOSE BERATUNGS-STELLEN

Das vorliegende Buch soll ein allgemeiner Ratgeber zu den vielfältigen Fragen sein, die rund um das Eltern-Kind-Verhältnis – speziell vor oder nach einer Scheidung – auftauchen. Wer zu speziellen Fragen weiterführende Auskünfte erhalten möchte, kann sich an folgende Einrichtungen wenden, die unentgeltlich Beratung und Rechtsauskünfte erteilen.
Die Beratungsstellen sind **alphabetisch** geordnet. Da sich die Telefonnummern und auch Anschriften häufig ändern, entnehmen Sie diese in den meisten Fällen bitte dem aktuellen Telefonbuch.

- **Arbeitsmarktservice:** Bundesgeschäftsstelle und das Arbeitsmarktservice der neun Landesgeschäftsstellen; www.ams.or.at
- **Alkoholikerstellen:** Alkoholabhilfe (AHA) Caritativ Verein für Alkohol-Beratung & Hilfe & Gemeinschaft: Alkohol Kummer Nummer, Löwengasse 40, 1030 Wien; siehe auch www.social.at
- **Arbeiterkammern:** Bundesarbeiterkammer bzw. die Arbeiterkammern in den einzelnen Bundesländern; www.arbeiterkammer.at
- **Beratungsstelle allgemein:** www.beratungsstellen.at; Siehe auch die im Wiener Telefonbuch angeführten Beratungsstellen sowie die Angebote auf den „Gelben Seiten“ über Kinderbetreuung und Selbsthilfegruppen.
- **Bezirksgerichte:** Diese erteilen an den Amtstagen Auskünfte über rechtliche Fragen. Siehe auch www.gericht.at
- **Bürgerservice:** www.infoservice.bmsg.gv.at
- **Bundesverein RAINBOWS:** Hilfe in schwierigen Familiensituationen, Theodor-Körner-Straße 182/1, 8010 Graz, 0316/688670, office@rainbows.at, www.rainbows.at.
- **Bundesministerien (BM)** und andere Regierungsstellen: Als Spitze der Hierarchie der Verwaltung können sie Ratsuchende in den meisten Sachgebieten an die richtige Stelle verweisen.

- Bundeskanzleramt; www.austria.gv.at
- Bundesministerium für Bildung, Wissenschaft und Kultur; www.bmbwk.gv.at
- Bundesministerium für Finanzen; www.bmf.gv.at
- Bundesministerium für Gesundheit; www.bmgf.gv.at
- Bundesministerium für Inneres; www.bmi.gv.at
- Bundesministerium für Justiz; www.bmj.gv.at
- Bundesministerium für Soziales und Konsumentenschutz; www.bmsg.gv.at
- Bundesministerium für Wirtschaft, Familie und Jugend; www.bmwa.gv.at

- **Depressionen:** Gesellschaft zur Förderung der Selbsthilfe bei Depression und Angststörungen, Club D&A Clubzentrum Wien. Schottenfeldgasse 40/8, 1070 Wien, 01/4077727, office@club-d-a.at, www.club-d-a.at
- **Drogenprobleme:** Drogenberatungsstelle GANSLWIRT, Verein Wiener Sozialprojekte, Gumpendorferstraße 64, 1060 Wien; www.vws.or.at/ganslwirt; siehe auch Beratungsstellen
- **Essstörungen:** AKH, Essstörungsambulanz; Währinger Straße 18–20, 1090 Wien, 01/40400-3543, **Set Point** (Frauen-Selbsthilfegruppe bei Essstörungen); Seitenstettengasse 5/7, 1010 Wien; 01/4700678, www.setpoint.at; **sowhat** Wien, Institut für Menschen mit Essstörungen; 1150 Wien, Gerstnerstraße 3; 01/4065717, help@sowhat.at, www.sowhat.at. Siehe auch beim Stichwort „Psychische Probleme".
- **Familienberatungsstellen:** Servicestelle des Bundesministeriums für soziale Sicherheit, Generationen und Konsumentenschutz; 0800/240262, familienservice@bmsg.gv.at
- **Familienhilfe Caritas;** Wiedner Hauptstraße 105, 1050 Wien, 01/5443751, familienhilfe@caritas-wien.at
- **Frauenhäuser:** Anonyme Frauenhelpline 0800/222555
- **Beratungsstelle für Frauen;** Fleischmarkt 14/10, 1010 Wien, 01/5123839, www.frauenhaeuser-wien.at
- **Finanzämter:** Auf dieser Website finden Sie eine Auflistung aller Finanzämter: http://dienststellen.bmf.gv.at

- **Jugendämter:** In allen Bundesländern; siehe auch www.help.gv.at
- **Kinder- und Jugendanwalt:** Kinder- und Jugendanwalt, in allen Bundesländern; siehe auch www.kija.at
- **Kinderservicestelle „Rat auf Draht";** ORF, Würzburggasse 30, 1136 Wien, Hotline: 147 (rund um die Uhr), E-Mail: rataufdraht@orf.at
- **Männerberatung:** Erlachgasse 95, 1100 Wien, 01/6032828, www.maenner.at
- **Psychische Probleme:** pro mente austria – Österreichischer Dachverband, der Vereine und Gesellschaften für psychische und soziale Gesundheit, Bundesgeschäftsstelle: Grüngasse 1A, 1040 Wien, 01/5131530-309, office@promenteaustria.at, www.promenteaustria.at
- **Gesellschaft zur Förderung der Selbsthilfe bei Depression und Angststörungen, Club D&A Clubzentrum Wien.** Schottenfeldgasse 40/8, 1070 Wien, 01/4077727, office@club-d-a.at, www.club-d-a.at
- **HPE Österreich Hilfe für Angehörige psychisch Erkrankter;** Bernardgasse 36/4/14, 1070 Wien, 01/5264202, office@hpe.at, www.hpe.at/
- **Rechtsanwaltskammer:** Österreichischer Rechtsanwaltskammertag; Tuchlauben 12, 1010 Wien, 01/5351275-0, rechtsanwaelte@oerak.at; www.oerak.or.at; vollständiges Anwaltsverzeichnis
- **Standesämter:** In ganz Österreich; Auskünfte über Namensfragen, Vaterschaftsanerkenntnis etc.

XX. ABKÜRZUNGSVERZEICHNIS

ABGB	=	Allgemeines bürgerliches Gesetzbuch
Abs.	=	Absatz
ASVG	=	Allgemeines Sozialversicherungsgesetz
AußStrG	=	Außerstreitgesetz (Gesetz über das gerichtliche Verfahren in Rechtsangelegenheiten außer Streitsachen)
BGBl.	=	Bundesgesetzblatt (Jahr/Nummer)
B-VG	=	Bundesverfassungsgesetz
bzw.	=	beziehungsweise
d.h.	=	das heißt
EFSlg.	=	Ehe- und familienrechtliche Entscheidungen
EF-Z	=	Zeitschrift für Ehe- und Familienrecht
EheG	=	Ehegesetz
EO	=	Exekutionsordnung
ErbStG	=	Erbschaftssteuer- und Schenkungssteuergesetz
EStG	=	Einkommensteuergesetz
etc.	=	et cetera
EU	=	Europäische Union
EvBl	=	Evidenzblatt
f.	=	folgend
ff.	=	folgende
GOG	=	Gerichtsorganisationsgesetz
IPRG	=	Bundesgesetz über das internationale Privatrecht
JBl.	=	Juristische Blätter
JGG	=	Jugendgerichtsgesetz
JN	=	Jurisdiktionsnorm
JWG	=	Jugendwohlfahrtsgeetz
KindRÄG	=	Kindschaftsrecht-Änderungsgesetz
NÄG	=	Namensrechtsänderungsgesetz
ÖA	=	Zeitschrift „Der österr. Amtsvormund“
OGH	=	Oberster Gerichtshof
ÖJZ	=	Österreichische Juristenzeitung
PassG	=	Passgesetz
PStG	=	Personenstandsgesetz
RGBl	=	Reichsgesetzblatt
RelKEG	=	Gesetz über religiöse Kindererziehung
RS	=	Rechtsätze aus Ris Justiz =
StBG	=	Staatsbürgerschaftsgesetz

StGB	=	Strafgesetzbuch
StGG	=	Staatsgrundgesetz über die allgemeinen Rechte der Staatsbürger
UN	=	United Nations (Vereinte Nationen)
USchG	=	Unterhaltsschutzgesetz
UVG	=	Unterhaltsvorschussgesetz
V	=	Verordnung
VO	=	Verordnung
WEG	=	Wohnungseigentumsgesetz
Zak	=	Zivilrecht aktuell
z.B.	=	zum Beispiel
ZPO	=	Zivilprozessordnung

XXI. STICHWORTVERZEICHNIS

G

H

I

J

K